JURA NOT ALONE

Nora Markard
Ronen Steinke

JURA NOT ALONE

12 Ermutigungen, die Welt mit den Mitteln des Rechts zu verändern

Unter Mitarbeit von
Eva Maria Bredler und
Valentina Chiofalo

Campus Verlag
Frankfurt/New York

ISBN 978-3-593-51850-3 Print
ISBN 978-3-593-45684-3 E-Book (PDF)
ISBN 978-3-593-45683-6 E-Book (EPUB)

Umschlaggestaltung: Guido Klütsch, Köln
Satz: DeinSatz Marburg UG | tn
Gesetzt aus: Minion Pro und N27
Druck und Bindung: Beltz Grafische Betriebe GmbH, Bad Langensalza
Beltz Grafische Betriebe ist ein Unternehmen mit finanziellem Klimabeitrag
(ID 15985-2104-1001)
Printed in Germany
Kontakt: Werderstr. 10, 69469 Weinheim, info@campus.de
www.campus.de

INHALT

VORWORT

Recht ist politisch. Immer. Recht ist geronnene Politik, es ist das Ergebnis von politischem Ringen, von Machtverhältnissen. In einer Demokratie ist es immer nur ein Zwischenergebnis. Es ist nicht objektiv, sondern ein Abbild eines momentanen Diskussionsstands, eines Aushandelns zwischen Akteuren, die unterschiedliche Interessen haben und unterschiedlich stark, klug und ehrlich sind.

Das heißt auch: Es ist veränderbar, verbesserbar. Manchmal sogar dringend veränderungsbedürftig. Denn Recht ist nicht per se richtig. Auch ist es nicht immer gerecht. Dieses Buch zeigt einige Beispiele dafür. Aber es ändert sich eben auch nur, wenn das jemand in die Hand nimmt. Wie das geht, davon wollen wir einige Geschichten erzählen.

Darum geht es in diesem Buch: Man kann Dinge verändern. Recht ist zwar ein Herrschaftsinstrument. Es sichert Interessen. Mit Gesetzen, mit Urteilen, mit juristischen Verfahren werden Hierarchien befestigt, werden Abweichungen sanktioniert. Aber Recht ist zugleich auch ein Mittel zur Befreiung von Herrschaft, zur Emanzipation für Minderheiten, die sich damit gegenüber einer Mehrheit behaupten. Es ist ein Instrument, mit dem sich auch für Verbesserungen kämpfen lässt – wenn man weiß, wie.

Für mehr Gerechtigkeit lässt sich im Parlament und auf der Straße streiten – und auch vor Gericht. Denn Gesetze geben Entscheidungen nur selten glasklar vor. Sie werden so formuliert, dass sie auch auf neue oder ungewöhnliche Fälle anwendbar sein können. Und bei dieser Anwendung, dieser Interpretation im Einzelfall, werden immer auch Vorverständnisse wirksam, also auch politische Wertungen.

Der notwendige Respekt vor der Demokratie und dem Rechtsstaat, vor ihren Verfahren und ihren Ergebnissen, bedeutet also kein affirmatives Verharren in Ehrfurcht. Es braucht im Gegenteil Mut zum kritischen Hinterfragen, zum Gegenargument. Und auch mal zum Gegenentwurf. Wir wollen mit unserem Buch dabei helfen, sich das Recht in diesem Sinne anzueignen.

Denn wenn sich mit Jura nur die befassen würden, aus deren Sicht schon alles in Ordnung ist, würden uns die kritischen Stimmen fehlen, die sagen: Moment mal, das ist ungerecht. Und das lasse ich so nicht stehen. Egal, ob man selbst einen Weg als Jurist:in einschlägt oder auch einen der vielen anderen Wege, um sich kritisch mit der Gesellschaft und mit Politik zu befassen. Wir denken, Recht sollte möglichst allen zugänglich sein, die es angeht. Also allen.

Dazu haben wir hier einige Rechtsgebiete ausgewählt, um beispielhaft aktuelle Konfliktfelder zu zeigen. Dort spielen Interessen-, Macht- oder Wertkonflikte eine Rolle. Die ausgewählten Beispiele sollen zeigen, wie sehr es in diesen Auseinandersetzungen auf die Einzelnen ankommt – und darauf, sich zusammenzuschließen. Wenn wir dabei unter der Überschrift »Strafrecht« vor allem über Sexualstrafrecht sprechen, unter der Überschrift »Polizeirecht« vor allem über Demos, unter der Überschrift »Sozialrecht« vor allem über Menschen mit Behinderung, dann ist das natürlich nie abschließend. Es gäbe natürlich noch eine Menge mehr zu erzählen.

Und auch, wenn wir verschiedenen kritischen juristischen Stimmen das Wort geben, ist das natürlich nie abschließend. Mittlerweile gibt es auch in der Rechtswissenschaft eine Fülle von emanzipatorischen Perspektiven, seien es zum Beispiel feministische oder rassismuskritische, postkoloniale oder materialistische. Im englischsprachigen Raum werden sie unter dem Oberbegriff »Critical legal studies« zusammengefasst, und einige davon wollen wir auch vorstellen. Aber wieder nur: exemplarisch.

Wir hoffen, dies ist ein Einstieg. Vielleicht macht er ja Lust auf mehr.

Berlin, im Februar 2024
Nora Markard und Ronen Steinke

»Kämpfe für die Dinge,
die dir wichtig sind.
Aber tue es auf eine Weise,
die andere dazu bringt,
sich dir anzuschließen.«

*Ruth Bader Ginsburg**

* Die 1933 geborene Juristin gründete als junge Frau das Frauenrechtsprojekt der US-amerikanischen Bürgerrechtsorganisation American Civil Liberties Union (ACLU) und gewann mehrere bahnbrechende Fälle vor dem Obersten Gerichtshof. 1993 wurde sie dort selbst Richterin, als zweite Frau. Sie schrieb große Urteile, wurde aber auch für ihre abweichenden Meinungen berühmt. 2018 erschienen zwei sehenswerte Filme über sie, der Dokumentarfilm *RBG* und der Spielfilm *On the Basis of Sex*.

KLIMASCHUTZRECHT

Können wir mit Jura den Planeten retten?

Am 18. August 2018 sind in Schweden die Sommerferien zu Ende. Doch statt wieder die Schulbank zu drücken, bricht eine 14-Jährige namens Greta Thunberg die Regeln und setzt sich mit einem Schild vor das schwedische Parlamentsgebäude. Es trägt die Aufschrift »Skolstrejk för klimatet« – Schulstreik für das Klima. Schulstreik, das heißt Schwänzen, verbotenermaßen.

Bald folgen Schüler:innen in Deutschland, aber auch in Australien, Brasilien oder Indien ihrem Beispiel und bleiben an den »Fridays for Future« der Schule fern, um auf die Straße zu gehen. An ihren Klimastreiks beteiligen sich mehr als eine Million Menschen weltweit. Aus der Aktion wird – lange bevor Greta Thunberg mit arg vereinfachenden Statements zum Nahostkonflikt in die Kritik gerät – eine Bewegung, aus Demos werden Klimacamps; dort, so heißt es auf der FFF-Website, »geht vieles, was auf Demos nicht so geht: In diesen mehrtägigen, in manchen Fällen auch auf unbestimmte Zeit andauernden Zeltlagern ist Raum für Workshops zu Themen rund ums Klima, für Vernetzung und neue Begegnungen.«[1]

Um denselben Zeitpunkt herum gründet sich in Großbritannien die Umweltschutzbewegung »Extinction Rebellion«, die bald auch in Deutschland mit Flashmobs Straßenkreuzungen und Brücken blockiert. 2022 beginnt dann die Gruppe »Letzte Generation«, sich auf Straßenkreuzungen und Autobahnen, aber auch Landebahnen von Flughäfen mit Sekundenkleber festzukleben. Auch auf – mit Schutzglas gegen Schäden gesicherte – Gemälde in öffentlichen Museen verübt sie mit Suppe oder Öl Anschläge. Kurz vor Heiligabend sägt sie dem Weihnachtsbaum am Brandenburger Tor die Spitze ab. »Das ist nur die Spitze des Weihnachtsbaums«, steht auf ihrem Transparent.

»Gewissenhaft begründeter ziviler Ungehorsam«

»Wir befinden uns in einem Klimanotstand«, schreiben Extinction Rebellion auf ihrer Website. »Uns läuft die Zeit davon, und unsere Regierungen haben nicht gehandelt«, heißt es weiter. Und: »Traditionelle Strategien wie Petitionen, Lobbying, Abstimmungen und Proteste haben aufgrund der tief verwurzelten Interessen politischer und wirtschaftlicher Kräfte nicht funktioniert. Unser Ansatz ist daher der gewaltfreie, störende zivile Ungehorsam – eine Rebellion, um Veränderungen herbeizuführen, da alle anderen Mittel versagt haben.«[2] Die Aktivist:innen kündigen also an, bewusst die geltenden Regeln zu brechen, sich über Gesetze hinwegzusetzen – für ein höheres Ziel.

Es geht, so argumentieren sie, nicht mehr nur um die Verseuchung ganzer Landstriche mit Radioaktivität. Es geht nicht nur um den Verlust der letzten Urwälder. Es geht um alles, das Überleben des gesamten Planeten. Not kennt kein Gebot, heißt ein altes Sprichwort. Wenn die Leute sich über Suppe auf Sicherheitsglas mehr aufregen als über die Zerstörung der Zukunft ihrer Kinder, wenn sie weiter fröhlich shoppen gehen, anstatt alle Hebel in Bewegung zu setzen, um die Katastrophe noch aufzuhalten – muss dann nicht alles erlaubt sein? Und schon ist man mittendrin in einer auch rechtlichen Diskussion.[3]

Ganz vereinzelt haben Richter:innen sich tatsächlich von diesen Argumenten überzeugen lassen und Klimaaktivist:innen freigesprochen, so zum Beispiel das Amtsgericht Flensburg. Als Aktivist:innen sich 2022 in Bäume setzten, um deren Rodung für ein Hotel zu verhindern, weigerte sich die Strafrichterin, die Hartnäckigsten unter ihnen wegen Hausfriedensbruchs zu verurteilen. Angesichts der Klimakrise, so ihr Urteil, sei die Aktion gerechtfertigt.[4] Die nächste Instanz kassierte das Urteil wieder.[5]

Die Leipziger Strafrechtsprofessorin Katrin Höffler beschäftigt sich besonders intensiv mit diesem »zivilen Ungehorsam«. Und sie weist darauf hin, dass politische Denker:innen wie etwa der Philosoph Jürgen Habermas sich schon in den 1980er-Jahren – angesichts von Anti-Atom-Protesten und Sitzblockaden gegen Aufrüstung – darauf einigten, dass für die Legitimität solcher Aktionen ein bestimmtes Kriterium eine Rolle spielen sollte:[6] »Der gewissenhaft begründete zivile Ungehorsam«, so schreibt Höffler, sei dadurch gekennzeichnet, dass er »dem Verfassungskonsens verpflichtet« sei; so wie zum Beispiel dem »Ziel, die Welt mit einem lebenswerten Klima für zukünftige Generationen zu erhalten, was in Artikel 20a des Grundgesetzes sogar als Staatsziel festgelegt ist«. Das, so Höffler, spreche also sehr für die Aktionen der Klimaaktivist:innen. Ein solcher Protest dürfe nicht mit etwas Banalem wie »der Durchsetzung privater Glaubensgewissheiten verwechselt werden«.[7]

Aber was heißt das rechtlich – der Zweck heiligt die Mittel? Wenn man das zu Ende denkt, wäre sogar Mord erlaubt – angesichts der riesigen Bedrohung für das Weltklima würde selbst das nicht schwer wiegen. Katrin Höffler gibt zu bedenken, dass es nicht gleich um Straffreiheit für den »zivilen Ungehorsam« gehen muss; sie plädiert stattdessen für Augenmaß:

> » Anstatt das Bild des ›Staates, der sich nicht erpressen lassen darf‹, zu zeichnen, wie dies in der Politik bisweilen geschieht, oder immer härtere Strafen zu fordern […], sollte der Rechtsstaat sich vor Augen führen: Es handelt sich um Protestaktionen, durch die niemand verletzt wird, die weder mit Gewalt noch mit Einschüchterung, Jagd und Othering, wie wir es von rechtsextremen Gruppierungen kennen, einhergehen, also um Sitzblockaden und Kunstaktionen, die zwar unangenehm, in der Regel aber nicht gefährlich sind und zudem das verfassungsmäßig anerkannte Ziel ›Klimaschutz‹ verfolgen.«[8]

Ein Erfolg von Schüler:innen: Der Karlsruher »Klima-Beschluss«

Die 21-jährige Sophie Backsen und ihre drei jüngeren Geschwister Paul, Hannes und Jakob lebten auf der Nordsee-Insel Pellworm, als sie beschlossen, sich hilfesuchend an das Bundesverfassungsgericht zu wenden. Die Insel wird bei steigendem Wasserspiegel und zunehmenden extremen Wetterereignissen bald unbewohnbar sein. Genauso wie die Insel Langeoog, auf der der Schüler Lüke Recktenwald lebte, der ebenfalls im Jahr 2020 beschloss, mit ihnen gemeinsam nach Karlsruhe zu ziehen.[9]

Die Jugendlichen argumentierten, dass der deutsche Staat zu wenig tue, um ihre Zukunft zu sichern. Dabei hatte der Staat bis dahin natürlich nicht nichts getan. Erst kurz zuvor, im Jahr 2019, hatte der Deutsche Bundestag das Klimaschutzgesetz verabschiedet. Demnach sollten die Treibhausgas-Emissionen bis 2030 um 55 Prozent gegenüber 1990 gemindert werden. Ein ehrgeiziges Vorhaben, immerhin. Bis 2050 sollte Deutschland klimaneutral werden.

Als die Richter:innen des Bundesverfassungsgerichts sich schon nach kurzer Zeit zurückmeldeten und im März 2021 ihre ausführliche Antwort an die Jugendlichen von den Nordsee-Inseln schrieben, da erläuterten sie erst einmal, welche internationalen Pflichten Deutschland inzwischen hat.

Das Klimaabkommen von Paris, auf das sich die Bundesrepublik und 194 weitere Staaten bei einer Konferenz im Jahr 2015 geeinigt haben, schreibt heute vor, dass der Anstieg der globalen Durchschnittstemperatur auf »deutlich« unter 2 Grad und möglichst auf 1,5 Grad Celsius gegenüber dem vorindustriellen Niveau begrenzt werden soll. Wie genau, das dürfen die Staaten selbst klären. Genauere Vorgaben macht die EU: Hier haben die Mitgliedstaaten für 2030 und 2050 konkrete Emissionsobergrenzen vereinbart und einander dafür bestimmte Emissionsbudgets zugewiesen.[10]

Dieser sogenannte Budget-Ansatz funktioniert so: Die Wissenschaft kann heute genau berechnen, wieviel Treibhausgas bis 2050 insgesamt noch emittiert werden darf, damit die Erderwärmung nicht noch stärker zunimmt – und der Planet dadurch möglicherweise einen Kipppunkt erreicht, nach dem die Zerstörung nicht mehr aufzuhalten ist. Diese Gesamtmenge an Treibhausgas kann man dann auf jeden Staat herunterrechnen, je nach Größe. So weiß jeder Staat, wieviel er bis 2050 noch in die Atmosphäre ausstoßen darf .

Die wissenschaftlichen Erkenntnisse hierzu breitete das Bundesverfassungsgericht in seiner Entscheidung akribisch aus.[11] Und die Richter:innen kamen dann zu dem erschreckenden Schluss: Wenn wir bis 2030 so viel Treibhausgase emittieren, wie es der Bundestag mit dem Klimaschutzgesetz erlaubt hat, dann ist nach 2030 kaum noch Emissionsbudget übrig für die Zeit bis 2050.

Das heißt: Die Leute, die heute jung sind, können die Klimaschutzziele bis 2050 dann nur noch einhalten, wenn sie praktisch überhaupt nichts mehr emittieren. Weil aber fast jede menschliche Aktivität mit Emissionen verbunden ist – elektrische Geräte nutzen, Gebäude heizen, Sprit für Fortbewegung verbrennen –, würde das bedeuten, dass die jugendlichen Beschwerdeführenden als Erwachsene ihre grundrechtlich geschützten Freiheiten im Wesentlichen an den Nagel hängen könnten.

So geht das nicht, entschied das Bundesverfassungsgericht. Denn die Grundrechtsbeeinträchtigung tritt zwar erst in der Zukunft ein. Aber sie kann nur jetzt noch verhindert werden. Man darf also nicht warten. Unter solchen Voraussetzungen, so schrieb das Gericht, verpflichtet das Grundgesetz den Staat »zur Sicherung grundrechtsgeschützter Freiheit über die Zeit und zur verhältnismäßigen Verteilung von Freiheitschancen über die Generationen«.[12] Und immerhin schreibt Artikel 20a des Grundgesetzes vor, dass der Staat die natürlichen Lebensgrundlagen »auch in Verantwortung für die künftigen Generationen« schützt. Eine Gerichtsentscheidung, die politisch wirklich Großes verändert hat: Der Bundestag musste das Klimaschutzgesetz daraufhin überarbeiten, also deutlich ehrgeiziger und schneller Klimaschutz betreiben.

Juristische Strategien, um der Politik Beine zu machen

Es war ein riesiger Erfolg für die Klimaschutzbewegung, der Gang nach Karlsruhe hatte sich gelohnt. Und es ist nicht der einzige Erfolg mit derartigen Klagen geblieben.[13] Denn gegen die Untätigkeit der Politik, die das Problem von Gipfel zu Gipfel, von Wahlkampf zu Wahlkampf aufschiebt, werden zunehmend die Gerichte zu wichtigen Akteuren.

- In den Niederlanden hat beispielsweise der »Hohe Rat«, das dortige oberste Gericht, die niederländische Regierung dazu verurteilt, die Treibhausgasemissionen des Landes bis Ende 2020 gegenüber 1990 um 25 Prozent zu senken; die Regierung hatte nur eine Reduktion um 20 Prozent geplant.[14]

- In Lateinamerika hat der Interamerikanische Gerichtshof für Menschenrechte im Jahr 2020 Argentinien zu konkreten Maßnahmen verpflichtet, um das Recht verschiedener indigener Gemeinschaften auf eine gesunde Umwelt, auf indigenes Gemeinschaftseigentum, kulturelle Identität, Nahrung und Wasser besser zu schützen.[15]
- Der UN-Menschenrechtsausschuss hat 2022 die Maßnahmen Australiens zum Schutz der indigenen Bewohner:innen der vom Klimawandel bedrohten Torres Strait Islands für nicht ausreichend befunden.[16]

Wunderbar ermutigend sind da die Worte der – inzwischen ehemaligen – Bundesverfassungsrichterin Susanne Baer und ihrer österreichischen Kollegin Verena Madner: Die Klimaklagen lieferten »strukturell perfekte Fragen für Verfassungsgerichte«. Das haben die beiden Richterinnen in einem gemeinsamen Interview mit der von kritischen Jurastudierenden gegründeten österreichischen Zeitschrift *juridikum* ausgeführt, die mit einem Sonderheft zu »Klimagerechtigkeit« im Übrigen auch eine sehr gute Einführung ins Thema bietet:

> »Klimapolitische Entscheidungen müssen langfristig getroffen werden, Politik ist kurzfristig an Legislaturperioden gebunden. Klimaschutzpolitik ist unattraktiv für aktuelle politische Mehrheiten, weil sie auch Umbau und auch Verzicht bedeutet. Und genau das kennen wir aus dem Minderheitenschutz – und dafür wurden Verfassungs- und Menschenrechtsgerichte erfunden: Damit Mehrheiten nicht einfach auf Kosten anderer machen, was sie wollen. Das gilt in der globalen Gerechtigkeitsfrage wie auch in der sozialen Solidaritätsfrage.«[17]

Gerichte seien zwar immer nur »reaktive Institutionen«, gibt die deutsche Richterin Baer zu bedenken. Das heißt, sie können nur dann Antworten geben, wenn Menschen ihnen die richtigen Fragen stellen. Aber auch die kritische Rechtswissenschaft könne eine wichtige Rolle spielen: »Gerichte suchen Antworten – und brauchen dabei Unterstützung. Es geht nicht allein. Und die Wissenschaft hat hier eine fulminante Rolle.«[18]

» Die Frage, ob Gerichte Akteure im Bereich Klimaschutz sind, würde ich dann aber mit einem überzeugten ›Ja‹ beantworten«, so Baer.[19]

Und so kann man besonders in Europa beobachten, wie immer mehr junge, aber auch ältere Menschen solchen Ermutigungen folgen. Beim Europäischen Gerichtshof für Menschenrechte in Straßburg waren im Jahr 2023 mindestens zehn Klimaklagen anhängig. Unter ihnen nicht nur eine Klage von sechs portugiesischen Jugendlichen gegen 33 europäische Staaten wegen unzureichender Bemühungen um das 1,5-Grad-Ziel[20] – sondern auch eine Klage der »KlimaSeniorinnen«; sie werfen der Schweiz vor, sie als alte Menschen, die besonders unter der Klimaerwärmung leiden, unzureichend zu schützen.[21]

Klima-Asyl und Schadensersatz: Der globale Süden rebelliert

Umwelt- und Klimafragen sind Verteilungsfragen. Was bei uns passiert, hat Folgen, und diese Folgen treffen nicht alle gleich, sondern verstärken globale Ungleichheiten. Und wie der Fall der »KlimaSeniorinnen« zeigt, sind auch bei uns nicht alle gleich betroffen. Um abzubilden, dass es mit einer Einteilung in den »globalen Norden« und »globalen Süden« nicht ganz getan ist, benutzen Aktivist:innen der Klimabewegung deswegen inzwischen den Begriff »Most affected people and areas« (MAPA).[22]

Der Klimawandel schreitet auch deswegen so schnell voran, weil die Profiteure die Kosten ihres Wohlstands auf andere abladen, »externalisieren« können – sie tragen sie bisher im Wesentlichen nicht selbst. Die Ökonomin und Nobelpreisträgerin Elinor Ostrom hat das mit ihrer »Tragik der Allmende« schon vorgezeichnet: Wenn Gemeinschaftsgüter zum Nulltarif genutzt werden können, droht ihre Übernutzung.[23]

Die liberale Marktlogik geht davon aus, dass, wenn jeder Einzelne rational handelt, insgesamt der größte Nutzen entsteht. Aber bei Gemeinschaftsgütern ist es für die Einzelnen am rationalsten, sie einfach gratis zu nutzen, ohne selbst auch zu ihnen beizutragen – Trittbrettfahrer- oder Mitnahme-Effekt nennt Ostrom das:

> »Wenn eine Person nicht von den Vorteilen ausgeschlossen werden kann, die andere bereitstellen, ist jede Person motiviert, nicht zur gemeinsamen Anstrengung beizutragen, sondern die Anstrengungen der anderen mitzunehmen. Wenn alle Teilnehmer sich entscheiden, Trittbrettfahrer zu sein, wird der kollektive Vorteil nicht erzeugt. Die Versuchung des Trittbrettfahrens kann aber den Entscheidungsprozess dominieren, und dann landen alle dort, wo niemand hin wollte.« So könnten »völlig rationale Individuen unter bestimmten Voraussetzungen Ergebnisse produzieren, die aus der Sicht aller Beteiligter nicht ›rational‹ sind.«[24]

Die führenden zwanzig Wirtschaftsnationen produzieren mehr als 80 Prozent der CO_2-Emissionen.[25] Die schlimmsten Klimaschäden aber werden oft am anderen Ende der Welt zu spüren sein. In kleinen Inselstaaten im Pazifik zum Beispiel, denen der steigende Meeresspiegel jetzt schon bis zum Hals steht. Oder in Ländern, in denen schwerste Umweltschäden Städte zerstören oder ganze Landesteile unbewohnbar machen.

Zwischen der einen Lebenswelt und den anderen liegen oft viele Tausend Kilometer. Der peruanische Bergbauer Saúl Lliuya aber hat versucht, diesen Abstand zu überbrücken. Er klagt seit 2015 vor dem Oberlandesgericht im nordrhein-westfälischen Hamm gegen den Essener Energieriesen RWE, mit Unterstützung der Hamburger Rechtsanwältin Roda Verheyen, die sich in Deutschland auf das Thema Klimaschutz spezialisiert hat.[26] Die Begründung des Bergbauern: Sein Haus in den Anden – ebenso wie die Häuser von 50 000 weiteren Personen – ist vom Überlaufen des Gletschersees Palcacocha bedroht. Der See ist aufgrund der Gletscherschmelze inzwischen 34-mal so groß wie noch im Jahr 1974.

Dabei stützt sich der peruanische Bergbauer auf Paragraf 1004 des – deutschen – Bürgerlichen Gesetzbuchs. Es ist bemerkenswert: Das ist eine mehr als hundert Jahre alte Vorschrift, die besagt, dass »der Eigentümer von dem Störer die Beseitigung der Beeinträchtigung« verlangen kann. Was hier etwas sperrig ausgedrückt im Gesetz steht, meint schlicht, dass Nachbar:innen fair aufeinander Rücksicht nehmen müssen. Auf Paragraf 1004 berufen sich normalerweise deutsche Grundstücksbesitzer, die sich über faule Äpfel oder üble Gerüche vom Nachbargrundstück ärgern.[27]

Das Prinzip nimmt der peruanische Bergbauer nun wörtlich – in dem von ihm angestoßenen und von Umweltschutzorganisationen unterstützten Prozess geht es darum, ob der Klimawandel auch über 10 000 Kilometer Luftlinie eine Art globales Nachbarschaftsverhältnis hergestellt hat.[28] Das Ergebnis ist bislang offen. Grund zu hoffen hat Saúl Lliuya aus Peru aber. Solche Klagen können durchaus Erfolg haben: In den Niederlanden musste der Energieriese Shell seine Emissionen nach einem ähnlichen Prozess um 45 Prozent verringern.[29]

Ein Protest gegen die ungerechte »Externalisierung« von Kosten ist auch schon bei Atomkraftwerken seit langem ein Thema, obwohl sich die deutschen Gerichte hier kaum von der Kritik beeindruckt zeigen. Die Gewinne machen die Unternehmen – RWE, Vattenfall und so weiter –, aber die Kosten tragen wir alle. Die Zwischen- und Endlager sind nicht nur unendlich teuer, sie müssen auch viel länger halten, als ihre Sicherheit menschlich absehbar ist. Wenn es irgendwann zu einem Leck kommt, treffen die Folgen nicht mehr uns, sondern unsere Kinder und Kindeskinder.

Wie gefährlich diese Technologie ist, zeigte sich erst 2011 im japanischen Fukushima. Kein Unternehmen, keine Versicherung der Welt kann Schäden in diesem Ausmaß ersetzen. Trotzdem bekommen die deutschen Atomkonzerne eine Entschädigung – aus der Tasche aller Steuerzahlenden – dafür, dass sie ihre Kraftwerke nun früher abschalten müssen.

An die schlichte Geldfrage schließt sich, blickt man auf Menschen im globalen Süden, auch noch eine zweite, nicht minder provokante Gerechtigkeitsfrage an: Wenn Teile der Welt unbewohnbar werden, wird es bald auch um die Frage gehen, wohin die betroffenen Menschen eigentlich ziehen sollen. Aus Pellworm und Langeoog kann man noch in eine andere deutsche Stadt umsiedeln. Schwieriger wird es für die Bewohner der Südseeinsel Kiribati. Dort wird der ganze Inselstaat untergehen. Der höchste Punkt dieses kleinen Staates liegt nur zwei Meter über dem Meeresspiegel, und nun erodieren die Küsten, das Land wird zunehmend durch das Meerwasser versalzen und damit unfruchtbar.

Also, wohin? Ein Mann, der von diesem Inselstaat stammt, hat schon versucht, eine rechtliche Konsequenz aus seiner bedrohlichen Lage zu ziehen: Als das Arbeitsvisum dieses Mannes, Ioane Teitiota, in Neuseeland ablief, beantragte er Asyl in Neuseeland. Er zog bis vor den UN-Menschenrechtsausschuss in Genf. Der lehnte im Jahr 2020 ab – weil es noch zehn bis fünfzehn Jahre dauern werde, bis es wirklich schlimm werde. Bis dahin, so der UN-Ausschuss, könnte die Republik Kiribati ja noch einiges tun. Schutz- und Anpassungsmaßnahmen ergreifen zum Beispiel, oder mit der internationalen Gemeinschaft ein Umsiedlungsprogramm vereinbaren. Die Regierung von Kiribati arbeite auch bereits daran.[30]

Das heißt: Vorerst ließen die Ausschussmitglieder sich also nicht erweichen. Aber: Sie warnten in ihrer Entscheidung bereits, dass in Kiribati ohne robuste nationale und internationale Bemühungen schon bald schwere Menschenrechtsverletzungen drohen würden, die dann dazu führen könnten, dass man Menschen nicht mehr dorthin zurückschicken dürfe.[31] Noch ist das zwar juristische Zukunftsmusik. Aber wer weiß, wie lange noch. Dann würden auch internationale Gerichte mit Macht einschreiten müssen – zum Schutz der Inselbewohner:innen.

Gefängnisstrafen wegen »Ökozids«?

Auf internationaler Ebene wird auch bereits diskutiert, ob man neben Kriegsverbrechen und Verbrechen gegen die Menschlichkeit nicht noch ein weiteres Großverbrechen definieren und mithilfe von internationalen Strafermittler:innen und zum Beispiel internationalen Tribunalen verfolgen müsste: den »Ökozid«. Das heißt wörtlich so viel wie Mord an der Natur. Parallel zum »Genozid«, also dem Mord an einem Volk von Menschen.

Bislang ist das nur eine Idee. Aber es ist eine Idee, für die sich einige bereits hartnäckig einsetzen. Eine Gruppe unabhängiger Expert:innen hat schon einmal eine Definition von »Ökozid« entworfen: Strafbar wären demnach »rechtswidrige oder willkürliche Handlungen, die in dem Wissen begangen werden, dass eine erhebliche Wahrscheinlichkeit schwerer und entweder weitreichender oder langfristiger Schäden für die Umwelt besteht, die durch diese Handlungen verursacht werden.«[32]

Eine der beiden Vorsitzenden dieses Gremiums war die senegalesische Staatsanwältin Dior Fall Sow, die auch den Internationalen Strafgerichtshof in Den Haag berät, der bislang bereits Genozid, Kriegsverbrechen und Verbrechen gegen die Menschlichkeit verfolgt. Der andere war der international profilierte britisch-französische Rechtsanwalt und Schriftsteller Philippe Sands, dessen Großmutter als Jüdin im NS-Vernichtungslager Treblinka ermordet wurde.

Damals, als die Nazis wüteten, existierte noch nirgends auf der Welt ein Straftatbestand, der das Verbrechen an den Juden juristisch als das bezeichnet hätte, was es war: ein Völkermord. Selbst das Wort »Genozid« war damals international noch nicht gebräuchlich. Aber unter dem Eindruck der Verbrechen hat sich das Recht dann rasch weiterentwickelt. Wie das gelungen ist, auch dank der Klugheit und Energie einiger juristischer Vorkämpfer, das hat Philippe Sands in seinem sehr lesenswerten Roman *Rückkehr nach Lemberg* aufbereitet.[33]

Heute stellt Sands einen bemerkenswerten Gedanken in den Raum: Wer weiß, vielleicht wird auf ähnliche Weise und ähnlich schnell auch ein Bewusstsein für das Unrecht des »Ökozids« wachsen. Recht wird von Menschen gemacht, und der Veränderungsdruck ist bereits spürbar.

» Ich glaube schon lange, dass Umweltbewusstsein durch das Recht sich nur im Angesicht der Katastrophe ändern wird. Vermutlich gibt es eine direkte Verbindung zwischen der wachsenden Furcht vor dem Klimawandel und dem Verlust an Biodiversität und der Covid-19-Pandemie, die uns vor Augen führt, wie fragil wir sind – und wie sehr wir miteinander verbunden sind. Diese Themen verleihen dem Konzept Ökozid Kraft: Es passiert etwas, was Leuten Angst macht, und sie suchen nach Wegen, um diese Angst in etwas Schützendes und Produktives zu kanalisieren. Ich will nicht zu optimistisch klingen, dass es klappt, aber es passiert etwas mit unserem Bewusstsein, mit dem Verständnis unserer Beziehung zur natürlichen Welt.«[34]

Zum Thema gibt es auch schon ein faszinierendes Film-Gerichtsdrama mit dem Namen *Ökozid* (2020), das von Jutta Doberstein und Andres Veiel gedreht wurde. Es spielt im Jahr 2034; wegen der dritten Sturmflut in Folge musste der Internationale Gerichtshof in Den Haag seinen Sitz räumen und verhandelt deswegen in Berlin über die Schadensersatzklage von 31 Ländern des globalen Südens gegen die Bundesrepublik.

Die Berliner Juristin Alexandra Kemmerer vom Max-Planck-Institut für Völkerrecht hat das Filmteam beraten und darüber im schon erwähnten Themenheft der Zeitschrift *juridikum* geschrieben. Ihr Essay beschreibt eine Art von juristischer Science-Fiction – die aber durchaus wahr werden könnte, wenn die politischen Mehrheiten es ermöglichen, dass neue gesetzliche Grundlagen für solche Klagen geschaffen werden.[35]

»Beim Klimaschutz können Gerichte vorangehen – sie bleiben aber eingebunden in politische Prozesse und öffentliche Auseinandersetzung«, gibt Kemmerer zu bedenken. Die größte Herausforderung liege darin, »eine breite Mehrheit der Menschen für den Klimaschutz zu gewinnen. Eine globale Solidarität, die zur Bewältigung der Herausforderungen des Klimawandels unverzichtbar ist, können Gerichte allein nicht herstellen.«[36]

Können Seehunde vor Gericht klagen?

Inzwischen nehmen aber nicht nur norddeutsche Jugendliche oder peruanische Bergbauern die Sache in die Hand. Auch die Natur selbst zieht vor Gericht.

Einen Anfang machten 1988 die »Seehunde in der Nordsee« mit einer Klage gegen die Bundesrepublik, vertreten durch den damaligen Bundesverkehrsminister Jürgen Warnke, CSU. Acht große Umweltverbände, von Greenpeace bis zum Bund für Umwelt und Naturschutz Deutschland (BUND), unternahmen den Versuch, im Namen der Robben deren Rechte geltend zu machen, ein juristisches Experiment, das damals mit Spannung verfolgt wurde.

Die Nordsee-Robben, so stand es in der 200 Seiten starken Klageschrift an das Verwaltungsgericht Hamburg, wehrten sich gegen die

Verklappung von chemischen Giftstoffen in der Nordsee, die ihr Immunsystem so schwächten, dass das Staupe-Virus mehr als die Hälfte von ihnen dahinraffte. 18 000 Seehunde waren 1988 verendet. Das Verwaltungsgericht Hamburg forderte daraufhin große Industrieunternehmen zur Stellungnahme auf, darunter die Westdeutsche Abfallbeseitigungsgesellschaft mbH in Duisburg, die Bayer AG in Leverkusen, die Firma Kronos Titan im niedersächsischen Nordenham und die Deutsche Solvay-Werke GmbH im nordrhein-westfälischen Rheinberg, deren Giftmüll mit Genehmigungen der deutschen Behörden in der Nordsee landete.

Die Anwälte der Robben, bezahlt von Umweltverbänden, gaben zu: »Es dürfte Schwierigkeiten bereiten, eine schriftliche Vollmacht vorzulegen.«[37] Doch das größte Problem der Seehunde war nicht praktischer, sondern rechtlicher Natur: Tiere haben keine Rechte. Damit können sie auch nicht klagen. Und wo kein Kläger, da kein Richter. Ihr Experiment scheiterte.

Aber das ändert sich gerade.

Die ecuadorianische Verfassung von 2008 spricht in ihrem Artikel 71 der Natur eigene Rechte zu: »Die Natur oder Pacha Mama, in der sich das Leben realisiert und reproduziert, hat das Recht, dass ihre Existenz, der Erhalt und die Regenerierung ihrer Lebenszyklen, Struktur, Funktionen und Entwicklungsprozesse umfassend respektiert werden.« Auf dieser Grundlage klagte der Nebelwald Los Cedros 2021 erfolgreich gegen Bergbaulizenzen.[38] Wenig später wurde der Chorongo-Äffin Estrellita, die 18 Jahre lang als Haustier gelebt hatte, bevor sie beschlagnahmt und in einen Zoo gebracht wurde, eine Verletzung ihres Rechts auf artgerechtes Leben bestätigt.[39]

Im nordindischen Staat Uttarakhand hat 2017 das oberste Gericht dem Ganges und seinem Nebenfluss Yamuna sowie dem Gangotri- und Yamunotri-Gletscher bescheinigt, dass sie als lebendige Wesen den Status einer Rechtspersönlichkeit haben, die wie Minderjährige eines Rechtsvertreters bedürfen. Ebenfalls 2017 erkannte Neuseeland gesetzlich die Rechtspersönlichkeit des Flusses Te Awa Tupua an. Er wird nun von zwei Vormündern vertreten, die von den lokalen Māori gewählt werden.[40]

Die Idee ist nicht ganz neu. Ein Klassiker zu Eigenrechten der Natur ist ein Aufsatz mit dem Titel »Should Trees Have Standing?« von Christopher D. Stone, auf Deutsch: »Sollten Bäume klagebefugt sein?«.[41] Stone erinnert in diesem Aufsatz daran, wieviel Widerstand es gegen Gleichberechtigung gegeben hat und dass auch Unternehmen oder gar die Kirche keineswegs seit jeher als Rechtspersonen gelten:

> » Fakt ist, jedes Mal wenn es eine Bewegung gibt, einem neuen ›Wesen‹ Rechte zu verleihen, klingt der Vorschlag komisch oder beängstigend oder lachhaft. […] Dagegen, dem Ding ›Rechte‹ zu geben, wird es Widerstand geben, bis es um seiner selbst willen gesehen und geschätzt wird; aber es ist schwer, es um seiner selbst willen zu sehen und zu schätzen, bis wir uns dazu durchringen, ihm ›Rechte‹ zu verleihen – was für eine große Zahl von Menschen unweigerlich unvorstellbar klingen wird.«[42]

In Deutschland sind wir noch nicht ganz so weit wie in Indien oder Neuseeland. Aber seit 2006 ermöglicht es das neu eingeführte »Umwelt-Rechtsbehelfsgesetz« immerhin bestimmten anerkannten Umweltverbänden, die Einhaltung umweltrechtlicher und anderer Vorschriften bei bestimmten umweltrelevanten Entscheidungen einzuklagen. Grundlage für dieses Verbandsklage-Gesetz ist die Aarhus-Konvention von 1998 über den Zugang zu Gerichten in Umweltangelegenheiten, ein völkerrechtlicher Vertrag, den neben der Bundesrepublik auch die Europäische Union ratifiziert hat. Das eröffnet zivilgesellschaftlichen Organisationen die Möglichkeit, sich zum Anwalt der Umwelt zu machen – buchstäblich.

Die Nordsee-Seehunde können vielleicht immer noch keine Anwaltsvollmachten unterschreiben, aber ganz rechtlos sind sie nicht mehr.

»Dat ham wir uns so nich vorjestellt.«

*Konrad Adenauer**

* Der Kölner CDU-Politiker und erste Bundeskanzler war 1952 nicht amüsiert, als das gerade erst gegründete Bundesverfassungsgericht sich gegen seine Pläne stellte, den westdeutschen Staat wieder zu bewaffnen.

GRUNDRECHTE

Wer kommt mit nach Karlsruhe?

Bijan Moini kann nicht schlafen. Er ärgert sich, dass er zugestimmt hat, sich mit einem Kollegen in Karlsruhe ein Hotelzimmer zu teilen. Jetzt hört er ihn schnaufen und kriegt kein Auge zu. Aber wenn er ehrlich ist, ist sein Kollege nicht das Problem. Er ist einfach nur wahnsinnig nervös. So nervös wie zuletzt vor seiner ersten Staatsexamensklausur. Denn am nächsten Morgen wird er vor einem ganz besonderen Gericht stehen: dem Bundesverfassungsgericht.

Vor den höchsten Richter:innen des Landes wird er zum ersten Mal eine Verfassungsbeschwerde vortragen, die erste, an der er überhaupt je beteiligt gewesen ist. Es geht um eine Frage, die das Gericht so noch nie beschäftigt hat, von der aber viel abhängt: Gibt es Situationen, in denen sich deutsche Behörden nicht an die Grundrechte halten müssen?

Das Gericht sitzt im beschaulichen Karlsruhe, weit weg vom Berliner Zentrum des politischen Geschehens, in einem schlichten Betonbau mit großen Glaselementen. Hier ganz in der Nähe ist Bijan Moini geboren, als Kind von deutsch-iranischen Eltern, die kurz nach der iranischen Revolution nach Westdeutschland geflohen sind. Als Schüler plante er, in Dresden Internationale Beziehungen zu studieren, aber das klappte nicht. Also bastelte er sich das interdisziplinäre Studium auf eigene Faust in München zusammen. Und fand Jura so spannend, dass er auch das Referendariat dranhängte, also die praktische Ausbildung, die auf das erste Staatsexamen folgt. Seitdem wohnt er in Berlin, wo er als Referendar eine dreimonatige Ausbildungszeit beim Bundesinnenministerium ergatterte. Da geht es um ein Thema, das ihn umtreibt: Wie viel Freiheit lässt die Sicherheit noch übrig?

In der Verfassung der Bundesrepublik Deutschland, so hat auch Bijan Moini es ab dem ersten Semester Jura gelernt, steht ganz vorne: »Die Würde des Menschen ist unantastbar.« Das ist der erste Satz des Grundgesetzes. Artikel 1, Absatz 1. Der zweite Satz: »Sie zu achten und zu schützen ist Verpflichtung aller staatlichen Gewalt.« Aller staatlichen Gewalt, das steht da mit Absicht so deutlich. Noch klarer ist Artikel 1 Absatz 3: »Die nachfolgenden Grundrechte binden Gesetzgebung, vollziehende Gewalt und Rechtsprechung als unmittelbar geltendes Recht.« Die Grundrechte sind also für staatliche Behörden verbindlich, vom Bundesministerium über die Landespolizeiämter bis hin zur Kommunalverwaltung.

Nur eine Behörde ist der Meinung, dass das für sie nicht gilt. Sie sitzt in einem riesigen Koloss von einem Gebäude, mitten in Berlin. Wie eine moderne Festung steht es da. Bijan Moini fährt inzwischen oft daran vorbei. Eben waren da noch Cafés und eilende Menschen, die aus der Straßenbahn ausstiegen, sich vor Geschäften drängelten, zur Schule oder Arbeit wollten, und plötzlich erhebt sich an der Chausseestraße dieses monumentale, eigenwillige Gebäude. Etwas von der Straße abgerückt, umgeben von einem hohen Zaun und Videokameras. Es ist so lang wie ein ICE, mehr als 300 Meter, und es thront sieben Stockwerke hoch. Seine Grundfläche ist viermal so groß wie jene des Reichstags. Alle Fenster sehen gleich aus. Es sind kleine Schlitze, sie wirken wie Schießscharten.[1]

Wenn er die Berliner Chausseestraße entlangradelt, kann er im Vorbeifahren die Schrift an einem der Eingänge lesen, unter einem großen, schwarzen Bundesadler steht: »Bundesnachrichtendienst«. Dies ist die Zentrale der deutschen Auslandsspionage, undurchsichtig und abgeschottet mitten im Trubel der Hauptstadt. Von hier aus koordinieren und analysieren die Geheimagent:innen des BND ihre Aufklärungsarbeit rund um den Globus.

Was am Eingang nicht steht: »Achtung, Sie verlassen den Geltungsbereich des Grundgesetzes.«

Die verborgene Welt des Geheimdienstes

Trotzdem ist der BND der Meinung, dass seine Agent:innen bei ihrer Späh- und Lauscharbeit im Ausland auf Grundrechte keine Rücksicht nehmen müssen. Wenn sie zum Beispiel unbemerkt per Satellit abgefangene Telefongespräche mithören, diskrete politische Besprechungen aus anderen Ländern, die eigentlich nicht für ihre Ohren bestimmt sind. Oder wenn sie mit geheimen Suchbegriffen massenhaft E-Mails und Textnachrichten auswerten, die sie nach der Staubsaugermethode aus einem riesigen Internetknotenpunkt holen.

Ein Geheimdienst arbeitet natürlich verdeckt, er verrät seine Tricks nicht in der Öffentlichkeit, das ist in Deutschland nicht anders als zum Beispiel in den USA, beim dortigen Auslandsgeheimdienst CIA, oder in Großbritannien beim MI6.[2] Aber Bijan Moini hat sich schon immer für diese verborgene Welt interessiert, und er weiß: Man muss kein politischer Insider sein, es genügt schon, dass man in den vergangenen Jahren Zeitung gelesen hat, um über einige der Arbeitsweisen des BND ziemlich zu staunen.

Dass diese Arbeitsweisen ans Licht gekommen sind, verdanken wir einem Studienabbrecher: Edward Snowden. Der in North Carolina in den USA aufgewachsene Sicherheitstechniker Snowden ist nur ein Jahr älter als Bijan Moini, aber sein Leben verlief völlig anders. Denn Snowden ist das geworden, was man einen Whistleblower nennt: Jemand, der öffentlich Alarm schlägt, weil etwas ganz gewaltig schief läuft und niemand etwas dagegen tut.

Snowden arbeitete als Systemadministrator für ein privates Beratungsunternehmen der US-amerikanischen National Security Agency (NSA), im Kunia Regional SIGINT Operations Center[3], einem unterirdischen Bunker auf der Insel Oahu im US-Bundesstaat Hawaii. Dort hatte er Zugang zu Informationen über die geheimen Software-Programme der US-Regierung zur Überwachung der weltweiten Internetkommunikation, mit mysteriösen Namen wie XKeyscore oder Prism. Mit solchen Programmen überwacht die NSA nicht nur mögliche Terrorist:innen oder ausländische Spion:innen, sondern sie durchforstet auch die E-Mails und internetbasierte Telekommunikation von Millionen gänzlich unbescholtenen Menschen. Denn die Programme durchsuchen große Datenmassen nach Mustern und geheimen Schlagwörtern, und da heißt es für die NSA: Mehr ist mehr. »Strategische Überwachung« nennen Geheimdienste das: Man überwacht nicht jemanden oder etwas Bestimmtes, sondern man schaut, was man im weit ausgeworfenen Netz so findet. *Top secret* waren die Dokumente, zu denen Edward Snowden Zugang hatte, das ist die höchste Geheimhaltungsstufe.

Die Größenordnung der Überwachung durch die NSA schockierte Snowden; vor allem, dass die Öffentlichkeit keine Ahnung davon hatte. 2013 entschloss er sich zu einer drastischen Maßnahme: Er kopierte riesige Datenmengen auf eine kleine Speicherkarte, meldete sich krank und flog nach Hongkong, von wo aus er die geheimen Unterlagen an die britische Tageszeitung *The Guardian* und an die *Washington Post* schickte. Wenig später gab er seine Identität preis.[4]

Als die Bombe platzte, war zufällig auch Bijan Moini gerade in Hongkong, als Referendar bei einer Anwaltskanzlei. Er war elektrisiert von Snowdens Mut und überlegte sofort, ob und wie er ihm helfen könnte. Doch um der Auslieferung in die USA zu entgehen, setzte sich Snowden da schon nach Russland ab; eigentlich hatte er weiter nach Ecuador fliehen wollen, doch er blieb in Moskau stecken und lebt dort bis heute.

Die Enthüllungen schlugen weltweit Wellen. Denn Edward Snowden brachte nicht nur die US-Praxis ans Tageslicht, bis hin zum Abhören des Handys der damaligen Bundeskanzlerin Angela Merkel. Er machte durch seine Leaks auch öffentlich, wie viele andere Geheimdienste mit der NSA zusammenarbeiteten und ebenfalls im großen Stil abhörten.

So auch der deutsche BND.

Grenzenlose Daten-Überwachung

Der Berliner Klotz mit den Schießschartenfenstern befand sich damals gerade im Bau, der BND residierte noch im bayerischen Pullach. Dort war der Dienst durch eine hohe Mauer von der Außenwelt abgeschottet. Anfangs, in den 1950er-Jahren, wohnten die Mitarbeiter:innen sogar noch auf dem Gelände, wo es einen Kindergarten, Läden, sogar einen Friseursalon gab.[5]

Von diesem beschaulichen Ort aus betrieb der BND seit 2002 für die NSA eine riesige, hochmoderne Abhöroperation. Am Frankfurter Internetknoten DE-CIX[6], wo Hunderte Internetanbieter ihre Daten austauschen, darunter E-Mails oder internetbasierte Telefonate und Textnachrichten, schöpfte der deutsche Geheimdienst riesige Datenmengen ab, durchsuchte sie nach von der NSA gelieferten Suchbegriffen, den sogenannten Selektoren, und leitete sie dann direkt weiter an die NSA. Aus der Außenstelle in Bad Aibling zapfte er außerdem Satellitenkommunikation an, zum Beispiel in Afghanistan.

Das Wochenmagazin *Der Spiegel* berichtete, monatlich überwache die NSA »rund eine halbe Milliarde Kommunikationsverbindungen« aus Deutschland.[7] Genauer waren es etwa eine halbe Milliarde Datensätze – bei jeder Kommunikationsverbindung fällt eine Vielzahl solcher Datensätze an, zum Beispiel wer wann mit wem mittels welcher Geräte wie lange von wo aus und mit welchen Telefonnummern verbunden war.[8] Das sind unfassbare Mengen an Daten.

Mehrmals täglich lud der BND die von der NSA gelieferten Selektoren herunter und durchforstete damit die abgezapften Daten. Eingesetzt wurden nicht nur Suchbegriffe, die auf Gefahren hindeuten – zum Beispiel chemische Formeln –, sondern auch Telefonnummern, E-Mail-Adressen, die Identifikationsnummern der genutzten elektronischen Geräte[9], die Geokoordinaten.

Insgesamt mehr als 800 000 Selektoren setzte der BND dabei für die NSA ein – automatisch und weitgehend ungeprüft.[10] Beim BND beschränkte man sich im Wesentlichen darauf, händisch die Daten der Deutschen in Deutschland auszusortieren, denn die eigenen Landsleute sollten nicht mit überwacht werden, so lautete der Deal mit der NSA. Die Methode: Man sortierte einfach Domains mit .de-Endung oder Telefonnummern mit +49-Vorwahl aus. Dass auch Deutsche manchmal E-Mail-Adressen haben, die nicht auf .de enden, sondern auf .com, das ignorierte man beim BND geflissentlich.

Nach den Enthüllungen durch Edward Snowden setzte der Deutsche Bundestag einen Untersuchungsausschuss ein, um die Wahrheit herauszufinden – die Wahrheit über »Ausmaß und Hintergründe der

Ausspähungen durch ausländische Geheimdienste in Deutschland«. Über Monate hörten die Parlamentarier:innen dort Zeug:innen und Sachverständige, wälzten bergeweise Akten.[11] Erst auf Anfrage dieses Untersuchungsausschusses rückte der BND heraus, was für Selektoren er eigentlich alles anwendete. Das Ergebnis: Der BND hatte unter anderem das österreichische Landwirtschaftsministerium abgehört, diverse französische Ministerien belauscht, den Internationalen Strafgerichtshof ausgespäht und sich sogar bei UN-Institutionen in die Telefonleitungen hineingehackt.[12] Bis zu 40 000 der NSA-Selektoren verstießen eindeutig gegen westeuropäische und deutsche Interessen.[13]

Je länger der Untersuchungsausschuss arbeitete, desto klarer wurde aber, dass der BND auch fleißig eigene Selektoren benutzt hatte, um »befreundete« Staaten auszuspionieren.[14] Pikant: Vier Tage nachdem Bundeskanzlerin Angela Merkel die Nachricht, dass eines ihrer Handys von der NSA überwacht worden war, in der ihr eigenen trockenen Art kommentiert hatte: »Ausspähen unter Freunden – das geht gar nicht«, hatte BND-Präsident Gerhard Schindler im Kanzleramt betreten mitteilen müssen, dass, wie es im Bericht des Untersuchungsausschusses heißt, vom BND selbst »eine ›beachtliche Anzahl von EU- und NATO-Zielen‹ wie ›beispielsweise‹ deren Botschaften gesteuert worden seien«.[15]

Und »gesteuert«, das heißt hier: ausspioniert. Dies geschah nicht nur ohne Kenntnis des Parlaments, sondern auch ohne jegliche Rechtsgrundlage.

Spion:innen, die meinen, sie stünden über dem Gesetz

Der BND zuckte mit den Schultern. Er habe die Aufgabe, Erkenntnisse über das Ausland von außen- und sicherheitspolitischer Bedeutung zu sammeln.[16] Dafür brauche er keine Rechtsgrundlage. Man fühle sich vielmehr völlig frei abzuhören, wen man wolle. Man habe da keine rechtlichen Vorgaben, denn das Grundgesetz sei für diese BND-Tätigkeit letztlich irrelevant.

Eine deutsche Behörde, die sich schlicht nicht an das Grundgesetz halten muss, kann es das geben? Für Bijan Moini, der gerade aus dem Rechtsreferendariat beim Bundesinnenministerium kommt, ist das eine absurde Vorstellung.

Die Sicherheitsbehörden gehen – zur Sicherheit – manchmal zu weit. Sie müssen natürlich effektiv arbeiten können. Aber eben im Rahmen der Gesetze – und der Grundrechte. Immerhin stellt das Grundgesetz ganz explizit klar, dass die Grundrechte kein bloßes Programm sind, sondern echtes, bindendes Recht.[17] Warum also soll das Grundgesetz den BND nicht »als unmittelbar geltendes Recht« binden? Weil für Daten in der Digitalsphäre oder der Satellitenkommunikation andere Regeln gelten? Weil im Ausland nur noch die Sicherheit zählt?

Dass es eine Rechtsgrundlage dann braucht, wenn die Grundrechte betroffen sind, da hat der BND freilich recht. Das war erstmals 1957 zu klären, im Fall von Wilhelm Elfes.[18] Dem ehemaligen CDU-Politiker war ohne Begründung der Reisepass nicht verlängert worden, sodass er nicht mehr ins Ausland reisen konnte, wo er sich kritisch gegenüber Adenauers Politik der Westintegration und Wiederbewaffnung geäußert hatte. Das Bundesverfassungsgericht stellte klar: Jede derartige Freiheitsverkürzung greift mindestens in das Grundrecht der allgemeinen Handlungsfreiheit ein, das sich aus Artikel 2 Absatz 1 Grundgesetz ergibt, und damit untersteht sie einem Gesetzesvorbehalt. Also: Keine Grundrechtseingriffe ohne Gesetz.[19]

Nun ist es so, dass das Abhören von Telefonaten und das Durchwühlen von E-Mails ganz klar in das sogenannte Fernmeldegeheimnis eingreift, das in Artikel 10 Grundgesetz geschützt ist. Das Wort klingt nach dem beigen oder olivgrünen »Fernmeldeapparat«, dem Telefon, das man früher von der Deutschen Bundespost bekam – vom Staat also, der dieses Instrument natürlich nicht einfach zum Abhören seiner Bürger und Bürgerinnen nutzen sollte. So schützt das Fernmeldegeheimnis heute auch die elektronische Kommunikation, also E-Mails, Videokonferenzen, SMS, Chats und so weiter, und so fort. All das, was der BND massenhaft durchwühlt.

Aber das Grundgesetz, so der BND, gelte nun mal nicht im Ausland. Jedenfalls nicht für ausländische Staatsangehörige. Und schon gar nicht im Weltraum. Wenn seine Agent:innen beispielsweise Satellitenkommunikation abfingen, um in Afghanistan Terrorverdächtige abzuhören, sei doch völlig klar, dass sie in dem Fall nicht an das Grundgesetz gebunden seien.[20] Also brauche es auch keine Rechtsgrundlage. »Völlig losgelöst von der Erde«, so wie im Neue-Deutsche-Welle-Hit »Major Tom«[21], so sah sich der BND.

Zu dieser »Weltraumtheorie«[22] erklärte der damalige BND-Chef Schindler im Untersuchungsausschuss schlicht: »Das wurde mir bei Dienstantritt so erklärt«, und das werde dann ja wohl auch irgendjemand mal geprüft haben. Es habe sich jedenfalls um eine »gelebte Rechtsauffassung« gehandelt.[23]

Dass es so ganz ohne Rechtsgrundlage nicht geht, ist nach dem Untersuchungsausschuss trotzdem klar. Doch als die Regierungsfraktionen 2016 als Reaktion auf die NSA-Affäre eine Reform des BND-Gesetzes vorlegen,[24] bleiben sie dabei, dass die Grundrechte hier keine Rolle spielen. Stichwort: Weltraumtheorie. Sie legalisieren also einfach die bisher schon praktizierte Massenüberwachung, ohne dafür besondere Voraussetzungen zu fordern. Der BND soll die Daten auch in Zukunft in großem Umfang mit ausländischen Geheimdiensten teilen können, ohne dass Betroffene vor dem Missbrauch dieser Daten zu Folter und Verfolgung geschützt werden. Und eine effektive Kontrolle dieser Praxis soll es ebenfalls nicht geben. Von Grundrechten keine Spur.[25]

Ein Power Move, der nicht nur Bijan Moini befremdet, sondern auch in der politischen Öffentlichkeit auf vehement vorgebrachte Bedenken stößt. Der ehemalige Bundesverfassungsgerichtspräsident Hans-Jürgen Papier zum Beispiel weist in einem Gutachten darauf hin, dass die juristische Fachliteratur die Weltraumtheorie überwiegend für falsch hält.[26] Auch vom Datenschutzbeauftragten des BND sowie im Kanzleramt werden deutliche Zweifel laut – zumal die Daten ja im Inland verarbeitet werden.

Die Regierungsfraktionen im Bundestag zucken mit den Achseln; wo keine Grundrechte gelten, spricht doch nichts dagegen, dem BND weitgehend freie Hand zu lassen. Wichtiger ist ihnen, dass der Geheimdienst optimale Arbeitsbedingungen hat – und dass er in der internationalen Zusammenarbeit mit anderen Geheimdiensten ein starker Partner bleiben kann, um seinerseits auch von ihnen weiter Informationen zu bekommen.[27]

»Keep calm and go to Karlsruhe«

Wieviel Grundrechtsschutz brauchen wir, auch dann, wenn es um unsere Sicherheit geht? Diese Frage treibt Bijan Moini um. Mit dem zweiten Staatsexamen in der Tasche arbeitet er zunächst als Anwalt bei einer Berliner Kanzlei, doch schon nach drei Jahren zieht es ihn wieder zurück in die Unabhängigkeit. Er hat eine Idee für einen Roman. Es soll um eine Welt gehen, in der die Menschen für ein gänzlich sorgenfreies Leben mit dem Verlust jeglicher Privatsphäre bezahlen. Eine Welt perfekter Algorithmen.[28] Er kündigt den Anwaltsjob und macht sich, um etwas Abwechslung vom Schreiben zu haben, auf die Suche nach einem spannenden Ehrenamt.

Er landet bei der Gesellschaft für Freiheitsrechte, kurz GFF, einer damals noch sehr jungen, kleinen gemeinnützigen Organisation. Sie zieht vor Gericht, um die Grundrechte zu verteidigen. »Wir sind die Rechtsschutzversicherung des Grundgesetzes«, ist einer ihrer Slogans, »Keep calm and go to Karlsruhe«, ein anderer. Die Idee: mit gezielten Gerichtsverfahren Grundsatzentscheidungen erstreiten – »strategische Prozessführung« heißt dieses Vorgehen.[29] Die gerichtliche Durchsetzung der Grundrechte in großem Stil soll nicht mehr davon abhängen, ob einzelne Menschen es von Fall zu Fall auf sich nehmen, den mühsamen Klageweg zu beschreiten, was ja teuer und belastend sein kann. Stattdessen können sie sich – wenn ihr Fall für die gesamte Gesellschaft wichtig ist – nun an die GFF wenden, um mit ihrer professionellen Unterstützung ein Grundsatzurteil zu erstreiten.

Die GFF hat gerade erst, im November 2016, ihre erste Verfassungsbeschwerde öffentlich gemacht, gegen das neue Artikel 10-Gesetz. Auch darin geht es um unverhältnismäßige Überwachung durch Geheimdienste, aber im Inland.[30] Als Bijan Moini bei der GFF anklopft, hat die Organisation soeben angekündigt, auch gegen das ebenfalls im November 2016 verabschiedete neue BND-Gesetz vorzugehen. Mit der Prozessvertretung hat sie den Mainzer Verfassungsrechtsprofessor Matthias Bäcker beauftragt. Kooperationspartner soll die Organisation »Reporter ohne Grenzen« werden, die sich für den weltweiten Schutz der Pressefreiheit einsetzt. Insgesamt fünf Medienorganisationen sind es am Ende, die hinter der Klage stehen.[31]

Einen Monat später, im Februar 2017, macht dann der *Spiegel* öffentlich, dass der BND auch im großen Stil Journalist:innen überwacht hat.[32] Damit ist für die GFF klar, dass sie den Fokus der Verfassungsbeschwerde genau richtig plant. Und Bijan Moinis Auftrag steht fest: Betroffene finden, die bereit sind, mit nach Karlsruhe zu kommen.

Wer steht im Visier der Geheimdienste?

Deutschland arbeitet weltweit nicht nur mit dem Geheimdienst der USA zusammen, sondern auch mit denjenigen einiger zweifelhafter Regime. Und deshalb fürchten Journalist:innen in einigen Ländern, dass ihnen nicht nur durch die Spionage dieser autoritären Regime Gefahr droht. Sondern auch durch die Abhörspezialist:innen des deutschen BND, die ihre Informationen dann weitertauschen.

Wenn man zeigen will, wie gefährlich die massenhafte Überwachungspraxis des BND für die Grundrechte ist, dann reicht der Hinweis auf durchforstete Datenmengen aber nicht aus. Man muss konkret werden und dem Bundesverfassungsgericht zeigen, was im Extremfall passieren kann. Wenn etwa Journalist:innen ihren höchst gefährdeten Quellen nicht zusichern können, dass deren Informationen und Identität nicht doch bei dem Geheimdienst genau der Regierung landen, die ihnen nach Leben oder Freiheit trachtet. Solche Menschen müssen darauf vertrauen können, dass ihre Informationen vor unkontrolliertem Zugriff geschützt bleiben. Sonst sagen sie der Presse kein Wort. Und Korruption, Verbrechen, politische Skandale bleiben im Dunklen.

Eine Verfassungsbeschwerde, das ist so etwas wie eine Klage des Bürgers oder der Bürgerin gegen den eigenen Staat – Klein gegen

Groß. Immer geht es um den Vorwurf, dass ein Gericht, eine Behörde oder sogar der Gesetzgeber womöglich die Verfassung bricht. Eine solche Verfassungsbeschwerde kann jeder Mensch einreichen, das ist in Deutschland völlig frei, man muss nicht selbst Jurist:in sein. Es reicht auch handbeschriebenes Karo-Papier aus dem Gefängnis.[33]

Voraussetzung ist jedoch, dass man von dem Problem, das man beklagt, selbst betroffen sein muss. Man kann nicht einfach einen politischen Missstand anprangern, unter dem nur andere Menschen leiden, aber nicht man selbst. Sondern man muss zeigen können, dass man dadurch auch in den eigenen Grundrechten verletzt ist.

Das heißt für Bijan Moini und die anderen Aktiven bei der GFF: Wenn sie die massenhafte geheime Überwachung des BND angreifen wollen, müssen sie sich mit Menschen zusammentun, die davon wirklich betroffen sein können. Weil sie ihrerseits regelmäßig mit Menschen zusammenarbeiten, die mit dem Extremfall – also mit Verfolgung oder Folter – rechnen müssen. Und die sich bei der Arbeit mit diesen gefährdeten Quellen auf den Schutz der Pressefreiheit verlassen können müssen.

Wie man Betroffene findet? Das ist vor allem sehr viel Arbeit. Ein freiwilliger Helfer wie Bijan Moini kommt da gerade zum richtigen Zeitpunkt. Denn bisher arbeiten in der GFF alle ehrenamtlich, auch ein Büro gibt es noch nicht, Vorstandstreffen finden am Küchentisch statt.

Wer geht mit vor's Bundesverfassungsgericht?

Als Bijan Moini loslegt, stockt das Projekt gerade. Es sind nur noch wenige Monate Zeit bis zum Ablauf der Klagefrist.[34] Zusammen mit einem Aktiven von der Organisation »Reporter ohne Grenzen«, Daniel Moßbrucker, überlegt er, wie sie weltweit an Journalist:innen herantreten könnten, die wichtige, aufklärerische Arbeit leisten und deswegen womöglich ins Fadenkreuz der BND-Spion:innen geraten könnten. Die Organisation hat gute Kontakte, und monatelang führen sie Gespräche mit geeigneten Personen, immer wieder über verschlüsselte Kanäle wie zum Beispiel Signal, wenn möglich auch persönlich, einmal sogar in Washington. Sie versuchen Menschen zu überreden, dass es sich lohnen würde, wenn sie bei der Verfassungsbeschwerde in Deutschland mitmachen. Beantworten ihnen Fragen, erklären ihnen die Gefahren, wenn Überwachungserkenntnisse vom BND weitergegeben werden.

Für die Suche haben sie Profile, mit Kriterien, die diese Personen erfüllen müssen, damit die Verfassungsbeschwerde juristisch funktioniert. Der Journalist Daniel Moßbrucker schüttelt beim Lesen manchmal den Kopf, so kleinteilig sind manche dieser Kriterien – aber hinter jedem Punkt stecken rechtliche Erwägungen, an denen der Erfolg der Klage hängt. Und dann braucht es natürlich noch detaillierte Belege für jeden einzelnen dieser Punkte.

Monatelang geht es hin und her, alle sind nervös, doch mit jeder Zusage wächst die Zuversicht. Denn dass Überwachung gefährlich werden kann, wissen viele von denen, die mitmachen, aus eigener Erfahrung.

Die prominenteste unter ihnen ist die aserbaidschanische Journalistin Khadija Ismayilova. Sie ist Trägerin des Alternativen Friedensnobelpreises und auf Investigativrecherchen zu Korruption und organisierter Kriminalität spezialisiert, auch und gerade im Umfeld der aserbaidschanischen Präsidentenfamilie. So heißt es über sie im Text der Verfassungsbeschwerde:

> »Aufgrund dieser Veröffentlichungen war die Beschwerdeführerin […] mehrfach Repressalien ausgesetzt. So wurde sie im Jahr 2012 mit der – später verwirklichten – Drohung erpresst, intimes Filmmaterial über sie zu veröffentlichen, das heimlich in ihrer Wohnung mit einer dort von Unbekannten installierten Kamera aufgenommen worden war. Sie sollte so von weiteren Recherchen abgehalten werden. Von 2014 bis 2016 war sie inhaftiert und wurde erst nach internationalen Protesten aufgrund einer Entscheidung des aserbaidschanischen obersten Gerichtshofs auf Bewährung aus der Haft entlassen.«[35]

»Als Journalistin«, so kommentiert Ismayilova das BND-Gesetz, »habe ich unter dieser Art von Gesetz schon in meinem eigenen Land gelitten. Und ich weiß, dass es der Arbeit von Journalisten in anderen Teilen der Welt schaden wird.«

Sie sei auf Whistleblower angewiesen, um berichten zu können, und die müssten ihr eben vertrauen können. Wenn sie überwacht werde, könne sie das nicht garantieren. Wenn sogar Deutschland die Überwachung von Journalistinnen wie ihr für legitim erkläre, dann bestärke das autoritäre Regime wie in Aserbaidschan erst recht.[36]

Während Bijan Moini mit »Reporter ohne Grenzen« und dem Deutschen Journalisten-Verband nach weiteren Betroffenen sucht und während die GFF Spenden einwirbt, um das Verfahren zu finanzieren, schreibt Matthias Bäcker, der Mainzer Professor für Datenschutzrecht, die Verfassungsbeschwerde. Gut 90 Seiten umfasst sie am Ende, davon gute 20 Seiten zu den Betroffenen. Die Schriftart Arial, nüchtern und schmucklos, ist dieselbe, die auch das Bundesverfassungsgericht benutzt.

Matthias Bäcker kennt das Gericht ziemlich gut; er war dort nach Abschluss seiner Doktorarbeit wissenschaftlicher Mitarbeiter, arbeitete erst dem Richter Wolfgang Hoffmann-Riem und später dessen Nachfolger Johannes Masing zu. Er weiß, dass das Gericht schnörkellose, trockene Sprache schätzt. Hier zählt nicht die große Rhetorik, die nervt eher und kostet die Richter:innen bloß Zeit. Hier zählt das juristische Argument.

Am 19. Dezember 2017 ist der Schriftsatz fertig. Verschickt wird er per Post und per Fax – in Karlsruhe ist man nicht so für neumodische Entwicklungen.[37]

Dann heißt es Warten.

Herzklopfen im Gerichtssaal

Zwei Jahre später ist plötzlich die Aufregung groß: Das Bundesverfassungsgericht hat zu einem Termin geladen. Die Richter:innen wollen Fragen stellen und öffentlich diskutieren – es wird also eine mündliche Verhandlung geben.[38] Das ist eine große Seltenheit am Bundesverfassungsgericht, so eine Einladung sprechen die Richter:innen vielleicht sieben-, achtmal im Jahr aus, bei rund 6 000 Fällen pro Jahr.[39] Ein solcher Termin signalisiert in der Regel, dass eine große Entscheidung bevorsteht. Zwei ganze Tage hat das Gericht dafür reserviert.

Am Dienstag, dem 14. Januar 2020, steht Bijan Moini also unausgeschlafen im Karlsruher Schlosspark vor dem unprätentiösen Sichtbeton des Bundesverfassungsgerichts. Er wird ganz vorne im Saal sitzen, an der Seite des Rechtsprofessors Matthias Bäcker. Auch einer der Beschwerdeführer ist angereist, der slowenische Investigativreporter Blaž Zgaga, von »Reporter ohne Grenzen« 2014 zu einem von »100 Information Heros«, einem Informationshelden, gekürt. Auch er hat Korruptionsnetzwerke aufgedeckt, außerdem illegalen Waffenschmuggel im Balkan, und auch er befürchtet deswegen abgehört zu werden.

Das Gericht gibt sich unprätentiös. Große Fenster geben den Blick bis in die Büros der Richter:innen frei. Unten im Eingangsbereich hängen ihre Vorgänger:innen mit freundlichen Fotoporträts. Nichts soll hier einschüchtern. Keine große Treppe, die man erst einmal hinaufsteigen muss, kein hoher Eingangsbereich, der den Blick nach oben zieht auf eine mit dem Schwert drohende Justitia, wie es in den Justizpalästen des 19. Jahrhunderts üblich war. Sondern nur eine kleine Sicherheitskontrolle, eine zum Plaudern einladende Garderobe, einige Sessel und eine schmale, leicht wirkende Treppe hinauf in den Sitzungsbereich. Ein bisschen wie in einem Konzerthaus oder einem modernen Theater.

Auch oben im Sitzungssaal vermitteln riesige Fenster Transparenz, lassen das Tageslicht herein. Die acht Sessel der Richter:innen vor dem schlichten Holzpaneel sind alle gleich hoch; der Vorsitzende bekommt keinen besonderen Platz. Der Bundesadler ist aus Holz, und er schwebt nicht ehrfurchtgebietend in der Mitte, sondern seitlich versetzt. Das Pult für die Verfahrensbeteiligten ist so aufgestellt, dass sie mit den Richter:innen auf Augenhöhe sprechen können.[40]

Egal wie klein, arm, machtlos jemand ist, der Weg nach Karlsruhe verspricht Gerechtigkeit. Und in den vergangenen Jahren haben hier schon viele Erfolg gehabt:

- Die Gruppe Jugendlicher, die wegen unzureichender Klimaschutzmaßnahmen geklagt haben, hat 2021 erreicht, dass das Gericht den Grundsatz aufgestellt hat: Klimagerechtigkeit ist ein Verfassungsgebot.[41]
- Eine Reihe von Schwerstkranken klagte, weil sie selbstbestimmt aus dem Leben scheiden wollen, wenn ihre Krankheit unerträglich wird. Sie erreichten 2020, dass die Strafbarkeit der Unterstützung eines Suizids aufgehoben wurde, und dürfen nun auch fremde Hilfe in Anspruch nehmen, um ihr Leiden zu beenden.
- Eine Lehrerin aus Baden-Württemberg, Fereshta Ludin, die wegen ihres muslimischen Glaubens ein Kopftuch trug, wurde trotz zweier Staatsexamina nicht in den Schuldienst übernommen – weil sie das Kopftuch nicht ablegen wollte. Sie zog 2003 nach Karlsruhe und gewann: Für das Kopftuchverbot fehlte es schon an der gesetzlichen Grundlage.
- Und sogar vier Schwerverbrecher hatten 2011 Erfolg mit einer Verfassungsbeschwerde dagegen, dass sie nach Absitzen ihrer Gefängnisstrafe einfach weiter hinter Gitter bleiben sollten. »Nachträgliche Sicherungsverwahrung« nannte das die Regierung. Sie zogen vor das Bundesverfassungsgericht und gewannen. Zwar wurden sie nicht sofort freigelassen. Aber sie erreichten, dass geprüft werden muss, ob sie wirklich weiterhin hochgradig gefährlich sind – und dass sie dann auch nicht einfach weiter in der Zelle weggeschlossen werden, sondern eine Therapie erhalten. Denn auch Schwerverbrecher haben Grundrechte.[42]

Man muss also nicht viel Macht haben, um hier zu gewinnen. Aber man braucht gute rechtliche Argumente.

Bijan Moini spürt die Nervosität, als er im Sitzungssaal seine Anwaltsrobe anzieht. Er ist inzwischen fest angestellt bei der GFF, die enorm gewachsen ist, seit er ehrenamtlich anfing, an diesem Fall mitzuarbeiten. Gemeinsam mit Matthias Bäcker und mit Christian Mihr, dem Vorsitzenden der »Reporter ohne Grenzen«, sitzt er auf der linken Seite ganz vorn.

Auf der anderen Seite des Mittelgangs sitzen die Vertreter:innen des Bundeskanzleramts und des BND. Sie sind »mit einer Entourage von fast 30 Beamt:innen angereist«, berichtet Anna Biselli auf Netzpolitik.org.[43] Auch BND-Präsident Bruno Kahl und der Chef des Bundeskanzleramts, Helge Braun, sind da.

Es herrscht gespannte Stille, als der Gerichtsdiener in seiner dunklen Uniform die Tür hinter der Richterbank öffnet und ankündigt: »Das Bundesverfassungsgericht«, damit sich alle erheben können. Und dann kommen sie herein, in ihren roten Roben, stellen sich an ihren Plätzen auf, setzen gleichzeitig ihre flachen roten Hüte, die sogenannten Barette, ab und nehmen Platz. In der Mitte wie immer der Vorsitzende, Stephan Harbarth, und der Richter, der sich am meisten um dieses Verfahren gekümmert hat, in diesem Fall Johannes Masing.

Dann geht es los. Das Gericht hat sehr, sehr viele Fragen. Bis um halb neun Uhr abends verhandelt es am ersten Tag.

Schnell wird klar: Es läuft gut für Bijan Moini und Matthias Bäcker. Die Richter:innen löchern den Bevollmächtigten der Bundesregierung mit Fragen, diskutieren über die Präambel des Grundgesetzes und über einzelne seiner Artikel. Man merkt ihnen an, dass sie nicht recht überzeugt sind von der Vorstellung, der BND könne im Ausland tun und lassen, was er wolle.

»Der Bundesnachrichtendienst ist verunsichert. Dieser Eindruck drängt sich nach zwei Tagen intensiver Verhandlung vor dem Bundesverfassungsgericht auf«, schreibt Anna Biselli am nächsten Tag. Nachdem sie über Monate und Jahre mitverfolgen konnte, wie wortkarg der BND im Untersuchungsausschuss auftrat, ist sie erstaunt, wie auskunftsfreudig er sich nun gibt: »Kein Aus-der-Nase-Ziehen«, berichtet sie. »Kein Machtspiel, ob nicht die kleinste Information noch zum Staatsgeheimnis erklärt werden könnte.«[44]

Doch die späte Offenheit reicht nicht. Das Gericht lässt erkennen, dass es ziemlich große Zweifel an den praktisch unbegrenzten Befugnissen des BND hat. »Ist es vorstellbar, dass die Menschenwürde für die Auslandstätigkeit des BND nicht anwendbar ist?«, fragt Richter Andreas Paulus, seit Jahren Professor für Völkerrecht an der Universität Göttingen.

Im Namen des Volkes

Vier Monate später, im Mai 2020, lädt das Gericht zur Urteilsverkündung. Wieder fährt Bijan Moini mit Matthias Bäcker nach Karlsruhe, diesmal nur in kleiner Runde: Wegen Corona dürfen nur sehr wenige Menschen in den Saal, müssen großen Abstand voneinander halten, selbst das Gericht ist hinter der Richterbank hervorgekommen, damit auch die Richter:innen den Mindestabstand zueinander einhalten können.

Klopfenden Herzens steht er gemeinsam mit allen anderen auf, als der Vorsitzende Richter Harbarth ansetzt, das Urteil zu verkünden, »im Namen des Volkes«, wie alle Urteile deutscher Gerichte. Und dann hagelt es Paragrafen. Erst nach fünf Minuten spricht Richter Harbarth in seinem weichen kurpfälzischen Akzent erstmals die erlösenden Worte aus »... sind mit Artikel 10 Absatz 1 des Grundgesetzes [...] nicht vereinbar.« Damit ist klar: Der Bundesnachrichtendienst muss sich auch im Ausland an die Grundrechte halten.

> » Artikel 10 und Artikel 5 Grundgesetz schützen seit jeher unstrittig auch Ausländer. Die heutige Entscheidung stellt klar, dass dies nicht nur im Inland gilt. Artikel 1 Absatz 3 Grundgesetz bindet die deutsche Staatsgewalt umfassend an die Grundrechte des Grundgesetzes, folglich auch im Ausland«, erläutert der Vorsitzende.[45]

Knappe zwei Stunden lang tragen er und sein Richterkollege Masing dann die zentralen Passagen aus dem Urteil vor. 122 Seiten ist es lang. Schriftart: Arial.

Jeder einzelne Paragraf, den die Verfassungsbeschwerde angegriffen hat, ist verfassungswidrig. Das Gesetz muss praktisch komplett neu geschrieben werden. Es braucht Schutzvorschriften für Journalist:innen und ihre Quellen, es braucht viel strengere Vorschriften für die Weitergabe von Daten, es muss sichergestellt werden, dass sensible Erkenntnisse nicht für die Folterung oder Verfolgung von Menschen genutzt werden, und es braucht ein strenges Kontrollregime durch eine unabhängige, gerichtsartige Stelle.

Und das allerwichtigste: Es gibt keine grundrechtsfreien Zonen. Auch nicht für den BND.

Ein Riesenerfolg.

»Hammer«, erinnert sich Daniel Moßbrucker. Ein so starker Schutz der Presse vor Überwachung, das ist für »Reporter ohne Grenzen« unglaublich wichtig.

Auch Bijan Moini strahlt, gibt Interviews, ist sichtlich erleichtert und begeistert.

Matthias Bäcker ist eher ein Mann des Understatements. Nur einen kleinen Tweet schickt er raus: »Ich glaube, wir haben gewonnen.«[46]

Der BND erweist sich als schlechter Verlierer. Seine Mitarbeiter:innen wollen »nicht einmal ausschließen, dass hinter dem Verfahren eine gezielte geheimdienstlich gesteuerte Aktion stecken könnte, um der Bundesrepublik zu schaden«, berichtet die *Welt*.[47]

Seitdem radelt Bijan Moini noch viel häufiger am BND-Hauptgebäude vorbei. Denn die GFF hat 2021 ein neues, größeres Büro bezogen, in einem Moabiter Hinterhof in der Boyenstraße 42. Und das ist nur eine Querstraße von dem Koloss der Spione entfernt.[48]

»Unpolitisch sein war eine bequeme Art der Komplizenschaft, wollte Lavinia schon sagen, doch fiel ihr gerade noch rechtzeitig ein, daß sie ja hier war, um ihre Tarnung zu verbessern, und nicht, um sich als Rebellin aufzuspielen.«

*Gioconda Belli**

* Die nicaraguanische Schriftstellerin engagierte sich in den 1970er-Jahren in der demokratischen Rebellion gegen die Somoza-Diktatur, wovon auch ihr Roman *Die bewohnte Frau* (dtv 1991) handelt. Aber je mehr der Rebellenführer Daniel Ortega nach geglückter Revolution selbst autoritäre Züge entwickelte, desto mehr ging sie in späteren Jahren auf Distanz. Heute spricht sie von einer »Tyrannei« Ortegas.

DEMOKRATIE

Wie stabil sind wir gegen eine Übernahme von rechts?

Der Jurist und Schriftsteller Maximilian Steinbeis hat ein für unsere Demokratie ziemlich beunruhigendes Szenario entworfen. »Jetzt mal angenommen, es käme einer«, schreibt Steinbeis. Eine Führungsfigur, die aus der Sicht der meisten Menschen relativ unverdächtig daherkommt, »einer, der die Menschen begeistert und mit Hoffnung erfüllt. Einer, der sie mobilisiert, der sie organisiert und ihnen Schwung verleiht. Der eine große Bewegung hinter sich schart, ohne ideologischen Ballast, offen für alle, die an der Zukunft mitarbeiten wollen.«[1]

Und stellen wir uns dann weiter vor: Dieser populistische Politiker würde, nachdem er die Bundestagswahl haushoch gewonnen und das Amt des Kanzlers übernommen hat, versuchen, den Menschen im Land die Möglichkeit zu nehmen, ihn je wieder abzuwählen. Er würde der Opposition die Hoffnung auf einen Wechsel nehmen wollen, seinen Anhänger:innen würde er dagegen die Hoffnung auf eine sehr lange, sehr ungestörte Zeit an der Macht geben wollen.

»Und von nichts und niemandem werde er sich daran hindern lassen, die in ihn gesetzten Hoffnungen zu erfüllen«, so Maximilian Steinbeis in diesem Gedankenspiel.[2]

Besonders interessant an diesem Szenario, das Steinbeis erstmals im Jahr 2019 in einem Gastbeitrag in der *Süddeutschen Zeitung* entworfen hat, ist: Es beschreibt keinen lauten, abstoßenden Diktator. Das wäre zu simpel. Steinbeis zeichnet nicht das Bild eines kleinen Hitler-Wiedergängers, den man schon aus weiter Ferne als das erkennt, was er ist: ein antidemokratischer Brandstifter. Im Gegenteil: Die Figur ist jovial, weich, leutselig – ein geschmeidiger Volkstribun, der sich gut zu verkaufen weiß. Jemand, der sich als Anwalt der »kleinen Leute« inszeniert, gütig lächelnd, als vermeintlich wahrer Demokrat, und der immer einen Spruch gegen »die da oben« auf den Lippen hat.

Das macht den besonderen Sog dieser Erzählung aus. Und vielleicht sollte man deshalb über sie ganz besonders gründlich, besonders ernst nachdenken.

Denn der neue politische Anführer in diesem Szenario bemüht sich, die Bedenkenträger einzulullen, »er schlägt bei seinem ersten Auftritt nach der Wahl einen staatsmännischen und nachdenklichen, manche finden: geradezu versöhnlichen Ton« an, so Steinbeis. Der neue Kanzler beginnt seine Regierungszeit mit vergleichsweise unspektakulären, kleinen Reformen. Ein paar kleine Änderungen hier, ein paar neue Paragrafen dort. Und man muss dann schon sehr genau hinsehen, um rechtzeitig zu erkennen, warum seine politischen Schachzüge und Gesetzgebungsmaßnahmen, so klein und harmlos sie zunächst aussehen, am Ende eine große Wirkung haben werden.

Man muss ausgesprochen wachsam sein dafür.

Angenommen, die AfD gewönne eine Mehrheit ...

»Demokratien sterben mit einem Knall oder mit einem Wimmern«, so haben es die beiden Harvard-Professoren Steven Levitsky und Daniel Ziblatt in ihrer Untersuchung *Wie Demokratien sterben* formuliert, die seit ihrem Erscheinen im Jahr 2018 auch in Deutschland viel gelesen wurde; ein sehr anschauliches und hervorragend geschriebenes Buch.

> »Der Knall, das oft gewaltsame Ende einer Demokratie durch einen Putsch, einen Krieg oder eine Revolution, ist spektakulär. Doch das Dahinsiechen einer Demokratie, das Sterben mit einem Wimmern, ist alltäglicher – und gefährlicher, weil viele Bürger erst aufwachen, wenn es zu spät ist.«[3]

Dafür gibt es viele reale Beispiele. Man braucht dafür gar nicht in die Ferne zu schauen. Es genügt schon der Blick nach Osteuropa, auf das Nachbarland Polen und auf Ungarn. In beiden Ländern haben rechtskonservative, populistische Regierungen in den vergangenen Jahren ihre politische Macht zementiert, indem sie die demokratischen Spielregeln – langsam, behutsam, nach und nach – in ihrem Sinne zurechtgebogen haben.[4]

Hunderttausende sind in Polen gegen die Justizreformen auf die Straße gegangen.[5] Mutige Richter:innen wie Małgorzata Gersdorf, die ehemalige Präsidentin des Obersten Gerichts, mobilisierten Unterstützung gegen ihre eigene Absetzung. Im Januar 2020 reisten sogar Richter:innen aus ganz Europa an und demonstrierten in ihren Roben auf der Straße Solidarität.[6] Auch die Europäische Union geißelte den Rechtsstaatsabbau in scharfen Worten, sogar in scharfen Urteilen des Europäischen Gerichtshofs.[7] Aber verhindern konnte sie es nicht. Denn der sogenannte Rechtsstaatsmechanismus der EU, mit dem Polen hätte sanktioniert werden können, erfordert Einstimmigkeit.[8] Und Polen und Ungarn schützten sich gegenseitig mit ihrem Veto. Der inzwischen pensionierten Richterin Gersdorf drohte währenddessen in Polen ein Disziplinarverfahren.[9]

Nicht mit einem Knall, sondern mit einem Wimmern: In Polen und Ungarn hat es nicht mit einem Putsch begonnen, sondern mit vormals bürgerlichen, vielleicht könnte man auch sagen kleinbürgerlichen, konservativen Parteien, die irgendwann angefangen haben, die demokratischen Spielregeln zu manipulieren.[10] Und so ist es ratsam, sich die Verletzlichkeiten des demokratischen Systems auch in Deutschland vor Augen zu führen, wie es Steinbeis mit seinem Gedankenspiel anregt; lieber zu früh als zu spät.

Fangen wir also an:

> »Nehmen wir an, ein Populist bekäme bei einer Bundestagswahl die absolute Mehrheit. Könnte er mit den Mitteln der Verfassung das Grundgesetz aushebeln?«[11]

Die Antwort auf diese Frage von Maximilian Steinbeis müsste eigentlich ganz klar sein: Nein! So etwas kann bei uns nicht passieren. Denn das Grundgesetz sieht eine ganze Reihe von Mechanismen vor, um sich selbst vor genau solchen demokratiezerstörerischen Bestrebungen zu schützen.

Nie wieder 1933

Der historische Hintergrund ist die Erfahrung mit dem Nationalsozialismus. Die Verfassung der Weimarer Republik, so fanden viele Menschen nach dem Zweiten Weltkrieg, habe dem Aufstieg der NSDAP und der Machtübernahme Hitlers kaum etwas entgegenzusetzen gehabt. Sie sei zu lasch und biegsam gewesen. Mehr noch: Sie habe die Machtübernahme sogar ermöglicht.

Dabei hatte Joseph Goebbels, Hitlers späterer Propagandaminister, keineswegs mit den Plänen seiner NSDAP hinterm Berg gehalten. Bereits 1928 veröffentlichte er im *Völkischen Beobachter*, dem Propagandablatt der Partei, einen Artikel, in dem er genau erklärte, wie sie plante, die Weimarer Demokratie mit deren eigenen Instrumenten abzuschaffen:

> »Wir gehen in den Reichstag hinein, um uns aus dem Waffenarsenal der Demokratie mit deren eigenen Waffen zu versorgen. Wir werden Reichstagsabgeordnete, um die Weimarer Gesinnung mit ihrer eigenen Unterstützung lahm zu legen. Wenn die Demokratie so dumm ist, uns für diesen Bärendienst Freifahrkarten und Diäten zu geben, so ist das ihre eigene Sache. Wir zerbrechen uns darüber nicht den Kopf. Uns ist jedes gesetzliche Mittel recht, den Zustand von heute zu revolutionieren.
>
> Wenn es uns gelingt, bei diesen Wahlen sechzig bis siebzig Agitatoren und Organisatoren unserer Partei in die verschiedenen Parlamente hineinzustecken, so wird der Staat selbst in Zukunft unseren Kampfapparat ausstatten und besolden. Eine Angelegenheit, die reizvoll und neckisch genug ist, sie einmal auszuprobieren. […] Wir kommen nicht als Freunde, auch nicht als Neutrale. Wir kommen als Feinde! Wie der Wolf in die Schafherde einbricht, so kommen wir.«[12]

So richtig stimmt es nicht, dass die Weimarer Verfassung demgegenüber völlig wehrlos gewesen wäre; einige Instrumente zur Selbstverteidigung gegen solche Demokratieverächter gab es durchaus, und diese wurden teilweise auch genutzt. Das viel größere Problem war, neben dem grassierenden Antisemitismus und der extremen Armut und Abstiegserfahrung nach der Finanzmarktkrise 1929, dass auch die Eliten selbst nicht entschieden für die Demokratie eintraten.[13] Dennoch war man sich in den drei Westzonen bei der Erarbeitung des Grundgesetzes nach dem Zweiten Weltkrieg einig, dass die neue Demokratie eine sein müsse, die sich nicht mehr so leicht ausnutzen, überwältigen, aushöhlen lässt.

Das Konzept hierfür stammt von einem Juristen aus München, dem deutsch-jüdischen Verfassungsrechtler Karl Löwenstein. Er arbeitete während der Weimarer Republik in der bayerischen Landeshauptstadt als Rechtsanwalt, lehrte an der dortigen Ludwig-Maximilians-Universität und engagierte sich in der linksliberalen Deutschen Demokratischen Partei, der DDP. Von den Nazis wurde Löwenstein ins amerikanische Exil getrieben, wo er dann in Yale und am Amherst College in Massachusetts lehrte. Und er schrieb, sehr klar: Die europäischen Demokratien seien viel zu lange tolerant gegenüber den Intoleranten gewesen, den Nazis. Er fand: Das sei ihr historischer Fehler.

Es war 1937, die großen antisemitischen Pogrome hatten noch nicht begonnen, aber Jüdinnen und Juden im Deutschen Reich waren schon weitgehend entrechtet. Da kritisierte Löwenstein in einem fulminanten Essay in der Zeitschrift *American Political Science Review* die deutschen Demokrat:innen dafür, dass sie so leichtsinnig gewesen seien, die Hitler-Partei überhaupt je an Wahlen teilnehmen zu lassen.[14]

Wie kann sich die Demokratie gegen ihre Feinde verteidigen, ohne sich selbst aufzugeben, das heißt: ohne selbst verschlossen und undemokratisch zu werden? »Sie muss wehrhaft werden«, schrieb er. Wobei er allerdings im englischen Original einen noch viel schwungvolleren Namen dafür benutzte: *militant democracy*. Übersetzt etwa: kampfbereite Demokratie. Faschist:innen müssten frühzeitig demokratisch geächtet und ausgeschlossen werden.

Nach der Befreiung ist dieses Konzept mit den amerikanischen Befreiern zurück nach Bayern gekommen; mit Löwenstein als ihrem juristischen Berater. Und es ist dann auch ins neu geschaffene Grundgesetz eingeflossen.

Wie das Grundgesetz sich gegen Demokratiefeinde wappnet

Die Antwort des Grundgesetzes auf das Problem mit den Wölfen und den Schafen besteht in einer Reihe von Regeln, die es »wehrhaft« machen sollen:

- Artikel 9 Absatz 2 des Grundgesetzes ermöglicht es, »Vereinigungen« zu verbieten, deren Zwecke oder deren Tätigkeit sich gegen die »verfassungsmäßige Ordnung« oder gegen den »Gedanken der Völkerverständigung« richten. Das gilt zum Beispiel für Vereine, Kameradschaften und Bünde.
- Auch politische Parteien können verboten werden: Nach Artikel 21 Absatz 2 sind Parteien, »die nach ihren Zielen oder nach dem Verhalten ihrer Anhänger darauf ausgehen, die freiheitliche demokratische Grundordnung zu beeinträchtigen oder zu beseitigen oder den Bestand der Bundesrepublik Deutschland zu gefährden«, verfassungswidrig und sollen deshalb – anders als einst die NSDAP – keine Chance bekommen, bei demokratischen Wahlen mit anzutreten.
- Nach Artikel 98 Absatz 2 – ähnliche Vorschriften gibt es in den Landesverfassungen – können Richter:innen, die im Amt oder außerhalb ihres Amtes gegen die Grundsätze des Grundgesetzes oder gegen die verfassungsmäßige Ordnung eines Landes verstoßen haben, in ein anderes Amt oder in den Ruhestand versetzt werden. Bei vorsätzlichem Verstoß können sie sogar entlassen werden – das heißt, dass sie auch keine Pension mehr bekommen.
- Auch Einzelpersonen kann der Staat nach Artikel 18 als Antidemokrat:innen brandmarken und ihnen ein politisches Engagement verbieten. Ein Mensch »verwirkt« seine Grundrechte, so heißt es

dort, wenn er die Freiheit der Meinungsäußerung, insbesondere die Pressefreiheit, die Lehrfreiheit, die Versammlungsfreiheit, die Vereinigungsfreiheit, das Brief-, Post- und Fernmeldegeheimnis, das Eigentum oder das Asylrecht zum Kampfe gegen die freiheitliche demokratische Grundordnung missbraucht hat.

- Und seit 1968 gibt es in Artikel 20 Absatz 4 sogar auch ein explizites Recht auf Widerstand »gegen jeden, der es unternimmt, diese Ordnung zu beseitigen«.

Bei all dem spielt das Bundesverfassungsgericht eine zentrale Rolle: beim Verbot einer verfassungsfeindlichen Partei, bei der Verwirkung von Grundrechten im Kampf gegen die Demokratie, bei der Versetzung einer verfassungsfeindlichen Richterin in den Ruhestand. Außerdem ist es nach Artikel 93 dafür zuständig, die Einhaltung der Verfassung durch das Parlament, die Regierung und die einfachen Gerichte zu überwachen. Hierzu kann es nicht nur von Staatsorganen oder Amtsträger:innen angerufen werden, sondern letztlich von jeder Person, der eine Verletzung ihrer Grundrechte droht.

Eine Verfassung lässt sich zwar ändern, auch das Grundgesetz, aber nur mit Zweidrittelmehrheit. Und die zentralen Garantien der Verfassung – also die Unantastbarkeit der Menschenwürde und die Garantie von Demokratie, Rechtsstaatlichkeit, Föderalismus und Sozialstaatlichkeit – dürfen noch nicht einmal mit Zweidrittelmehrheit angetastet werden, sondern überhaupt nicht. Das besagt die sogenannte Ewigkeitsgarantie in Artikel 79 Absatz 3 des Grundgesetzes.

Es klingt, als sei die Demokratie wirklich eisern geschützt, als könne wirklich niemand sie auf legalem Weg aushebeln. Alles gut also?

Wie verwundbar die unabhängige Justiz ist

Um es gleich zu sagen: Trotz all dieser Vorsichtsregeln ist das heutige demokratische System noch an etlichen Stellen ziemlich verwundbar. Die Demokratie lässt sich aushebeln. Sie lässt sich, wenn man genau hinsieht, auch austricksen, wenn antidemokratische

Brandstifter:innen sich nur ausreichend gut auskennen. Darin liegt eine Gefahr.

Die Regierungen in Ungarn und Polen haben, wie schon erwähnt, einige Tricks vorgemacht. Es hat in diesen Staaten üble Folgen gehabt, nämlich einen Rückbau der Demokratie, angeordnet von der parlamentarischen Mehrheit. Und auch im deutschen System gäbe es Mittel und Wege – wenn denn eine fest entschlossene populistische Partei die entsprechende politische Macht in die Hand bekäme.

In dem Gedankenspiel von Maximilian Steinbeis, dem eine sehr gründliche Analyse des Staatsorganisationsrechts zugrunde liegt, geht es damit los, dass die populistische Regierungsmehrheit sich daran macht, rasch das Bundesverfassungsgericht lahmzulegen. Das geht einfacher, als man denkt. Denn die meisten Regeln, wie das Gericht arbeiten soll und wie seine Richter:innen ausgewählt werden, stehen in einem einfachen Gesetz, dem Bundesverfassungsgerichtsgesetz. Und das lässt sich – anders als das Grundgesetz – relativ schnell ändern, mit einer einfachen Parlamentsmehrheit.

In diesem Gesetz steht zum Beispiel, dass das Gericht aus zwei sogenannten Senaten mit je acht Richter:innen bestehen soll. Es wäre gar nicht schwierig, diese Vorgaben zu ändern und die Anzahl der Personen einfach zu erhöhen. Statt zwei Senaten hat das Gericht dann eben drei Senate – so verkündet es der neue, populistische Kanzler in Steinbeis' Erzählung mit unschuldiger Miene und einem Lächeln. »Ein Angriff auf den Rechtsstaat? Na, übertreiben wir mal nicht«, so beschwichtigt er gleich. Es sei doch eigentlich eine Wohltat für das Verfassungsgericht, wenn die Politik ihm neue Richterstellen schenke.

> » Ein dritter Senat also, der künftig für alle Verfahren des Staatsorganisationsrechts zuständig sein soll: Organklagen, abstrakte Normenkontrollverfahren, Bund-Länder-Streitigkeiten, Wahlprüfungssachen und solche staubtrockenen Dinge. Die beiden bestehenden Senate in Karlsruhe, so die offizielle Begründung, sollen sich mit ihrer ganzen Kraft dem Schutz der Grundrechte der Bürgerinnen und Bürger widmen. Lässt sich das nicht hören? Klagt nicht das Verfassungsgericht selbst seit Jahren über seine Überlastung?«[15]

Praktischerweise müssten dann aber auf einen Schlag einige neue Richter:innen ernannt werden. Das bietet eine Chance für die Regierung, das Gericht mit einigen handverlesenen, parteitreuen Jurist:innen zu besetzen. Das Verlockende daran: Man müsste die Alten gar nicht herauswerfen, die Neuen würden sie einfach blockieren. Dafür würde sogar schon die Hälfte der Richterposten ausreichen. Denn: Laut den Regularien im Bundesverfassungsgerichtsgesetz kann das Gericht erst dann ein Gesetz kippen, wenn mindestens fünf der acht Senatsmitglieder es für verfassungswidrig halten. Wenn vier der Richter:innen treu zur Regierung halten, hat sie nichts mehr zu befürchten.

»Court packing« nennt sich dieser Trick, er ist in Polen und Ungarn schon durchexerziert worden. Auch Deutschland wäre vor diesem Szenario nicht gefeit. Jedenfalls schützt bislang kein Grundgesetzartikel dagegen. Die Flanke ist offen.

Bisher müssen die Richter:innen mit den roten Roben mit Zweidrittelmehrheit vom Deutschen Bundestag oder dem Bundesrat gewählt werden. Das soll garantieren, dass sie gerade keine Parteisoldat:innen sind. Aber diese Regelung ließe sich auch leicht ändern; sie steht ebenfalls nicht im Grundgesetz.[16]

Ein Blick nach Polen oder Ungarn, in die Türkei, nach Brasilien oder Israel zeigt: Autokratische Regierungen setzen oft zuerst bei den Gerichten an. Das liegt daran, dass Gerichte das sind, was man politikwissenschaftlich als Vetospieler bezeichnen kann.[17] Sie haben oft vielfältige Möglichkeiten, eine politische Umgestaltung auszubremsen. Wenn es eine starke Gerichtsbarkeit gibt, dann kann sie neue Gesetze, die eine autoritäre Regierung auf den Weg bringt, am Maßstab der Verfassung prüfen und gegebenenfalls auch verhindern.

Eine Regierung, die die Mehrheit im Parlament hat und keine gerichtliche Kontrolle mehr fürchten muss, kann dagegen machen, was sie will. Sie muss de facto auf keine Grundrechte, keine Minderheiten, keine Transparenzgebote, keine Rechtsstaatlichkeitserfordernisse mehr Rücksicht nehmen. Und sie kann mit weiteren gesetzlichen Reformen ihre Macht so absichern, dass sie kaum noch abwählbar ist.

Das Skript für einen solchen »weichen« Putsch ist längst in verschiedenen Varianten im Umlauf. In Polen zum Beispiel hat die rechtskonservative PiS-Partei, die von 2015 bis 2023 allein regierte, das Verfassungsgericht vergrößert und die Altersgrenze für Richter:innen von 70 auf 65 Jahre abgesenkt. Zum Beispiel um die unliebsame Kritikerin Małgorzata Gersdorf loszuwerden. Das Gremium zur Richterauswahl wird nun vom Parlament gewählt. Solange dort die PiS-Abgeordneten die Mehrheit hatten, war garantiert, dass das Gremium keine Leute wie Richterin Gersdorf mehr berufen wird. Andere Reformen zielten darauf, das Gericht zu lähmen: So darf es grundsätzlich nur noch in Anwesenheit aller Richter:innen entscheiden. Damit können jede Grippe und jedes gezielte Fernbleiben das Gericht handlungsunfähig machen. Es darf auch seine Fälle nur noch nach der Reihenfolge ihres Eingangs bearbeiten und nicht nach Eile oder Wichtigkeit, und es muss jedes Mal lange Fristen einhalten, bevor es verhandeln darf. Damit kommen die Urteile immer erst, wenn es schon zu spät ist.

Inzwischen legen die einfachen Gerichte dem polnischen Verfassungsgericht kaum noch Fälle vor; derweil wächst der Rückstand an unbearbeiteten Fällen. So leicht lässt sich das oberste Gericht kaltstellen.[18]

Ginge das auch bei uns?

Artikel 97 Grundgesetz regelt, dass Richter:innen gegen ihren Willen nur kraft richterlicher Entscheidung abberufen oder versetzt werden können. Nur aus den Gründen und nach den Formen, die ein Gesetz vorsieht – ein Gesetz, das man wiederum mit einfacher Mehrheit ändern kann.

Auch die Altersgrenzen können durch Gesetz geregelt werden, besagt dieser Artikel. Die ließe sich also auch absenken, und dann ließe sich auf einen Schlag eine ganze Menge neuer Richter:innen berufen. Oder man gewährt der Justiz, die doch immer so sehr über ihre hohen Aktenberge klagt, zum Beispiel 30 Prozent zusätzliche Richterstellen. Diese neuen Jobs gehen dann alle an treue Parteigänger:innen.

Denn in den Richterwahlausschüssen, deren Besetzung teils in den Landesverfassungen festgeschrieben ist, haben die Abgeordneten und damit die Parteien viel Mitsprache. Das soll eine gewisse demokratische Legitimation herstellen. Aber das heißt auch: Wenn eine politische Partei, die darauf aus ist, das System zu untergraben, sehr stark ist, dann gibt ihr das Einfluss bei der Besetzung der Gerichte, die die Politik doch eigentlich kontrollieren sollen.

»Gerrymandering« oder: Wie man ganz legal Wahlergebnisse beeinflusst

Artikel 97 des Grundgesetzes lässt eine Entfernung von Richter:innen aus dem Amt auch dann zu, wenn ein Gerichtsbezirk verändert wird – immerhin unter Beibehaltung ihres Gehalts. Die Gerichtsbezirke sind natürlich auch nur in einem Gesetz geregelt. Genauso wie die Zahl der Sitze im Bundestag – und die Einteilung der Wahlkreise. Die regelt das Bundeswahlgesetz. Und auch das kann man ändern.

Wie politisch die Grenzziehung bei diesen Wahlkreisen sein kann, zeigt sich immer wieder in den USA. Dort haben die Wahlkreise oft eine sehr erstaunliche Form. Der dritte Kongresswahlkreis im Bundesstaat Maryland beispielsweise schlängelt sich so undefinierbar durch die Gegend, dass ein Lokalpolitiker ihn mit Blutspritzern an einem Tatort vergleicht, ein Bundesrichter mit einem liegenden Pterodaktylus mit gebrochenen Flügeln.[19]

Das liegt daran, dass die jeweils regierende Partei in ihrem Bundesstaat die Wahlkreise so zuschneidet, dass die Mehrheiten möglichst zugunsten ihrer eigenen Kandidat:innen ausfallen. Gibt es beispielsweise in einer Gegend starken Rückhalt für die andere große Partei – Demokraten, Republikaner – teilt man diese Gegend auf mehrere Wahlkreise auf, und schon ist die lokale Mehrheit in allen von ihnen in der Minderheit. Gerrymandering heißt diese Praxis.[20]

Dass die Einteilung der Wahlkreise in den USA so ein wichtiges Thema ist, liegt an dem dortigen Mehrheitswahlrecht. Gewählt ist, wer im Wahlkreis die Mehrheit bekommt; wie die jeweilige Partei insgesamt prozentual abschneidet, hat keinen Einfluss auf das Ergebnis. So hat 2016 Donald Trump mit 306 Wahlleuten die Präsidentschaftswahl gegen Hillary Clinton gewonnen, die sich nur 232 Wahlleute sichern konnte. Trump obsiegte damit, obwohl er deutlich weniger Stimmen als sie bekommen hatte – nur 45,9 Prozent, während 48 Prozent der Wahlberechtigten für Clinton und damit gegen ihn stimmten.

In Deutschland gilt stattdessen das Verhältniswahlrecht. Aber das Grundgesetz gibt kein Wahlsystem vor, nur Wahlrechtsgrundsätze.[21] Es wäre also durchaus möglich, dass eine Partei, die im Bundestag die Mehrheit erringt, das Wahlrecht so ändert, dass es ihr noch größere Vorteile verschafft; dass sie die Wahlkreiskommission abschafft, um selbst die Wahlkreise neu zuzuschneiden und eine maximale Zahl an Direktmandaten zu erringen; dass sie die Ausgleichsmandate für die anderen Parteien abschafft und dadurch plötzlich viel mehr Sitze bekommt, als ihrem Stimmenanteil entsprechen würden.[22]

Verfassungswidrig? Sagt wer? Das Bundesverfassungsgericht mit seinem neu besetzten dritten Senat aus Maximilian Steinbeis' Szenario jedenfalls nicht.[23]

Und dann wird es in der nächsten Wahl vielleicht schon eine Zweidrittelmehrheit. So wie in Ungarn. Dort hat Viktor Orbáns Regierungsmehrheit inzwischen schon viele Regelungen so geändert, dass nur noch mit Zweidrittelmehrheit entschieden werden kann. Eine neue Regierung, die nicht eine so überwältigende Mehrheit erringt, wäre dadurch weitgehend handlungsunfähig.

Unterwerfungsfantasien gegen den öffentlich-rechtlichen Rundfunk

Die einmal errungene Macht lässt sich auch noch anders absichern. Zum Beispiel durch die Medien. Der frühere italienische Premierminister Silvio Berlusconi machte das in den 1990er-Jahren mit einer ganzen Reihe von privaten Medienanstalten vor. Die AfD will dieses Skript offenbar auch für sich nutzen. Auf ihrem Bundesparteitag in Magdeburg im Juli 2023 stellte der Kreisvorstand Kulmbach einen Antrag zur Abstimmung, einen – so wörtlich – »AfD-freundlichen« TV-Sender aufzubauen. Dafür bräuchte es freilich eine Rundfunklizenz.

Politischen Parteien ist allerdings der Betrieb von Rundfunkprogrammen durch den Medienstaatsvertrag untersagt.[24] Bisher jedenfalls. Nicht verboten wäre allerdings die Gründung eines »AfD-freundlichen« Senders durch eine Privatperson, einen Medienmogul, der damit die öffentliche Meinung steuern könnte.

Es geht aber auch unauffälliger, über die öffentlichen Medien. Der öffentliche Rundfunk in Deutschland muss bisher »staatsfrei« sein, das verlangt die Rundfunkfreiheit. Das bedeutet, er darf nicht durch Steuern finanziert werden, weil diese der Bundestag verteilt und damit eine Regierungsmehrheit. Stattdessen bestimmt eine »Kommission zur Erhebung des Finanzbedarfs«, die KEF, was die Rundfunkanstalten brauchen, um ihre Aufgabe zu erfüllen. Und dann werden direkt bei den Nutzer:innen Beiträge erhoben, um diesen Finanzbedarf zu decken.

Damit ist der öffentliche Rundfunk jedoch keineswegs gegen politische Einflussnahme gefeit. Denn die Bundesländer müssen Beitragserhöhungen zustimmen; Kultur ist Ländersache. Bisher haben sie das auch immer gemacht – fast immer. 2021 hat erstmals der Landtag von Sachsen-Anhalt seine Zustimmung verweigert. Und man kann sich ausmalen, was AfD-geführte Landtage von diesen Geldzuweisungen halten.

Der öffentliche Rundfunk hängt damit finanziell vom Wohlwollen der politischen Mehrheiten in den Ländern ab. Die können ihn also schwächen, wenn er ihnen zu kritisch ist. Das Bundesverfassungsgericht hat dem entgegengehalten, der öffentliche Rundfunk habe einen Anspruch auf bedarfsgerechte Finanzierung.[25] Auch hier ist das Gericht also wichtig.

Und wie steht es mit den Inhalten? Die Aufsicht über den öffentlichen Rundfunk ist ebenfalls »staatsfrei«, sie liegt also nicht beim Parlament oder der Regierung. Stattdessen gibt es Rundfunkräte, und die müssen pluralistisch besetzt sein.[26] Gebot der Vielfaltssicherung, so nennt es das Bundesverfassungsgericht. Maximal ein Drittel der Mitglieder der Rundfunkräte darf »staatsnah« sein. Der Rest wird von Gewerkschaften, Wirtschaft, Kirchen, Frauenverbänden und anderen Gruppen gestellt.

Wer Mitglieder in den Rundfunkräten stellen darf, legt der Rundfunkstaatsvertrag fest. Und diese Liste kann man ändern. Schon jetzt gibt es viel Kritik an der fehlenden Inklusivität der Liste; einige nichtchristliche Religionsgemeinschaften fehlen, atheistische Vereinigungen, Schwulen- und Lesbenverbände und so weiter. Eine autoritäre Mehrheit könnte die Gewichte in die andere Richtung verschieben und sich dann viel härter bei ARD oder ZDF einmischen. Dann sitzen da vielleicht irgendwann Frauenverbände, die für ein völkisches Familienbild eintreten. Und religiöse Gruppen, die queere Menschen ächten. Oder rassistische Vereinigungen aus der Zivilgesellschaft, die antiislamische Hetze betreiben.

Das Gebot der Vielfaltssicherung wäre dann nur noch oberflächlich erfüllt. Aber wenn das Bundesverfassungsgericht als Kontrollinstanz praktisch ausgeschaltet ist, kann es auch die Presse nicht mehr vor politischen Machtinteressen schützen.

Wenn der Verfassungsschutz in die Hände der AfD fiele

Natürlich könnte man es zur Bedingung machen, dass die Mitglieder in den Rundfunkräten keine Extremist:innen sein dürfen. Genauso wie es auch bei Beamt:innen zur Bedingung gemacht wird. Wenn eine neue politische Mehrheit an die Macht käme, hätte sie es jedoch auch in der Hand, neu zu definieren, was als Extremismus gilt. Denn der Verfassungsschutz, der mit seinen jährlichen Berichten definiert, wer in Deutschland als Verfassungsfeind gilt, ist eine Behörde. Und diese Behörde unterliegt den Weisungen des jeweiligen Innenministeriums. Das heißt auch, dass sie die dort gerade herrschende politische Haltung zu einem gewissen Grad wiedergibt.

So hat beispielsweise der damalige CSU-Innenminister Horst Seehofer dem Bundesverfassungsschutz vorschreiben können, dass der seinen jährlichen Bericht umschreiben musste. Es ging um Äußerungen der AfD zum Islam, die als Beispiel für die Verfassungsfeindlichkeit der AfD dienen sollten. Seehofer hatte als CSU-Politiker aber selbst ähnliche Aussagen gemacht. Also schrieb der Verfassungsschutz seinen Bericht um.[27]

Kommt die AfD in einem Land an die Macht, hat sie über das Innenministerium ihrerseits Zugriff auf den jeweiligen Landesverfassungsschutz. Sie kann dessen Leitung austauschen, dessen Arbeitsschwerpunkte bestimmen, dessen Berichte ändern lassen. Die Beobachtung der AfD selbst hätte sich damit mit Sicherheit auch sofort erledigt. Zu Extremist:innen erklärt würden dann eher andere. Vielleicht die Linkspartei oder sogar Teile der Grünen. Und natürlich unliebsame zivilgesellschaftliche Organisationen, denen dann auch wichtige Gelder gestrichen würden.

Die AfD hat ihre Absichten auch schon deutlich angekündigt. Zum Beispiel in einer Anhörung im Innenausschuss des Bundestages im Juni 2023. Es ging darum, extremistische Beamt:innen schneller aus dem öffentlichen Dienst entfernen zu können. Als Experte dabei war auch der Kasseler Professor Andreas Fischer-Lescano, Mitherausgeber des jährlichen Reports *Recht gegen rechts*.[28] Er schlug vor, das Wort »Verfassungsfeindlichkeit« klarer zu definieren. Der AfD-Abgeordnete Christian Wirth antwortete, es seien sich ja alle einig, dass Extremisten aus dem öffentlichen Dienst zu entfernen seien. Aber die Frage sei eben, was ein Extremist ist.

> »[Und] zur Definition, Herr Fischer-Lescano, vielleicht ist Björn Höcke nächstes Jahr schon Innenminister in Thüringen und damit Dienstherr des Verfassungsschutzes, dann schauen wir mal.«[29]

Genau der Björn Höcke, der 2018 auf dem jährlichen AfD-»Kyffhäusertreffen« des rechten Parteiflügels in Sachsen-Anhalt Joseph Goebbels' Metapher vom Wolf, der in die Schafsherde der Demokratie eindringt, aufgegriffen hatte: »Wir müssen uns entscheiden, ob wir Schafe oder Wölfe sein wollen. Und wir entscheiden uns dafür, Wölfe zu sein.«[30]

Dann würde also der Bock zum Gärtner – beziehungsweise der Wolf zum Schäfer.

Mal angenommen, da käme einer …

Bisher gilt in Deutschland ein demokratischer Konsens darüber, wie man Dinge tut. Zum Beispiel bei der Wahl von Richter:innen. Wer politisch in der Mehrheit ist, der geht trotzdem fair um mit der Minderheit. Weil allen klar ist: Ich könnte ja bald selbst wieder in der Minderheit sein.

Bei Parteien, die bestrebt sind, ihre Herrschaft so abzusichern, dass sie nicht mehr in der Minderheit landen, besteht wenig Interesse daran, bei solchen demokratischen Gepflogenheiten mitzuspielen. Vielleicht unterschätzen wir manchmal, wie viel in unserem politischen

System bislang nur deshalb so gut funktioniert, weil die Akteure sich demokratischen Umgangsformen verpflichtet fühlen.

Und das ist vielleicht die wichtigste Einsicht: Das Recht allein rettet die Demokratie nicht. »Demokratie braucht Demokraten« – das soll der erste Reichspräsident der Weimarer Republik, Friedrich Ebert (SPD), bereits 1919 gesagt haben. Der Niedergang der Weimarer Republik hat ihm recht gegeben. Und auch heute kommt es darauf an, nicht einfach auf Parteiverbote zu setzen und sich zurückzulehnen. Sondern auch selbst aktiv zu werden.

Denn wer in der Bundesrepublik eine Mehrheit erringt, hat sehr viele Möglichkeiten. Das ist so in einer liberalen Demokratie. Wer sie erhalten will, muss also im demokratischen Wettstreit mitspielen, muss protestieren, wo sie gefährdet ist – und wählen gehen.

»Das Außerparlamentarische gehört zum Parlamentarischen. In Diktaturen gibt es nichts Außerparlamentarisches, sondern nur Irrenhäuser und Kittchen.«

*Heinrich Böll**

* Der in Köln geborene Schriftsteller trat in den Jahren nach dem Zweiten Weltkrieg immer wieder für verfolgte Schriftsteller:innen und politische Gefangene in Ost und West ein. Als die antifaschistische Aktivistin Beate Klarsfeld 1968 den damaligen CDU-Bundeskanzler Kurt Georg Kiesinger ohrfeigte, um auf dessen Vergangenheit im NS-Regine aufmerksam zu machen, schickte er ihr fünfzig rote Rosen. 1972 erhielt er den Nobelpreis für Literatur.

POLIZEIRECHT

Wie setzen wir der Staatsgewalt Grenzen?

Es ist schon wieder matschig auf dem Feld nördlich des verlassenen kleinen Dorfes Lützerath, trüb und nass, der Himmel ist grau, obwohl eigentlich doch schon der Frühling begonnen haben sollte an diesem Samstag im April 2022. Aber die Stimmung ist hitzig: In dem Dorf, das in der Nähe von Aachen in Nordrhein-Westfalen liegt, haben sich Demonstrierende niedergelassen, schon seit zwei Jahren. Sie haben Zelte aufgespannt, Baumhäuser gebaut, Wohnwagen aufgestellt.

Der Grund: Unter dem Dorf liegt Braunkohle. Und die will der Energiekonzern RWE ausbaggern. Die Demonstrierenden halten dagegen. »Stoppt Braunkohle« steht auf einem ihrer Plakate, als die Polizei heranrückt. Die Beamt:innen, es sind mehr als 3 000, haben den Auftrag, sie zu vertreiben, notfalls mit Gewalt.

Große öffentliche Aktionen für den Umweltschutz haben in Deutschland eine lange Tradition, nicht nur in Nordrhein-Westfalen. 1980 begannen zum Beispiel die Proteste gegen die Lagerung von Atommüll im niedersächsischen Zwischenlager Gorleben. Die Szene von damals wirkt heute wieder merkwürdig vertraut: Bäuer:innen verteilen Tausende Liter Jauche auf der geplanten Tiefbohrstelle. Aktivist:innen schlagen ein Camp auf, veranstalten Diskussionen und Konzerte, gründen die »Republik Freies Wendland«, sogar einen Radiosender gibt es. Im Juni 1980 wird das Camp schließlich geräumt und zerstört – 7 000 Polizist:innen rücken an, es ist der größte Polizeieinsatz der westdeutschen Nachkriegsgeschichte.

Das setzt aus Sicht der Protestierenden den Ton für die Auseinandersetzungen, die in den kommenden Jahren immer wieder aufflackern und sich in den 1990er-Jahre noch weiter verschärfen. Von 1995 an verwandelt sich das kleine Örtchen in Niedersachsen, in dem kaum 600 Menschen leben, jedes Jahr in ein Protestzentrum mit Camps und Sitzblockaden, aber auch mit brennenden Strohballen, Sabotageaktionen und Steinwürfen. Ziel ist es, die Transporte von radioaktivem Müll in Spezial-Containern, sogenannten Castor-Behältern, aus dem Atomkraftwerk Philippsburg bei Karlsruhe nach Gorleben zu behindern.

Wie weit dürfen Protestierende gehen – und wann hat die Polizei ein Recht oder sogar die Pflicht, gegen sie einzuschreiten? Um diese Fragen wird auch in diesen Kontexten seit Langem gerungen.

Fall 1 – Anti-Atom-Protest in Brokdorf

Ein Samstag im Februar, es herrscht eisiges Winterwetter. Ein kleiner Ort an der Elbe, keine Stunde von Hamburg entfernt, fast an der Nordsee. Mindestens 50 000, vielleicht sogar 100 000 Menschen pilgern bei Temperaturen um den Gefrierpunkt und Ostwind fünf Kilometer durch die holsteinische Wilstermarsch nach Brokdorf und nehmen an einer friedlichen Kundgebung an einem Baugelände teil. Sie zeigen damit eine Geste des Trotzes: Ihre Großdemonstration an diesem 28. Februar 1981 gegen den geplanten Bau eines Atomkraftwerks an dieser Stelle ist nämlich eigentlich von den örtlichen Behörden verboten worden, mit der Begründung, dass teilweise Gewalt zu erwarten sei. Die Aktivist:innen haben zwar beteuert, dass sie friedlich seien, aber ihre Eilanträge gegen das Verbot, mit denen sie sich hilfesuchend an die Gerichte gewandt haben, sind trotzdem erfolglos geblieben.[1]

Also sind sie trotzdem losgelaufen. Und erst zum Schluss der verbotenen Demonstration, als die meisten von ihnen bereits auf dem Rückweg sind, beginnen etwa 3 000 militante Aktivist:innen doch noch schwere Auseinandersetzungen mit der Polizei.

War das Verbot der Demo rechtswidrig, wie die Aktivist:innen argumentierten?[2] Ja, entscheidet schließlich, 1985, das Bundesverfassungsgericht. Es ist eine seiner wichtigsten Entscheidungen, mit denen das Gericht nicht nur die Umweltaktivist:innen gegen überzogene

Verbote in Schutz nimmt, sondern auch ein wichtiges Grundrecht bekräftigt: die Versammlungsfreiheit, verankert in Artikel 8 des Grundgesetzes. »Alle Deutschen haben das Recht, sich ohne Anmeldung oder Erlaubnis friedlich und ohne Waffen zu versammeln. Für Versammlungen unter freiem Himmel kann dieses Recht durch Gesetz oder auf Grund eines Gesetzes beschränkt werden.«

Das Gericht stellt gegenüber den Behörden klar: Wenn sich eine militante Minderheit derart benimmt, dann muss sich die große Mehrheit der Demonstrierenden, die friedlich ist, noch lange nicht pauschal mit in die Verantwortung ziehen lassen. Sie muss sich deswegen ihr Grundrecht auf Versammlungsfreiheit noch lange nicht nehmen lassen, sie verliert nicht automatisch ihr Recht zu demonstrieren.

Die Polizei muss stattdessen eben nach Wegen suchen, die Militanten einzudämmen – aber sie muss die Friedlichen so weit wie möglich trotzdem marschieren lassen.

Und solange eine Demo läuft, heißt das für die Polizei auch, dass sie nur eingeschränkt von ihren üblichen Machtbefugnissen Gebrauch machen kann.

»Wir sind friedlich, was seid ihr?«

Die Befugnisse der Polizei stehen vor allem in Landesgesetzen,[3] deren Namen variieren. Mal klingt es archaischer, so wie in Hamburg: »Gesetz zum Schutz der öffentlichen Sicherheit und Ordnung«, mal nüchterner, wie in Bayern: »Polizeiaufgabengesetz«. Darin gibt es immer einen Katalog von Standardmaßnahmen, von der Feststellung der Personalien und dem Platzverweis über die Ingewahrsamnahme bis hin zur Wohnungsdurchsuchung, mit besonderen gesetzlichen Voraussetzungen dafür. Und immer steht da außerdem in allgemeiner Form, dass die Polizei Gefahren für die Allgemeinheit oder auch für einzelne Bürger:innen abwehren darf, mit den Mitteln, die eben notwendig und angemessen sind. Auch mit Gewalt.

Aber sobald eine Demonstration läuft, die unter den Schutz der Versammlungsfreiheit nach Artikel 8 des Grundgesetzes fällt, sind diese weitreichenden Befugnisse gesperrt. Stattdessen gilt dann das Versammlungsgesetz. Dieses enthält zwar auch Befugnisse für die Polizei, aber es hat eine Besonderheit: Es legt den Ordnungshüter:innen engere juristische Fesseln an. Zum Beispiel erlaubt es auf Demonstrationen keine Ausweiskontrollen – weil das Menschen davon abhalten könnte zu kommen. Und es enthält besondere Voraussetzungen dafür, einzelne Demonstrant:innen von der Demo auszuschließen – zum Beispiel weil sie gewalttätig werden.[4]

Der Brokdorf-Beschluss ist eine spektakuläre, historische Entscheidung des Karlsruher Gerichts gewesen, ein Fanal für die Demonstrationsfreiheit. Diese Friedliche-Mehrheit-Entscheidung wird bis heute zitiert, wenn es um die Gründe dafür geht, dass Versammlungen in der Demokratie so besonders schützenswert sind.

Die Versammlungsfreiheit, schreibt das Bundesverfassungsgericht darin, sei genauso fundamental für eine freiheitliche Demokratie wie die Meinungsfreiheit. Denn die Demokratie sei auf »die ständige geistige Auseinandersetzung und den Kampf der Meinungen als Lebenselement« angewiesen – und dafür seien Demonstrationen ein wichtiges Mittel, auch wenn sich dabei Leute auch mal anschreien, auch wenn sich darüber Leute aufregen. Sie dürfen also gerade sichtbar und hörbar sein, auch und gerade wenn es nervt, und sie dürfen damit auch das öffentliche Leben durcheinanderbringen:

> »In ihrer idealtypischen Ausformung«, so formulierten die Richter:innen, »sind Demonstrationen die gemeinsame körperliche Sichtbarmachung von Überzeugungen, wobei die Teilnehmer einerseits in der Gemeinschaft mit anderen eine Vergewisserung dieser Überzeugungen erfahren und andererseits nach außen – schon durch die bloße Anwesenheit, die Art des Auftretens und des Umganges miteinander oder die Wahl des Ortes – im eigentlichen Sinne des Wortes Stellung nehmen und ihren Standpunkt bezeugen.«[5]

Überraschend kritisch zeigte das Karlsruher Gericht damals außerdem auf, wie wichtig solche gemeinsamen Aktionen besonders für Menschen seien, die nicht über viel Geld oder gesellschaftliche Macht verfügten:

»Große Verbände, finanzstarke Geldgeber oder Massenmedien können beträchtliche Einflüsse ausüben, während sich der Staatsbürger eher als ohnmächtig erlebt. In einer Gesellschaft, in welcher der direkte Zugang zu den Medien und die Chance, sich durch sie zu äußern, auf wenige beschränkt ist, verbleibt dem Einzelnen neben seiner organisierten Mitwirkung in Parteien und Verbänden im allgemeinen nur eine kollektive Einflußnahme durch Inanspruchnahme der Versammlungsfreiheit für Demonstrationen. Die ungehinderte Ausübung des Freiheitsrechts wirkt nicht nur dem Bewußtsein politischer Ohnmacht und gefährlichen Tendenzen zur Staatsverdrossenheit entgegen. Sie liegt letztlich auch deshalb im wohlverstandenen Gemeinwohlinteresse.«[6]

Heute hat sich die Medienlandschaft zwar verändert; über die sozialen Medien kann fast jede:r eine große Reichweite aufbauen. Aber man sitzt dabei trotzdem im eigenen Kämmerlein. Versammlungen geben denen Kraft, die darin erleben können, dass sie nicht allein sind. Das macht viel aus.

Fall 2 – Protest gegen Abschiebungen am Frankfurter Flughafen

Ein Dienstag im März. Der Terminal 1 des Frankfurter Flughafens ist eine moderne, silbrig-grau gestaltete Halle, in der die übliche Hektik herrscht. Reisende ziehen schwere Koffer hinter sich her, drängeln sich an Schaltern, Lufthansa-Leute dirigieren die Schlangen. Und mittendrin bewegt sich – ohne Hektik, ohne Gepäck, ohne Reisepläne – eine kleine Gruppe von sechs Asyl-Aktivist:innen.

Sie gehen an den Lufthansa-Schalter, drücken den Mitarbeitenden und den Passagier:innen dort Flugblätter in die Hände. Sie weisen darauf hin, dass an diesem Ort nicht nur Urlaubsreisen beginnen. Sondern dass manche Menschen auch mit Todesangst zum Gate kommen. Weil der deutsche Staat sie von diesem Terminal 1 aus in ein fernes Folterregime abschieben will, mit dem dann womöglich letzten Flug ihres Lebens, organisiert von: der Lufthansa.

»Deportation Class«: So nennen die Aktivist:innen in satirischer Zuspitzung diesen Geschäftszweig der deutschen Fluglinie. Quasi eine dritte Kategorie neben der Business Class und der Economy Class, also der ersten und zweiten Klasse im Flugzeug.

Unter ihnen ist Julia Kümmel, sie engagiert sich bei der »Initiative gegen Abschiebung«, die sich regelmäßig im Dritte-Welt-Haus in Frankfurt mit anderen antirassistischen Gruppen trifft. Und sie sieht den Frankfurter Flughafen mit anderen Augen, seitdem sie weiß, dass es hier sogar eine eigene Abschiebehaftanstalt gibt. Umzäunt und streng bewacht, es sind karge kleine Zimmer mit Stockbetten. Hier hausen Erwachsene, aber auch Kinder – die in der Regel nichts anderes verbrochen haben, als aus ihrer Heimat geflohen zu sein.

Als Julia Kümmel an diesem Tag im Jahr 2003 durch den Terminal 1 geht, dauert es nur wenige Minuten, bis Einsatzkräfte der Polizei zur Stelle sind, ihre Flugblätter einkassieren und die Personalien aller sechs Aktivist:innen aufnehmen. Ihre Mini-Demo wird sofort von der Polizei unterbunden, die Verantwortlichen des Flughafens sprechen Hausverbote aus und drohen mit Strafanzeigen wegen Hausfriedensbruchs.

Der Flughafen sei ein privates Unternehmen, so halten sie den Aktivist:innen vor. Eine Aktiengesellschaft nämlich, genannt Fraport AG. Als Eigentümer habe man hier das Hausrecht. Und man dulde »mit uns nicht abgestimmte Demonstrationen im Terminal aus Gründen des reibungslosen Betriebsablaufes und der Sicherheit grundsätzlich nicht«. Die Flughafenhalle sei nun mal privat, wie ein Einkaufszentrum. Und so gäben hier nicht die Grundrechte den Takt vor, sondern das Geschäftsinteresse. Der Flughafen sei eine Demofreie Zone.

Kann das so richtig sein? Julia Kümmel will das nicht akzeptieren. Sie will gegen Abschiebungen weiterhin am Ort des Geschehens protestieren, »im eigentlichen Sinne des Wortes Stellung nehmen und ihren Standpunkt bezeugen«, wie es die Karlsruher Richter:innen formuliert haben. Sie entscheidet sich deshalb, auf ihrem Recht zu beharren – auch wenn es einen langen Atem erfordert. Vor jeder einzelnen Instanz verliert sie. Und wartet dann fast fünf Jahre auf eine Verhandlung vor dem Bundesverfassungsgericht.

Wem gehört der öffentliche Raum?

Kann sich Julia Kümmel im Frankfurter Flughafen auf ihre Versammlungsfreiheit berufen? Unterstützt von drei Juristen aus der Redaktion der Zeitschrift *Kritische Justiz*, Günter Frankenberg, Andreas Fischer-Lescano und Felix Hanschmann, argumentiert sie: Die Fraport AG ist zwar eine private Aktiengesellschaft, aber sie wurde vom Staat gegründet. 70 Prozent der Aktien gehören weiter der öffentlichen Hand. Aufgeteilt in den Bund, das Land Hessen und die Stadt Frankfurt am Main. Und der Staat ist an die Grundrechte gebunden.[7]

Das müsse auch dann gelten, wenn der Staat seine Bahnhöfe und Flughäfen in Aktiengesellschaften und GmbHs verwandele. Ansonsten könnte sich der Staat durch Privatisierung einfach seiner Grundrechtsbindung entziehen. Es würde eine »Flucht ins Privatrecht« drohen, so nennen das Jurist:innen. Was, wenn plötzlich weite Teile der Innenstadt privatisiert werden würden – soll es dann Protest nur noch außer Hör- und Sichtweite geben dürfen, irgendwo am Stadtrand?

Die Karlsruher Richter:innen geben Julia Kümmel tatsächlich recht – und mit ihr auch grundsätzlich allen anderen Menschen, die in privatisierten öffentlichen Räumen ihren Protest zeigen wollen.

Die Richter:innen stellen in ihrem Urteil klar: Der Staat bleibe an die Grundrechte gebunden, auch wenn er sich das Mäntelchen einer Aktiengesellschaft umhänge – jedenfalls solange er in diesen Unternehmen die Mehrheit der Anteile halte.[8] Erst recht, wenn der Raum von der Öffentlichkeit als Forum genutzt werde, als »Ort der allgemeinen Kommunikation«[9] also, wie zum Beispiel eine Bahnhofshalle mit all ihrem Trubel. Das heißt, bestimmte abgeschirmte Sicherheitsbereiche eines Flughafens mögen zwar tatsächlich tabu sein. Aber nicht der offene Teil eines Terminals, für den die Fraport AG mit dem Slogan wirbt: »Auf 4 000 Quadratmetern zeigt sich der neue Marktplatz in neuem Gewand und freut sich auf Ihren Besuch!«. Ein Demo-Verbot, so das Gericht, könne hier nicht auf den Wunsch gestützt werden,

> » eine ›Wohlfühlatmosphäre‹ in einer reinen Welt des Konsums zu schaffen, die von politischen Diskussionen und gesellschaftlichen Auseinandersetzungen frei bleibt. Ein vom Elend der Welt un-

beschwertes Gemüt des Bürgers ist kein Belang, zu dessen Schutz der Staat Grundrechtspositionen einschränken darf.«[10]

Begeistert kommentiert der Jurist und Publizist Maximilian Steinbeis noch am selben Tag auf dem *Verfassungsblog*:

» Das heute verkündete Fraport-Urteil – man könnte es auch das ›Shoppen-und-Maulhalten-gibt's-nicht‹-Urteil nennen – ist eine gewaltige Tat für Freiheit und Öffentlichkeit in Deutschland: Es stoppt die seit 30 Jahren um sich greifende Privatisierung des öffentlichen Raums. Es stellt sicher, dass es auch im 21. Jahrhundert Orte politischer Öffentlichkeit gibt, ohne dass irgendein Investor sagen kann, sorry, mir gehört das hier, und hier wird nur geshoppt und nicht politisiert.«[11]

Die NGO »Pro Asyl« verleiht Julia Kümmel daraufhin den Menschenrechtspreis. In seiner Laudatio hebt der Sprecher der Organisation hervor, wie wichtig der öffentliche Einsatz einzelner Menschen für ihre Anliegen ist:

» Julia Kümmel hat diesen Hürdenlauf über den juristischen Parcours der Bundesrepublik auf sich genommen, ist bereit gewesen, gleichsam ihren Kopf oder besser ihren Schopf hinzuhalten, weil sie sich zutiefst im Recht fühlte. Aber es gab noch einen besonderen und wichtigen Grund darüber hinaus, diesen Weg bis zum Letzten durchzustehen. Denn jeder Gerichtstermin bot auch die große Möglichkeit, zusammen mit der wachsenden Zahl ihrer SympathisantInnen das Anliegen der Flüchtlinge und die Aktionen und Gründe für die Verhinderung von skandalösen Abschiebungen wirkungsvoll in die Öffentlichkeit zu vermitteln.«[12]

Zum »Tag des Flüchtlings« am 20. Juni 2011 gibt es dann schon wieder die erste größere Demonstration im Frankfurter Flughafen, diesmal gleich in drei Terminals. Am meisten, so schildert es der Laudator von Pro Asyl noch, freut sich Julia Kümmel darüber, dass so viele Leute neu hinzugekommen sind – und dass die bayerischen Teilnehmer:innen kurz danach in ähnlicher Weise am Flughafen München demonstrieren.

Fall 3 – Protest gegen Racial Profiling in Hamburg

Es ist Januar 2014 in Hamburg, kühl und dunkel, als die Lokalzeitung vermeldet: Die Klobürsten werden knapp. Genauer: In einigen Drogeriemärkten in Szenevierteln wie St. Pauli oder Sternschanze sind die Regale leergekauft worden. Klobürsten tauchen auf Demonstrationen auf, zieren Plakate, sogar die Piratenflagge des Fußballvereins FC St. Pauli gibt es mit gekreuzten Bürsten statt Knochen unter dem Totenschädel. Das Sanitärutensil ist zum Symbol für linke, herrschaftskritische Demonstrierende geworden, unter dem Motto »St. Pauli bleibt widerborstig« rufen sie: »Klo, Klo, Klobürsteneinsatz!«[13]

Ein skurriler Polizeieinsatz, der viel Aufmerksamkeit auf sich gezogen hat, ist wenige Tage zuvor in einer ARD-Nachrichtensendung zu sehen gewesen: Ein Polizist durchsuchte »anlasslos« einen mit erhobenen Händen an einem Bus stehenden Mann und stellte eine Klobürste sicher, die dieser bei sich getragen hat. Denn die könne ja als Waffe genutzt werden.[14]

Der ernste Hintergrund, gegen den sich nun die Klobürstenproteste richten: Die Polizei in Hamburg hat zu Beginn des Jahres eine Möglichkeit aus dem Hamburger »Gesetz über die Datenverarbeitung der Polizei« genutzt und weite Teile der Innenstadt für mehrere Tage zum sogenannten Gefahrengebiet erklärt. Damit hat sie dort das Recht, potenziell jeden Menschen zu kontrollieren und seine Taschen »in Augenschein zu nehmen« – »verdachtsunabhängig«.[15]

Normalerweise ist das anders, normalerweise darf die Polizei solche Kontrollen nur durchführen, wenn eine Gefahr im Raum steht. Zum Beispiel, wenn es so aussieht, als ob eine Person gerade eine Straftat begehen könnte – dann darf die Polizei einschreiten.[16] »Gefahr für die öffentliche Sicherheit und Ordnung«, so heißt es in den Polizeigesetzen.

Aber was, wenn diese Voraussetzung plötzlich wegfällt, weil die Polizei einfach ein »Gefahrengebiet« erklärt hat? Der am New Institute in Hamburg forschende Verfassungsrechtler Tim Wihl bringt auf den Punkt, was das bedeutet:

> Sobald die Polizei die Erlaubnis hat, unabhängig von jeglichem Verdacht zu kontrollieren – und damit nur aufgrund von ›Er-

kenntnissen‹ oder ›Erfahrungen‹, die sich auf das Erscheinungsbild oder an sich unverdächtiges Verhalten beziehen –, bereitet dies auf allen staatlichen Ebenen den Boden für die Anwendung diskriminierender, eigentlich verbotener Kriterien.«[17]

Und dieses Problem stellt sich heute nicht nur in Hamburg. »Verdachtsunabhängige« Kontrollen gibt es vielerorts. Auch wenn die Polizei sie teils anders nennt.[18]

»Ihren Ausweis bitte!«

Memet Kılıç, von 2009 bis 2013 grüner Bundestagsabgeordneter und Mitglied im Innenausschuss, erzählt diese Episode aus seinem Leben: Die Bundespolizist:innen seien in einem Abteil der Deutschen Bahn »schnurstracks« auf ihn zugekommen und hätten ihn und seinen minderjährigen Sohn kontrolliert. Der Junge habe ihn danach gefragt, warum die Beamt:innen in dem vollbesetzten Bahnwagen nur sie beide nach den Papieren gefragt hätten. »Kann die Antwort darauf sein: Wir sehen viel gefährlicher aus? Wir sehen illegaler aus?«, so Kılıç. »Ich habe gesagt, das ist vielleicht nur Zufall, die Polizei macht nur Stichproben. Aber ich weiß, dass es keine Stichprobe ist.«[19]

»Ihren Ausweis bitte!« – Warum bekommt der eine Mensch diesen Satz zu hören, vielleicht sogar immer und immer wieder, und ein anderer, der bloß etwas anders aussieht, so gut wie nie?

Das fragte sich auch der Autor und Pädagoge Burak Yilmaz aus Duisburg-Obermarxloh, vielfach ausgezeichnet für sein Engagement gegen Antisemitismus. Als er auf dem Evangelischen Kirchentag in Dortmund im Jahr 2019 war, verlangten Polizisten seinen Ausweis, »Stichprobenkontrolle«. Weit und breit war er der Einzige, der kontrolliert werden sollte. Als er deshalb nachfragte, woher der Verdacht komme, fragte der Polizist weiter:

> »Herr Yilmaz, hatten Sie denn schon mal was mit der Polizei zu tun?«

Yilmaz: »Ja, jede Woche!«

Polizist: »Wie?«

Yilmaz: »Ich bin Dozent an der Polizeihochschule in Duisburg, und genau solche Fälle sind übrigens mein Thema.«[20]

Sicher, es gibt viele Beamt:innen, denen Rassismus fernliegt und die sich sogar für Minderheiten einsetzen. Und immer mehr Berufsanfänger:innen bei der Polizei sind heute Menschen mit Migrationshintergrund – in Berlin zum Beispiel ein Drittel.[21] Aber zum vollständigen Bild gehört: Wenn diese Polizist:innen ohne Uniform in ihrer Stadt unterwegs sind, dann erleben sie es manchmal am eigenen Leib.[22] Wenn Menschen aufgrund ihres »fremden« Aussehens oder ihrer Herkunft eine besondere Gefährlichkeit zugeschrieben wird und sie dann bei vermeintlich »anlasslosen« Kontrollen besonders häufig ausgewählt werden, spricht man von Racial Profiling.[23]

Die Kulturwissenschaftlerin Vanessa E. Thompson, die nach einer Zeit an den Universitäten der beiden Frankfurts (am Main und an der Oder) inzwischen Assistant Professor for Black Studies and Social Justice an der Queen's University in Kanada ist, schreibt dazu:

> »Selektive und anlasslose Kontrollen von migrantischen oder migrantisierten Menschen und People of Color verstärken rassistische Repräsentationsmuster ›des kriminellen Migranten‹. Auf dieses individuell und gesellschaftlich erzeugte Unsicherheitsgefühl [...] folgt wiederum oft der Ruf nach mehr Polizei und Kontrollen in diesen Gebieten, die mit Migranten und People of Color assoziiert werden.«[24]

In anderen Worten: Wer sieht, wie migrantische Menschen kontrolliert werden, nimmt oft an, dass es dafür gute Gründe gebe – wer kontrolliert wird, muss doch kriminell sein. Und wenn die Polizei eine Community besonders intensiv kontrolliert, dann wird diese auch überproportional häufig in der Polizeistatistik auftauchen. Damit bestätigt sich dann das Stereotyp der Gefährlichkeit. Und immer so fort.

In Hamburg haben die Klobürsten-Proteste am Ende Erfolg. Aber nicht auf dem politischen Weg, im Parlament – sondern vor Gericht. »Gefahrengebiete« sind verfassungswidrig, so das Hamburgische Oberverwaltungsgericht.[25] Die Vorgaben für die »verdachtsunabhängigen« Kontrollen seien zu unbestimmt und verstießen gegen den Grundsatz der Verhältnismäßigkeit. Die Folge? Seitdem darf die Polizei in der Hansestadt nur noch dann anlasslos kontrollieren, wenn sie »tatsächliche Anhaltspunkte« für einen Verdacht hat, dass an dem »gefährlichen Ort« schwere Straftaten begangen werden.[26]

Gleichzeitig machen sich Betroffene von Racial Profiling bundesweit daran, auch einzeln vor Gericht zu ziehen.[27] Es ist schwierig zu beweisen, dass eine Polizeikontrolle tatsächlich auf rassistischen Kriterien beruhte. Die Rechtsprechung legt die Hürden hier bislang sehr hoch. Das Verwaltungsgericht München zum Beispiel hat einem Kläger im Jahr 2016 vorgehalten, dass er keine Statistiken vorlegen konnte, aus denen sich ergebe, dass die Praxis der Polizeikontrollen wirklich systematisch diskriminierend ablaufe.[28] Woher soll ein Betroffener solche Statistiken haben?

Aber immerhin: Die Dinge bewegen sich. An manchen Gerichten ist es Anwält:innen schon gelungen, mit ihren kritischen Argumenten durchzudringen, zum Beispiel in Dresden im Jahr 2022 oder auch in Hamburg im selben Jahr.[29] Auch der Europäische Gerichtshof für Menschenrechte bestärkt sie.[30] Und insgesamt geht der Trend dahin, dass Gerichte diese Klagen zumindest ernster nehmen; der Eindruck von Anwält:innen ist, die Chancen werden immer besser.[31]

Fall 4 – Die Black-Lives-Matter-Proteste

Ein warmer Nachmittag im Juni 2020. Auf dem Domplatz im sachsen-anhaltischen Magdeburg herrscht vollkommene Stille. Es ist eine beinahe unwirkliche Szene. Hunderte meist junger Menschen sind hier versammelt, sie haben Schilder mitgebracht, auf denen steht »Gegen Polizeigewalt«, ein Transparent, auf dem steht »I can't breathe«, ich kann nicht atmen. Viele von ihnen recken die Fäuste in die Luft. Andere sind in die Knie gegangen. Es herrscht vollkommene Stille.[32] Die Mahnwache findet schweigend statt. Es soll ein Ausdruck der Trauer sein. Aber auch der Kraft.

Sie sind zusammengekommen, weil kurz zuvor im US-Bundesstaat Minnesota ein 46 Jahre alter schwarzer Mann namens George Floyd jämmerlich zum Ersticken gebracht worden ist, durch einen weißen Polizisten, der sich während einer Festnahme acht Minuten und 46 Sekunden lang auf dessen Hals gekniet hatte. »I can't breathe«, die flehenden letzten Worte des Mannes werden zu einem anprangernden Slogan der »Black Lives Matter«-Bewegung.[33] Diese Bewegung findet auch in Deutschland viel Resonanz. Rassismusbetroffene tragen ihre Lebensrealität auf die Straße, protestieren mit lauter Stimme dagegen, mit vielen anderen gemeinsam. Mit Demonstrationen gegen Rassismus und Polizeigewalt in Berlin, Hamburg und vielen anderen Städten; in München kommen 20 000 Menschen.

Den Namen von George Floyd lernen so in Deutschland viele Menschen kennen. Aber wie viele kennen auch: Aamir Ageeb, Achidi John, Laya-Alama Condé, William Tonou-Mbobda, Hussam Fadl, Rooble Warsame, Oury Jalloh, Amad Ahmad, Yaya Jabbi?

- Aamir Ageeb war 31 Jahre alt, der Sudanese war wie ein Bündel verschnürt, als Beamt:innen des Bundesgrenzschutzes – so hieß früher die Bundespolizei – ihn am 28. Mai 1999 aus seiner Gewahrsamszelle in Frankfurt am Main herausschleppten. Als er an Bord des Lufthansa-Flugs LH 588 war, setzten die Polizist:innen dem abgelehnten Asylbewerber einen Motorradhelm auf, um ihn am Spucken und Beißen zu hindern, dann wurden seine Arme an den Sitzlehnen und die Beine am Sitz mit Klettband fixiert. Von einem »lagebedingten Erstickungstod durch massive Einwirkung von Gewalt« schrieb später die Rechtsmedizin. Denn als Aamir Ageeb schrie, drückten die Polizist:innen seinen Oberkörper nach unten und seinen Kopf nach vorne. Minutenlang.[34]
- Achidi John war 19 Jahre alt, als ihm am 8. Dezember 2001 in Hamburg gewaltsam ein Schlauch durch die Nase eingeführt wurde, um ihm »mexikanischen Sirup« einzuflößen, wie das bei der Polizei

hieß, das Brechmittel Ipecacuanha. Schon mehrmals hatten Beamte den Nigerianer unter dem Verdacht des Drogenhandels festgehalten, nie hatte es Beweise gegeben. Nun sollte er zum Ausspeien der mutmaßlich von ihm verschluckten Drogenpäckchen gezwungen werden – was für die Beamt:innen schlicht zeitsparender war, als auf ein natürliches Ausscheiden zu warten. Ein Frankfurter Gericht hatte die erniedrigende Praxis zwar längst zur verbotenen Folter erklärt.[35] Dennoch hatte in Hamburg Anfang der 2000er-Jahre ein ehrgeiziger junger Innensenator namens Olaf Scholz den Einsatz von Brechmitteln einführen lassen – eine Härte im Umgang mit schwarzen Drogendealer:innen, die im Umgang mit Weißen nur selten gezeigt wurde. Als Ergebnis der gewaltsamen Verabreichung der Chemikalie fiel John zu Boden, Atmung und Puls setzten aus. Ein qualvoller Tod.

- Auch in Bremen machte die Polizei mit Brechmitteln weiter, bis dort ein weiterer Schwarzer – Laya-Alama Condé – daran starb und schließlich auch der Europäische Gerichtshof für Menschenrechte ein Verbot aussprach.[36]
- Oder Amad Ahmad, geflohen aus Syrien, wo er schon einige Jahre in den Kerkern des Diktators zugebracht hatte. Er wurde 26 Jahre alt. Er saß im September 2018 im nordrhein-westfälischen Kleve in Untersuchungshaft, obwohl da schon seit Wochen feststand, dass er mit jemandem verwechselt worden war. Eine Braunschweiger Staatsanwältin hatte sogar schriftlich darauf hingewiesen, dass er mit einem von ihr gesuchten Straftäter »nicht identisch« sei. Schließlich sei er laut Polizeifotos »jedenfalls arabischer Herkunft«, der Gesuchte stamme dagegen »aus Schwarzafrika«. Trotzdem, man ließ Amad Ahmad sitzen. Dann starb er – von den Behörden nicht erhört – an den Folgen eines Feuers in seiner Zelle, das er angeblich selbst gelegt haben soll.[37]

Deutschland ist nicht Amerika. Natürlich, die Dimensionen der Polizeigewalt sind hier andere. Die Historie ist eine andere. Aber das Thema ist auch hierzulande relevant. Darauf weisen Organisationen wie Pro Asyl oder auch Anwält:innen und Kriminolog:innen hin. In Deutschland herrscht zudem ein strukturelles Problem. Bei Vorwürfen, dass ein:e Polizist:in rechtswidrig Gewalt angewendet haben könnte – bis hin zur Tötung eines Menschen[38] – ermittelt einfach: die Polizei selbst.

Sie ermittelt sozusagen in eigener Sache, nicht aus einer Position der Unabhängigkeit und Distanz heraus. Auch wenn dann darauf geachtet wird, dass nicht die direkten Kolleg:innen in derselben Polizeiwache aktiv werden, sondern zum Beispiel eine übergeordnete Polizei-Einheit für »interne Ermittlungen«, bleibt doch Raum für eine gewisse Kolleg:innensolidarität, im schlimmsten Fall auch für einen »Korpsgeist«, das heißt eine Solidarität, die kein Wenn und Aber kennt. Und auch die Staatsanwaltschaft, die am Ende immer entscheiden muss, wie sie mit dem Verdacht einer Straftat umgeht und welchen Aussagen sie nun glaubt, ist nicht ganz unabhängig. Sondern sie arbeitet im Alltag mit der Polizei Hand in Hand, ist dauerhaft auf eine gute Zusammenarbeit angewiesen.[39]

Schon seit Langem wird deswegen gefordert, dass die Polizei in Deutschland einer wirklich unabhängigen, externen Kontrolle unterstellt werden sollte.[40] Vor allem seit den »Black Lives Matter«-Protesten ist aber auch noch eine zweite Idee für viele Beobachter:innen interessant geworden. Das Schlagwort heißt »Defund the police«. Übersetzt etwa: »Entzieht der Polizei die finanziellen Mittel.«

»Defund the police«

»Wenn ein psychisch kranker Mensch in seiner Wohnung randaliert oder suchtkranke Drogennutzer:innen andere Menschen in der U-Bahn belästigen, können diese Situationen durch einen mobilen psychiatrischen oder sozialen Dienst meist besser gelöst werden als durch die Polizei«, schreiben zum Beispiel der Berliner Rechtsanwalt Benjamin Derin und der Frankfurter Professor für Strafrecht und Kriminologie Tobias Singelnstein in ihrem Buch *Die Polizei* von 2022.[41]

» Stellt man sich als Gedankenexperiment vor, man würde eine Gesellschaft von Grund auf neu planen«, so führen sie aus, »würde man vermutlich kaum auf die Idee kommen, eine einzelne Großorganisation einzurichten für Geschwindigkeitsmessungen im Straßenverkehr, Umgang mit straffälligen Jugendlichen, die Beendigung einer Geiselnahme und die Schlichtung von Auseinandersetzungen darüber, wie laut man um 1 Uhr nachts Musik hören darf. Diese Aufgabenfülle folgt vielmehr daraus, dass die Polizei eine Art Auffangbecken ist für Themen, für die es keine andere Zuständigkeit gibt.«[42]

Ein Ansatz, der in den USA bereits mancherorts erprobt wird,[43] auch unter dem Druck der »Black Lives Matter«-Proteste, ist daher: ein Umverteilen von einzelnen Aufgaben (und Budgets) der Polizei hin zu sozialen Diensten. Das führt dazu, dass der Staat seinen Bürger:innen häufiger mit einem Gesicht gegenübertritt, das nicht das Gesicht einer uniformierten, bewaffneten, Autorität gebietenden Person ist. Ein Beispiel: Im September 2021 wurde in der Stadt Albuquerque im Bundesstaat New Mexico – bekannt aus der Serie *Breaking Bad* – ein »Community Safety Department« eingerichtet. Das ist ein Sozialarbeiter:innen-Dienst, der bei Notrufen anstelle der Polizei geschickt werden kann, wenn es um psychische Probleme, Sucht, Wohnungslosigkeit geht. Ohne Uniformen, ohne Waffen. Ohne einschüchternden Effekt. In der Hoffnung, dass die Lage dann nicht so häufig eskaliert.

Mit einem interessanten Ergebnis: Einmal sind aus Versehen sowohl Polizei als auch »Safety Department« in ein Industriegebiet gerufen worden, weil ein in seinem Auto lebender Mann angeblich Wasser und Strom von den umliegenden Betrieben abzapfte. Für den sozialen Dienst handelte es sich um ein soziales Problem – Armut, Hilfsbedürftigkeit. Für die Polizei handelte es sich um eine potenzielle Straftat und einen Verdächtigen. Was geschah? Aus Angst vor Strafverfolgung floh der Mann, als sich beide Teams näherten. Sein soziales Problem blieb ungelöst.[44]

Das hat auch wieder zur Folge, dass bestimmte marginalisierte Gruppen der Gesellschaft in einen Teufelskreis geraten. Denn: Was wir im öffentlichen Raum sehen, beeinflusst, wie wir Menschen wahrnehmen. Wenn wir sehen, wie Menschen von Sozialdiensten betreut werden, ist die Folge Mitgefühl. Wenn wir sehen, wie Menschen von Polizist:innen kontrolliert oder eingesammelt werden, ist die Folge eher Angst beziehungsweise ein Abstempeln als Kriminelle. Die Frankfurter Verfassungsrechtlerin und Rechtsphilosophin Samira Akbarian hat diesen unguten Teufelskreis-Effekt einmal sehr einprägsam auf den Punkt gebracht:

> »Die Gesellschaft sieht nicht nur so aus, wie sie ist; sie ist auch so, wie sie aussieht.«[45]

Benjamin Derin und Tobias Singelnstein zitieren deshalb den Polizeipräsidenten der Stadt Eugene im US-Bundesstaat Oregon, der 2020 feststellte: »Seit Jahren schicken wir Polizisten zu Einsätzen, zu denen wir keine Polizisten schicken sollten.«[46] Viele Krisensituationen, das meint er damit, könnten durch einen mobilen psychiatrischen oder sozialen Dienst besser entschärft und teils auch gelöst werden als durch die Polizei.[47] Dafür müsste der Staat diese Dienste bloß deutlich besser ausstatten, sie auch 24 Stunden am Tag mit einer Notruf-Nummer erreichbar machen, anstatt ihre Aufgaben nachts bei der Polizei abzuladen.

Und Derin und Singelnstein bemühen sich, ein weit verbreitetes Missverständnis auszuräumen. Es gehe bei »Defund the police«, so schreiben sie, nicht unbedingt darum, die Befugnisse oder Spielräume der Polizei einzuschränken. Sondern es gehe erst einmal darum, die Polizei zu entlasten – von jenen Aufgaben, die man gut oder sogar viel besser ohne Uniform und Schusswaffe am Gürtel erledigen kann.

> »Das Schlagwort *Defund* muss nicht als Angriff auf die Polizei verstanden werden. Obwohl die Debatte darum meist lauter wird, wenn Missstände und Vorfälle wie rechtswidrige oder rassistische Polizeigewalt öffentlich werden, geht es bei dem Konzept nicht um eine Sanktionierung der Polizei. Vielmehr sollen finanzielle Ressourcen bei der Polizei eingespart werden, um alternative Institutionen und Zuständigkeiten auf- und ausbauen zu können, die einen besseren Umgang mit gesellschaftlichen Problemen gewährleisten.«[48]

Kurz: Es geht nicht um weniger Interventionen, wo es reale Probleme gibt. Eher geht es darum zu fragen, wie man gesellschaftliche Probleme jenseits von Verboten, Repression und Zwang löst. Bevor die Polizei kommt.

»Die Werkzeuge der Herrschenden werden das Haus der Herrschenden niemals einreißen. Sie mögen uns im Einzelfall gestatten, sie mit ihren eigenen Waffen zu schlagen, aber sie werden uns niemals darin bestärken, wirkliche Veränderungen herbeizuführen.«

*Audre Lorde**

* Die US-amerikanische Schriftstellerin (*Sister Outsider*, dt. Hanser 2021), die sich selbst als »Schwarze, Lesbe, Mutter, Kriegerin, Poetin« beschrieb, lebte in den 1980er- und 1990er-Jahren immer wieder in Berlin, wo sie 1984 – als das Buch erstmals erschien – auch notierte: »Das Schweigen über Juden ist absolut ohrenbetäubend, eisig. Es gibt nur ein einziges Mahnmal in der ganzen Stadt, und das ist für den Widerstand.« Das Holocaust-Mahnmal wurde erst 2005 eröffnet.

STRAFRECHT

Was hilft gegen sexistische Paragrafen?

Der Tatort ist milieugerecht hergerichtet: Im Schlafzimmer liegt die Tagesdecke glatt gestrichen über dem Ehebett, im Kinderzimmer sind die Puppen verstreut, in der Küche steht das Bügelbrett neben dem Spülbecken – »alles sauber und adrett«, notiert ein Reporter des *Spiegel*, der das kleinbürgerliche Idyll im Jahr 1987 betrachtet.[1] Da dringt aus der Kulisse, vom Tonband, die Stimme einer Frau.

Eine ehemalige Bewohnerin des Frauenhauses Kassel schilderte Szenen einer Ehe:

> »Mein Mann wollte immer Analverkehr. Ich hab' gesagt, mir tut das weh, und mein Mann hat gemeint, das ist ne Übungssache. […] Da ist er halt hingegangen und hat es im Schlaf versucht. […] Ich hab' losgebrüllt und gesagt: Lass das, nachts im Schlaf an mich zu gehen! Ich hab' dem das überhaupt nicht erklären können, dass er meint, alles mit mir machen zu können, was er will. Als wenn ich ein Stück Holz wäre.«

Die Szene ist Teil einer Ausstellung im Kölner Stadtmuseum, die Ausstellung trägt den Titel »Gewalt gegen Frauen«. Die Macher:innen wollen damit aufrütteln. Was sie anhand der Erzählungen misshandelter Ehefrauen beschreiben, wurde damals, in den 1980er-Jahren, von Gesetzes wegen noch nicht einmal als Sexualstraftat gewertet.

»Die Frau genügt ihren ehelichen Pflichten nicht …«

So war seinerzeit die Rechtslage: Die eigene Ehefrau zum Sex zu zwingen, war nach damaligem Verständnis keine Vergewaltigung im juristischen Sinne. »Wer wie der Ehemann auf den Beischlaf ein vollkommenes Recht hat, macht sich durch Erzwingen desselben keiner Nothzucht schuldig«, so hat Carl J. A. Mittermaier, einer der bedeutendsten deutschen Strafrechtler, schon im 19. Jahrhundert gemeint.[2] (Notzucht war ein altertümliches Wort für Vergewaltigung.) Eine Vergewaltigung der eigenen Ehefrau wurde juristisch »nur« als eine Nötigung gewertet, eine viel geringer bestrafte Tat.

Und so ist es dann lange geblieben. Im Radio liefen die Beatles, das Fernsehen zeigte die Abenteuer der »Raumpatrouille Orion«, eines bundesrepublikanischen Abklatsches der Science-Fiction-Serie *Star Trek*, das Grundgesetz war schon seit anderthalb Jahrzehnten in Kraft, da buchstabierten im Jahr 1966 die Richter – ausschließlich Männer – des 4. Zivilsenats am Bundesgerichtshof aus, welche Erwartungen die Justiz noch immer an die Frauen habe:

> »Die Frau genügt ihren ehelichen Pflichten nicht schon damit, dass sie die Beiwohnung teilnahmslos geschehen lässt. Wenn es ihr infolge ihrer Veranlagung oder aus anderen Gründen, zu denen die Unwissenheit der Eheleute gehören kann, versagt bleibt, im ehelichen Verkehr Befriedigung zu finden, so fordert die Ehe von ihr doch eine Gewährung in ehelicher Zuneigung und Opferbereitschaft und verbietet es, Gleichgültigkeit oder Widerwillen zur Schau zu tragen.«[3]

Eheliche Pflichten also, so sah es die Rechtsprechung in der Bundesrepublik noch bis Ende der 1970er-Jahre.[4] Als Vergewaltiger bestraft wurde nur, wer eine Frau mit Gewalt zum »außerehelichen« Sex zwang.[5] Sprich: Ein Trauschein wirkte für die Männer wie ein mildernder Umstand – ihre Frau war ja eh zum Sex verpflichtet.

Es ist im Grunde verblüffend: Obwohl die Paragrafen des Sexualstrafrechts – das heißt, Tatbestände wie »Sexueller Übergriff«, »Sexuelle Nötigung« oder »Vergewaltigung«, die heute in den Paragrafen 174 bis 184 l des Strafgesetzbuchs stehen – schon so lange gesellschaftspolitisch umkämpft sind, ist dies noch immer ein Thema, über das an Universitäten eher ungern geredet wird. In den juristischen Lehrplänen tauchen sie so gut wie gar nicht auf. Die meisten, auch umfangreichen, akademischen Lehrbücher zum Strafrecht schweigen dazu einfach.[6]

Gewalt gegen Frauen und die Istanbul-Konvention

Wer heute als Student:in etwas darüber erfahren möchte, wie die Justiz in Deutschland mit sexualisierter Gewalt umgeht, wird deshalb oft mehr aus solchen spannend geschriebenen Büchern aus der Praxis wie *AktenEinsicht* oder *Gegen Frauenhass* lernen, geschrieben von der Berliner Rechtsanwältin Christina Clemm, die Hunderte Opfer geschlechtsspezifischer Gewalt vertreten hat.[7] Darin erzählt sie Geschichten, die zwar fiktional, aber aus mehreren realen Fällen zusammengesetzt sind – so wie die Geschichte einer jungen Frau, Claudia, deren Partner Kevin sehr genaue Vorstellungen davon hat, was Männlichkeit bedeute.[8]

Er verdient das Geld, versorgt seine Freundin, lässt sie shoppen, schenkt ihr Schmuck und führt sie in teure Discos aus. Und wenn ihr ein fremder Mann zu nahekommt, »kriegt er eine Warnung, dann auf die Fresse«.[9] Claudia, so wird es in dem Buch erzählt, liebt dieses Leben. Auf der Party zu ihrem 22. Geburtstag dann kommt ein Ex-Freund von ihr zu Besuch, beide schwelgen in alten Erinnerungen, Kevin scheint das zunächst gelassen zu nehmen, kein bisschen eifersüchtig. Bis die Feier zu Ende ist.

Als er und Claudia allein zu Hause sind, rastet er aus, schlägt sie ohne Vorwarnung mit der Faust ins Gesicht. Dann vergewaltigt er sie, erniedrigt sie. »Sie schreit, sie weint. Irgendwann gibt sie auf. Er würgt sie, bis sie in Ohnmacht fällt.«[10] Die Autorin erzählt, wie dieser – wie gesagt, fiktionalisierte – Fall später vor Gericht kommt, und wie die Richter:innen meinen, dass die Paarbeziehung zwischen Täter und Opfer strafmildernd zu berücksichtigen sei. Eifersucht sei immerhin ein nachvollziehbares Gefühl, und immerhin sei es auch weniger dramatisch, als wenn ein »Fremdtäter« zugeschlagen hätte.[11] Auch in der Realität gibt es wissenschaftliche Kritik, wonach die Rechtsprechung gelegentlich in diese Richtung gehe.[12]

» Dieses Buch«, schreibt die Autorin Christina Clemm in ihrem Vorwort, »soll den Blick auf die betroffenen Frauen lenken, ihre Schicksale und ihren Kampf. Es soll Anstoß geben, endlich gesamtgesellschaftlich das Massenphänomen der geschlechtsspezifischen Gewalt gegen Frauen zu bekämpfen. Aber auch Zuversicht, dass es sich lohnt.«[13]

Die Zeiten haben sich schon gebessert: Vergewaltigungsopfer und ihre Anwält:innen müssen es heute nicht mehr kampflos hinnehmen, wenn Gerichte, das gab es früher oft, der Frau vorhalten, sie habe doch einen Minirock getragen, also den Angreifer geradezu angelockt… Inzwischen gibt es die Istanbul-Konvention zur Verhütung und Bekämpfung von Gewalt gegen Frauen, einen internationalen Vertrag aus dem Jahr 2011, und dieser verbietet es in Artikel 46 ausdrücklich, dass Staaten die Frauen weniger stark vor ihren eigenen Partner:innen schützen als vor Fremden. Zunehmend berufen sich Anwält:innen deshalb auf diese Istanbul-Konvention. Dass sie damit noch nicht immer Gehör finden, hat ein Ausschuss des Europarats im Oktober 2022 gerügt.[14]

Um das Sexualstrafrecht sind in den vergangenen Jahrzehnten bereits große politische Kämpfe geführt worden. Es geht um Selbstbestimmung. Und, ganz grundsätzlich, um die Frage, wozu wir eigentlich ein Strafrecht haben. Um sich in diese Diskussionen einzumischen, braucht es Wissen. Es braucht Räume, um zu diskutieren. Es braucht einen klaren Blick auf den Status quo – und auf Alternativen. Auch heute – denn diese rechtspolitischen Diskussionen halten noch an, teilweise nehmen sie sogar erst richtig Fahrt auf.

Beim Thema Vergewaltigung in der Ehe lief es am Ende so: Es waren konservative Frauen in CDU und CSU, denen im Umgang mit ihren männlichen Politikerkollegen irgendwann in den 1990er-Jahren die Geduld ausging.[15] Landfrauenvereine, katholische Frauenverbände, die CDU-Frauenunion – sie alle überschwemmten die CDU-Zentrale mit Briefen. Weibliche Abgeordnete im Bundestag drohten damit, gegen die Linie ihrer CDU und mit SPD und Grünen zu stimmen –

bis dem CDU-Chef und Bundeskanzler Helmut Kohl nichts anderes übrigblieb, als die Abstimmung freizugeben, also alle Abgeordneten selbst entscheiden zu lassen.

So gelang es. Das Gesetz, das Vergewaltigungen in der Ehe zur Straftat machte, trat am 1. Juli 1997 in Kraft; im Bundestag angenommen mit 470 zu 138 Stimmen bei 35 Enthaltungen. Zu den Parlamentariern, die dagegen gestimmt hatten, zählte unter anderem der CDU-Abgeordnete Friedrich Merz.

Sexuelle Autonomie als Ziel, für das es sich zu kämpfen lohnt

Eine Gesellschaft, die straft, greift zum Äußersten. Darum geht es im Strafrecht. Also in jenem Rechtsgebiet, das bestimmte Verhaltenstabus aufstellt – Körperverletzung, Diebstahl, Vergewaltigung, und so weiter – und dann ausbuchstabiert, was der Staat den Menschen antun soll, die diese Tabus verletzen. Geldstrafe zum Beispiel, oder Gefängnis.

Wozu tut man das alles? Also: strafen? Was ist das Ziel? Die gängige Antwort lautet: Mit dem Strafrecht werden »Rechtsgüter« verteidigt, also etwa das Leben, die körperliche Unversehrtheit und noch einige mehr.[16] Das ist heute der Grundgedanke zur Legitimation des Strafens, aber diese liberal-rechtsstaatliche Idee ist noch nicht alt, sie ist in der Bundesrepublik erst in den 1960er-Jahren stark geworden. Und erst seit den 1970er-Jahren wurde auch die sexuelle Selbstbestimmung als eigenständiges Rechtsgut anerkannt und allmählich mitberücksichtigt.

Sexuelle Selbstbestimmung, oder vielleicht besser gesagt: sexuelle Autonomie, wie es die österreichische Rechtsphilosophin Elisabeth Holzleithner ausdrückt: »Sexuelle Autonomie basiert auf der wechselseitigen personalen Anerkennung als gleichermaßen freie Individuen«, schreibt sie.[17] »Wer zwingt und manipuliert, greift in die Autonomie einer anderen Person ein, verunmöglicht deren selbstbestimmtes Handeln«, das sei der zentrale Gedanke, dem ein vernünftiges Sexualstrafrecht dienen sollte.[18] Sie ist eine der ersten Frauen, die internationale feministische Diskurse in die deutschsprachige Rechtswissenschaft hineingetragen hat, inzwischen Professorin für Rechtsphilosophie und Legal Gender Studies an der Universität Wien.

Früher bezweckte das Strafrecht – unser heutiges Strafgesetzbuch stammt ursprünglich noch aus dem Jahr 1871 – vor allem den Schutz der sexuellen »Sittlichkeit«, das heißt eine patriarchal dominierte Vorstellung, die beinhaltete, dass es für Frauen keine statthafte sexuelle Betätigung außerhalb der Ehe geben durfte.

Der Wandel kam in Westdeutschland[19] dann nur schrittweise. So wurde im Jahr 1973 erst einmal die Gruppe der »Verbrechen und Vergehen wider die Sittlichkeit« im Strafgesetzbuch zumindest symbolisch umbenannt in: »Straftaten gegen die sexuelle Selbstbestimmung«. Auch eine Reihe von Tatbeständen wurde nach und nach aus dem Strafgesetzbuch herausgekehrt. Der »Ehebruch« zum Beispiel, der zwar im Sinne eines uralten sexuellen Besitzdenkens eine Attacke auf den betrogenen Partner beziehungsweise die betrogene Partnerin darstellen mag, in einem moderneren Sinne aber niemanden in seinem Recht auf sexuelle Selbstbestimmung verletzt. Es setzte sich die Einsicht durch: Es gibt in einem liberalen Rechtsstaat keinen vernünftigen Grund, diese Verhaltensweise zu tabuisieren.

Zwei Erwachsene, die im Konsens miteinander etwas tun, das ihnen gefällt: Diese Beschreibung traf dann auch auf die lange mit dem Strafrecht verfolgten »homosexuellen Handlungen unter Männern« zu. Dieser Tatbestand, Paragraf 175 des Strafgesetzbuchs, hieß bis 1973 noch offiziell »Unzucht unter Männern«. Der Paragraf aus dem Kaiserreich war von den Nationalsozialisten brutal verschärft worden.

Schwuler Sex, das war das Paradebeispiel eines opferlosen »Delikts«, also einer Strafverfolgung, die sich überhaupt nicht auf den Schutz konkreter Rechtsgüter berufen konnte, sondern bloß auf vermeintliche Sittlichkeit. 1950/51 war es in Frankfurt am Main zu einer großen Verhaftungswelle gekommen. Ein Strichjunge namens Otto Blankenstein hatte sich der Sittenpolizei als Kronzeuge zur Verfügung gestellt und Dutzende seiner Kunden genannt. Die Folge: Die Männer wurden tagsüber am Arbeitsplatz verhaftet, viele verloren ihre Stellung, mindestens sechs von ihnen nahmen sich das Leben.[20]

Erst in den 1960er-Jahren, im Zuge der Proteste der Studentenbewegung, begann die Sache langsam zu kippen. Schikanen durch die

Polizei, Prügel und Beleidigungen waren an vielen Treffpunkten von Homosexuellen ein regelmäßiges Problem, sei es in Frankfurt, der Stadt von Otto Blankenstein, oder etwa in Hamburg, wo die Polizei in bestimmten öffentlichen Toiletten, die als Treffpunkte bekannt waren, sogar einseitig durchsichtige Spiegel anbrachte, durch die sie die Männer ausspionieren konnte. In New York führte eine der regelmäßigen, brutalen Polizeikontrollen in einer Szenekneipe in der Christopher Street, dem »Stonewall Inn«, im Sommer 1969 dazu, dass die Betroffenen begannen, Widerstand zu leisten: Mehrtägige Straßenschlachten entbrannten, gefolgt von jährlichen »Gay Pride«-Paraden.

In der Bundesrepublik bedurfte es großer rechtspolitischer Debatten und Auseinandersetzungen, bis der Homosexuellenparagraf von 1969 an – leider wiederum nur: nach und nach – aus dem Strafrecht entfernt wurde.[21] Sieht man sich das geltende Strafrecht heute an, dann wird zwar erkennbar, dass die Zeiten besser geworden sind und sich die Politik heute – großteils[22] – um eine Orientierung an konkreten Rechtsgütern bemüht. Es lohnt sich aber, einen kritischen Blick darauf zu werfen.

»Wir müssen lernen, die Gleichheit zu erotisieren«

»Die gesellschaftliche Verhandlung sexualbezogener Sachverhalte hat sich von der tradierten Sexualmoral gelöst«, schreibt die Rechtswissenschaftlerin Dana-Sophia Valentiner, die gemeinsam mit der Doktorandin Selma Gather den Podcast *Justitias Töchter* über feministische Rechtspolitik hostet, in ihrem 2021 erschienenen Buch über sexuelle Selbstbestimmung. »Stattdessen haben die Maßstäbe der Selbstbestimmung und der Verhandlung an Bedeutung gewonnen.«[23] Wie sie zeigt, ist die Neuorientierung des Sexualstrafrechts am Maßstab des Konsenses aber noch lange nicht abgeschlossen.[24]

Um zu ermessen, was das bedeutet, tritt man am besten in ein Gespräch auch mit Psycholog:innen, Soziolog:innen – oder auch mit Philosoph:innen. Besonders lesenswert ist die Französin Manon Garcia, die nach Stationen in Harvard und Yale Juniorprofessorin an der Freien Universität

Berlin geworden ist. *The Joy of Consent: A Philosophy of Good Sex* heißt ihre sehr anschaulich geschriebene Reflexion zum Thema, auf Deutsch unter dem etwas betulicheren Titel *Das Gespräch der Geschlechter: Eine Philosophie der Zustimmung* erschienen (2023). »Wir müssen lernen, die ›Gleichheit zu erotisieren‹, nicht die Herrschaft«, schreibt Garcia:

> » Was heißt, damit ›einverstanden‹ zu sein, Geschlechtsverkehr zu haben? Das Klischee, das wir im Kopf haben, ist das von zwei Menschen, die sich lieben, begehren und auf der Grundlage dieser gegenseitigen Liebe und dieses gegenseitigen Begehrens Geschlechtsverkehr haben. Ein anderes Bild, das immer präsenter ist, ist das des ›Tinder-Sex‹, das heißt der quasi sofortigen sexuellen Interaktion zwischen Unbekannten, bei der der Geschlechtsverkehr einer gegenseitigen Bereitstellung des Körpers des anderen zum Lustgewinn gleichkommt. In diesem Rahmen hat das Einvernehmen nahezu etwas Vertragliches, und in manchen Fällen einigen sich die Nutzer sogar vor dem Treffen darauf, welche Art von sexueller Dienstleistung ausgetauscht werden soll. Doch die Palette der Situationen, in denen man mit dem Geschlechtsverkehr ›einverstanden sein‹ kann, ist sehr viel breiter, als diese Bilder vermitteln […].«[25]

Als Beispiel zeichnet Manon Garcia ein Szenario, bei dem sich ein Mann und eine Frau auf einer Party begegnen:

> » Sie kennen sich nicht, entdecken sich und amüsieren sich gut. Sie tanzen, küssen sich und verbringen einen schönen Abend. Am Ende des Abends schlägt der Mann der Frau vor, sie nach Hause zu bringen. Sie würde es für diesen Abend dabei belassen, hat dem Mann aber bereits gesagt, wo sie wohnt, und er besteht darauf, dass es für ihn kein großer Umweg ist. Sie sagt sich, dass es schon spät ist und dass sie sich wahrscheinlich sicherer fühlt, wenn er sie begleitet. Sie akzeptiert. Bei ihr angekommen, beharrt der Mann darauf, mit nach oben zu gehen, er verspricht, nicht lange zu bleiben, sie würde gerne ins Bett gehen, aber andererseits hat er einen Umweg gemacht, es ist kalt. Sie akzeptiert. Sie gehen nach oben, er küsst sie, sie lässt es sich gefallen, hat aber keine Lust, weiterzugehen. Er greift mit der Hand unter ihr T-Shirt, er macht weiter. Sie stößt ihn ein wenig zurück, sagt sich aber, dass sie

riskiert, als Anmacherin zu gelten, wenn sie ›nein‹ sagt, und dass er sehr viel Lust zu haben scheint. Vielleicht wird es gar nicht so schlecht. Na gut, es wird wahrscheinlich schnell vorbei sein. Dabei hat sie wirklich immer weniger Lust. Aber was, wenn er es falsch auffasst, dass sie so deutlich ablehnt? Wenn er verärgert ist? Sie lässt ihn gewähren, und sie schlafen miteinander.«[26]

Ist das Konsens? Hier führen, so Garcia, verschiedene soziale Normen – sich verpflichtet fühlen, das männliche Verlangen als unbändig ansehen – dazu, dass die Frau einen Geschlechtsverkehr hat, den sie nicht wollte, ohne dass der Mann denkt, dass er nicht einvernehmlich war – »auch wenn er mehr oder weniger bewusst wissen kann, dass sie nicht sehr begeistert schien«.[27] Wo hier die Grenze verläuft, von der an von einer Verletzung der sexuellen Autonomie gesprochen und nach Strafen gerufen werden sollte, ist auch unter Vertreter:innen der feministischen Rechtswissenschaft eine lebhafte Diskussion.[28] Aber klar ist, anhand solcher Beispiele stellen sich Fragen, auf die nicht nur Jurist:innen in Zukunft bessere Antworten suchen müssen, sondern letztlich die ganze Gesellschaft.

Schwangerschaftsabbrüche und Strafen

Man ahnt es nicht unbedingt, wenn man sie so sieht. Eine mittelalte Frau mit kurzen Haaren und einem warmen, milden Lächeln. Aber: Mit dem Strafgesetzbuch und dem Risiko einer Gefängnisstrafe hatte Kristina Hänel jahrelang ständig zu tun. Egal, ob sie bloß ihrem Job nachging oder ob sie im Internet beschrieb, was sie da tagein, tagaus beruflich tat. Die Sorge vor »bis zu zwei Jahren Freiheitsstrafe oder Geldstrafe«, wie es im Gesetz heißt, war für sie ein ständiger Begleiter.

Denn Kristina Hänel ist Ärztin. Und sie bietet in Deutschland Schwangerschaftsabbrüche an. Das tut sie schon seit vielen Jahren, in einer kleinen Praxis in der Nähe von Gießen in Hessen. Der Boden und die Möbel dort bestehen aus dem gleichen Holz, so hat es mal eine Reporterin beschrieben, die zu Besuch kam, genauso wie die Betten, in denen sich die Frauen nach dem Eingriff ausruhen. »Dort liegen sie in gemusterter Bettwäsche, durch die Vorhänge fällt orangefarbenes Licht herein.«[29] Kristina Hänel selbst hat zwei Kinder, drei Enkel, sie ist nicht »gegen Kinder«, wie ihr manche Gegner unterstellen, überhaupt nicht, sondern *pro choice*, wie sie sagt. Das heißt: dafür, dass Frauen die Wahl haben.

Dass sie allein wegen dieser ärztlichen Tätigkeit beinahe mit einem Bein im Gefängnis stand, das wurde ihr im Jahr 2017 klar, als sie von ihrer Praxis zurück nach Hause fuhr, auf ihren Hof, zu ihrem Partner, den Pferden, der Katze – und dort einen Brief vom örtlichen Strafgericht vorfand. Eine Vorladung.

Der Grund: Auf der Homepage ihrer Praxis führte Hänel damals ihre Leistungen auf, darunter auch die Schwangerschaftsabbrüche. Dazu ein paar Informationen, ziemlich nüchtern in der Form eines Infoblatts, das sich dort jede:r als Pdf-Datei herunterladen konnte. Schon dies, so zeigte sich, genügte für eine Strafanzeige und auch für ein Verfahren nach dem Strafgesetzbuch. Denn der Paragraf 219a bedrohte jede Person mit Strafe, die »eigene oder fremde Dienste zur Vornahme oder Förderung eines Schwangerschaftsabbruchs […] anbietet«, sofern dies öffentlich und wegen eines »Vermögensvorteils« geschah, mit anderen Worten: beruflich.

Ein totales Informierverbot für die ärztliche Tätigkeit von Kristina Hänel also. So strikt legte die Justiz diesen Paragrafen aus. Ein Tabu, so als sei das, was eine solche Medizinerin tut, etwas Schmutziges, das unbedingt vor der Gesellschaft verheimlicht werden müsse. Jedes Jahr lassen sich etwa 100 000 Schwangere hierzulande dabei helfen, eine ungewollte Schwangerschaft nach den Regeln ärztlicher Kunst zu beenden.[30] Aber bis heute lernen Studierende der Medizin kaum jemals etwas darüber.[31]

Kristina Hänel, die sich selbst in den Niederlanden fortgebildet hat, fand das damals schon absurd, und so sieht sie es auch heute noch:

> »Schwangerschaftsabbrüche müssen fester Bestandteil des Medizinstudiums werden«, sagt sie – »inzwischen kommen Studierende und auch Ärztinnen und Ärzte in meine Praxis, um es zu lernen, aber an den Unis wird das immer noch nicht offiziell gelehrt. Dabei ist es medizintechnisch kein schwieriger Eingriff, das lernt man in ein paar Wochen.«[32]

Abtreibung ist in Deutschland unter Strafandrohung verboten. So steht es im Strafgesetzbuch im Paragrafen 218. Nur unter ganz bestimmten Umständen, nämlich innerhalb einer Frist von zwölf Wochen seit dem Beginn der Schwangerschaft und nach einer verpflichtenden Beratung unter staatlicher Aufsicht, ist es ausnahmsweise straffrei, das steht in Paragraf 218a. Aber auch dann bleibt eine ziemlich harte Regel, die viele Schwangere überraschen dürfte.

Auf Verlangen des Bundesverfassungsgerichts gilt nämlich weiterhin jede Abtreibung auch in den ersten zwölf Wochen als ein Unrecht. Selbst in den Fällen, die der Staat ausnahmsweise straffrei stellt, ist sie zwar – in der juristischen Fachsprache – »tatbestandslos«, bleibt aber »rechtswidrig«.[33] (Das Verdikt der Rechtswidrigkeit entfällt nur in besonderen Ausnahmefällen, nach Sexualdelikten oder in einer medizinischen Notsituation, aber diese Fälle machen nur etwa 4 Prozent aus.[34])

Klingt das vielleicht ein bisschen haarspalterisch? Wenn am Ende gar keine Strafe verhängt wird? Nun: Nein. Denn diese ungewöhnliche rechtliche Konstruktion, wonach Abtreibungen per se auch in den ersten zwölf Wochen »rechtswidrig« bleiben, selbst wenn sie straffrei sind, hat mehrere negative Konsequenzen:

- Einige Betroffene berichten, aufgrund der juristischen Stigmatisierung ein Gefühl von grundsätzlicher Schuld zu empfinden. Das führt unter anderem dazu, dass das Thema Abtreibung auch im nahen persönlichen Umfeld, also etwa im Gespräch mit Familie und Freunden, weniger thematisiert wird.[35]

- Die grundsätzliche Kriminalisierung bedeutet auch, dass der Schwangerschaftsabbruch in der Regel nicht von der Krankenkasse bezahlt wird. Das heißt: Während man ohnehin schon eine schwierige, oft schambehaftete Entscheidung zu treffen hat, müssen sich manche auch noch mit der Frage quälen, wo sie nun 300 bis 600 Euro auftreiben sollen.[36]

- Und nicht zuletzt: Die Kriminalisierung führt dazu, dass Ärzt:innen eine Vielzahl von Problemen bekommen können. Kristina Hänel ist ein Beispiel. So wie sie werden auch andere Mediziner:innen bei der Polizei angezeigt, oft von immer denselben Abtreibungsgegner:innen.[37] Selbst wenn die Verfahren dann oft eingestellt werden, bleibt das belastend. Immer weniger von Hänels Kolleg:innen sind bereit, sich dem auszusetzen.

- Die Folge: Seit dem Jahr 2003 hat sich die Anzahl der Stellen in Deutschland, die Abtreibungen anbieten, halbiert. Immer öfter müssen Frauen jetzt 100 Kilometer oder mehr bis zur nächsten Praxis fahren.[38] Das ist eine weitere soziale Hürde, die vor allem für Ärmere ein ernstes Problem bedeutet. Und: In Kombination mit der dreitägigen Wartezeit zwischen der obligatorischen Beratung, die eine Schwangere absolvieren muss, und dem Abbruch verlieren sie auf diese Weise manchmal weitere kostbare Zeit. Die Zwölf-Wochen-Frist ist dann schnell erreicht.

Sprechtabus für Ärzt:innen

6 000 Euro Strafe sollte Kristina Hänel zahlen, weil sie »Werbung« für ihre Dienste gemacht habe, so entschied das Amtsgericht Gießen in ihrem Prozess im November 2017.[39] Hänel hätte nach ihrer Verurteilung nun klein beigeben können, sie hätte die Geldstrafe zahlen und das Infoblatt einfach von ihrer Website nehmen können. Aber sie entschied sich nicht für den stillen Weg, sondern sie ging in Berufung, und sie wandte sich an die Öffentlichkeit.

Mit einer sehr einfachen, grundlegenden Frage: Wie, bitte, sollen Ärzt:innen über einen gängigen medizinischen Vorgang informieren können, wenn gleich alles zur strafbaren »Werbung« erklärt wird? Hänel tat sich mit Jurist:innen zusammen, die schon seit Jahren kritisiert hatten, dass der Staat beim Thema Schwangerschaftsabbruch mit Sprechtabus arbeite statt mit Transparenz und sozialer Unterstützung. Immerhin, so lautet eines ihrer Argumente, trage der Staat doch den Ärzt:innen auf, einen gewissen Standard an gesundheitlicher Versorgung zu gewährleisten – auch für ungewollt schwangere Personen.[40]

Kristina Hänel zog bis vor das Bundesverfassungsgericht. Mit einer Verfassungsbeschwerde wollte sie den »Werbeverbot«-Paragrafen 219a kippen. Sie war nicht allein. Gemeinsam mit ihr traten auch immer mehr Ärzt:innen an die Öffentlichkeit, so viele, dass ihr Protest Wirkung zeigte. Noch bevor die Richter:innen in Karlsruhe den Fall verhandelten, gab der Bundestag nach. Das Ende des »Werbeverbots« kam 2022. Paragraf 219a wurde aus dem Gesetzbuch gestrichen, ein großer Erfolg, »ich habe abends ein Glas alkoholfreien Sekt getrunken und bin ins Bett gegangen«, so beschrieb Kristina Hänel ihre glückliche Erschöpfung.[41]

Es ist nur so: Das Kernproblem bleibt. Weiterhin ist es in Deutschland so, dass aus der Perspektive des Strafrechts ein Schwangerschaftsabbruch in der Regel ein Unrecht darstellt, selbst dann, wenn er nicht bestraft wird. Zentral ist der Paragraf 218, dessen erster Satz weiterhin besagt: »Wer eine Schwangerschaft abbricht, wird mit Freiheitsstrafe bis zu drei Jahren oder mit Geldstrafe bestraft.«

Und deshalb engagieren sich viele der Jurist:innen, die schon Kristina Hänel in ihrem Kampf gegen den Paragrafen 219a unterstützten, weiter. Das Thema Schwangerschaftsabbruch zeigt, wie wichtig in der Rechtspolitik ein Blick auf Geschlechterverhältnisse ist, und dafür gibt es in Deutschland zum Beispiel den Deutschen Juristinnenbund, kurz djb. 5 000 Frauen sind dort organisiert, Studentinnen, Anwältinnen, Richterinnen und auch Universitätsprofessorinnen, über ganz Deutschland verteilt in sogenannten Regionalgruppen, die gemeinsam zum Beispiel Expertisen schreiben, in Parlamenten ihre Analysen vortragen oder als Verband vor dem Bundesverfassungsgericht angehört werden.

Der djb argumentiert unter anderem, dass strafrechtliche Sanktionen Frauen nicht von Schwangerschaftsabbrüchen abhalten würden; Abtreibungen würden durch strafrechtliche Verbote nur unsicherer.[42] Daher fordere auch die Weltgesundheitsorganisation, die zur UNO gehört, Höchstfristen komplett abzuschaffen. Und auch internationale Menschenrechtsausschüsse argumentieren immer wieder, dass die Kriminalisierung des Schwangerschaftsabbruchs die Rechte auf sexuelle und reproduktive Gesundheit verletzten.[43]

»Weg mit Paragraf 218 Strafgesetzbuch«?

Und nun? Ausgang offen. Die rechtspolitische Debatte über Schwangerschaftsabbrüche hat neue Fahrt aufgenommen, die Dinge sind in

Bewegung, politische Gruppen bringen sich in Position. Sie diskutieren aber auch intern durchaus kontrovers und nachdenklich, wie in Zukunft in Deutschland ein klügerer und gerechterer Umgang mit dem Thema aussehen könnte. Dabei geht es keineswegs allen darum, dass Abtreibungen unter allen Umständen und zum Beispiel auch im siebten oder achten Monat – wenn das werdende Leben schon eigenständig außerhalb des Mutterleibs überleben könnte – völlig freigestellt sein sollten, ohne jegliche rechtliche Abwägungen. Aber: Braucht es unbedingt das Strafrecht, die Kriminalisierung?

Die Bundesregierung hat 2023 eine Kommission von Expert:innen einberufen, die sich ganz offiziell über die Zukunft von Paragraf 218 Gedanken machen sollen. Die Vertreterinnen des Deutschen Juristinnenbunds haben dabei inzwischen so große Anerkennung, dass sie einen großen Teil dieser Mitglieder stellen. Aber auch im djb selbst tun sie sich nicht leicht mit den Grenz- und Abwägungsfragen und diskutieren sie untereinander: Wann beginnt Leben? Wie hoch ist der Wert der Selbstbestimmung für Frauen im Verhältnis zum Wert des Lebensrechts eines Embryos im fortgeschrittenen Stadium? Wer sollte die Grenze ziehen? Gibt es für das Strafrecht hier überhaupt irgendeine sinnvolle Rolle? Sollte man den Schwangerschaftsabbruch eher im ärztlichen Berufsrecht regulieren, das heißt also nicht mehr mit Gefängnisstrafen drohen, sondern bloß mit dem Entzug der Zulassung für Ärzt:innen, die gegen Regeln verstoßen? Es existieren unterschiedliche Positionen, für die es auch wechselseitig Respekt gibt.[44]

Nur Kristina Hänel, die Ärztin aus Gießen, ist jetzt nicht mehr in der ersten Reihe mit dabei. Seit sie an die Öffentlichkeit gegangen ist, hat sie immer weniger Zeit gehabt für ihre eigentliche Arbeit, hat manchmal sogar Patientinnen wegschicken müssen. Wenn sie Plastikembryonen in ihrem Briefkasten fand, die dort von selbsternannten »Lebensschützer:innen« abgelegt wurden, oder wenn sie wütende Anrufe erhielt, dann hat sie trotzdem nie daran gezweifelt, dass ihr Engagement richtig war. Aber eine »Galionsfigur«, sagt sie, wolle sie nicht mehr sein, mit dieser Rolle habe sie nach ihrem großen Erfolg im Einsatz gegen Paragraf 219a abgeschlossen.

Da seien jetzt andere dran.[45]

»Ach. Mein, dein. Das sind doch bürgerliche Kategorien!«

*Känguru**

* Zum Eigentum anderer Leute hat das Beuteltier in Marc-Uwe Klings *Die Känguru-Chroniken* (Ullstein 2009) ein entspanntes Verhältnis, wie sich zeigt, als es bei der Sicherheitskontrolle am Flughafen seinen Beutel ausräumen soll und dabei einige »geborgte« Dinge zum Vorschein kommen. Den Beutel selbst aufs Band zu legen, wie es der Beamte gerne hätte, bereitet indes Schwierigkeiten.

EIGENTUM

Was steht wem zu?

Der russische Maler Wassily Kandinsky war berühmt für seinen Wagemut und seine große Ausdruckskraft, mit der er zu Beginn des 20. Jahrhunderts mit abstrakten Formen experimentierte, expressionistisch, schräg, antiautoritär. Er lebte zeitweise in Deutschland, wo er an einer avantgardistischen Kunstschule unterrichtete, dem Bauhaus. Den Nazis war er verhasst, ein »entarteter Künstler«, wie sie sagten. Eines seiner Aquarelle, das bunte Formen vor einem blassroten Hintergrund zeigt, schenkte er im Jahr 1928 einem jungen deutschen Freund und Sammler zu dessen 30. Geburtstag: »Meinem lieben Otto Ralfs herzlichsten Glückwunsch«.[1]

Am 1. Dezember 2022, fast ein Jahrhundert später, steht dieses Bild auf einer Bühne in Berlin. Es trägt jetzt die Lotnummer 31 der Auktion 346. Es soll versteigert werden, in der Villa Grisebach in der noblen Fasanenstraße im Bezirk Charlottenburg. Geschätzter Wert: 100 000 bis 150 000 Euro.

Doch kurz vor Beginn der Versteigerung, es ist 16.50 Uhr, schreibt ein ausländischer Diplomat, der polnische Konsul Marcin Król, eine Nachricht auf Twitter, die in die andächtige Ruhe unter dem weißen Stuck der Villa hineinplatzt. Der Diplomat schreibt, mit dem Bild sei ein Geheimnis verbunden. Er habe dem Auktionshaus vor anderthalb Stunden mitgeteilt, »dass Kandinskys Gemälde ›Ohne Titel‹ – Lot 31, das heute vom Auktionshaus Grisebach angeboten wird«, in Wahrheit Diebesgut sei.[2]

Der Mann aus Polen weist auf eine lange Vorgeschichte hin. In seinem Tweet heißt es zunächst nur, das Bild sei 1984 aus dem Warschauer Nationalmuseum gestohlen worden. Wie sich aber schon bald zeigen wird, ist das nur der Anfang einer Historie, die noch viel weiter zurückreicht. Darin geht es um Gewalt. Um die deutsche Vergangenheit. Um das Schicksal dieses Bildes, das über weite Strecken im Dunkeln liegt, aber jedenfalls in der Nazizeit eine wichtige Wendung nahm.

Klar ist, im Oktober 1944 wurde die gesamte Kunstsammlung von Otto Ralfs bei der alliierten Bombardierung Braunschweigs vernichtet.[3] Nur das zarte Aquarell, das er von Kandinsky zum Geburtstag bekommen hatte, überlebte. War es dem Sammler zuvor als »entartete Kunst« durch die Nazis weggenommen worden? Dieser Verdacht liegt nahe.

Das heißt, bei dem in Warschau gestohlenen Bild könnte es sich um ein Stück Nazi-Raubgut handeln.

Nazi-Raubgut und das Bürgerliche Gesetzbuch

Szenen wie diese sind in deutschen Auktionshäusern heute keine Seltenheit. Nicht nur der polnische Konsul ist da mal aktiv geworden, sondern immer wieder versuchen auch andere Menschen, durch ihren Protest in letzter Minute zu verhindern, dass NS-Raubgüter – echte oder vermeintliche – ungestört versteigert werden können. Zum Ersten, zum Zweiten, zum Dritten … Bevor der Hammer fällt, ergreifen gelegentlich die Kinder oder Enkel:innen von NS-Verfolgten das Wort, erheben sich im Raum von ihren Stühlen, ungefragt, reden ein paar Minuten, zwingen die anderen Menschen im Raum zum Zuhören. Manchmal wird deswegen sogar die Polizei von den vornehmen Auktionshäusern gerufen.

Immer geht es darum, historische Fakten ans Licht zu bringen. Damit niemand sagen kann, er oder sie habe nichts gewusst. Das hat auch einen juristischen Grund. Denn schon das bloße Aussprechen dieser historischen Fakten kann einen wirksamen Strich durch die Rechnung selbst des mächtigsten Auktionshauses und selbst des reichsten Kunsthändlers machen.

Der Hintergrund ist ein unscheinbarer, aber bemerkenswerter Passus des Bürgerlichen Gesetzbuchs, von dem in diesem Kapitel noch die Rede sein wird. Aber von vorne: Die Regeln für den Erwerb von Eigentum stehen im Bürgerlichen Gesetzbuch, dem BGB. Und sie klingen, wenn man sie liest, zunächst einmal ziemlich unpolitisch.

Die Dinge des täglichen Lebens – der Brötchenkauf, das Geburtstagsgeschenk – werden hier in technische Abläufe übersetzt. Brötchen, Fahrräder, Kandinsky-Gemälde werden zu »beweglichen Sachen«, Grundstücke zu »unbeweglichen Sachen«. Den Eigentümer wechseln sie durch »Einigung« und »Übergabe«. Und dann gibt es natürlich auch noch eine, nun ja, traurige Tatsache des Lebens: Dinge gehen manchmal verloren. Oder sie werden gestohlen. Ein Dieb, ein Opfer, eine Beute.

Wem gehören sie danach? Darauf muss so ein Gesetz wie das BGB eine Antwort geben. Soll das Diebesgut auf ewig zum Eigentum des bestohlenen Opfers gehören? Oder sollte es vielleicht doch irgendwann, nach Jahren, einen Zeitpunkt geben, an dem man Ruhe einkehren lässt – das heißt, dass das Opfer seine abhanden gekommenen Dinge rechtlich nicht mehr zurückverlangen kann?

Was ist zum Beispiel, wenn eine Sache gestohlen und dann weiterverkauft worden ist, an einen nichtsahnenden Menschen, und dann weiter und weiter – eine ganze Kette von Verkäufen, bei denen sie jeweils weitergereicht wird an Leute, die mit dem Diebstahl nichts zu tun haben und auch nichts von ihm wussten, als sie gutes Geld bezahlten? Das Recht muss grundsätzlich beide Seiten sehen – und es muss einen Kompromiss finden, der möglichst fair ist.

Konkret nimmt das BGB schon seit dem Jahr 1900 eine bestimmte Haltung ein. Und die lautet, etwas verkürzt, so: Je mehr Zeit vergeht, desto mehr Ruhe kehrt ein. Die bestohlene Person behält anfangs erst einmal all ihre Rechte, sie kann sich die Beute also theoretisch zurückholen. Zum Beispiel, wenn sie ihr gestohlenes Fahrrad plötzlich auf der Straße wiedererkennt. Dann kann sie dieses Fahrrad zurückverlangen – selbst wenn die Person, die es neuerdings hat, vollkommen unschuldig ist und es nichtsahnend gekauft hat.[4] So steht es im Paragrafen 935 des Bürgerlichen Gesetzbuchs. Aber: So bleibt es nicht ewig. Die Uhr läuft. Auch das steht im Bürgerlichen Gesetzbuch. Nach spätestens zehn Jahren soll – wenn die Person das Fahrrad wirklich nichtsahnend gekauft hat – Ruhe einkehren, so regelt es der Paragraf 937. »Ersitzung« heißt das.

Ist das, was da im Bürgerlichen Gesetzbuch geregelt ist, also politisch neutral? Harmlos? Langweilig? Nun: In einem Land, das im 20. Jahrhundert seine jüdischen Bürger:innen zu Hunderttausenden erpresst und beraubt hat, wobei die Beute dann unter den übrigen, den in der Nazi-Diktion »arischen« Bürger:innen aufgeteilt wurde – in einem solchen Land ist das oft auch eine politisch sehr sensible Frage. Vordergründig mag es nur um Angelegenheiten des Eigentumsrechts gehen. Aber im Hintergrund geht es auch um mehr. Das Land der Diebe urteilt, ein paar Jahrzehnte nach dem großen Raubzug, in eigener Sache.

»Arisierungen« und Kolonialverbrechen, die noch fortwirken

Nachdem die Nationalsozialisten im Jahr 1933 an die Macht gekommen waren, begannen sie die jüdische Minderheit im Land sozial und wirtschaftlich extrem unter Druck zu setzen. Sie ließen die Geschäfte von Juden und Jüdinnen boykottieren, beschmieren, mit Sondersteuern attackieren – bis schließlich etwa 100 000 jüdische Selbständige ihre Betriebe aufgaben und ihre Dinge gezwungenermaßen verkauften. Oft zu lächerlichen Preisen, fast immer weit unter Marktwert. »Arisierung« war in der NS-Zeit ein Wort für diese Methode der kalten Erpressung. »Entjudung« war ein anderes.[5]

Ein Beispiel aus der Welt der Rechtswissenschaft ist Otto Liebmann, dessen gleichnamiger Verlag unter anderem sehr erfolgreiche Taschenkommentare zu Gesetzen herausgab. Ein besonderer Coup war sein Kurzkommentar zum BGB. Heute heißen diese Standardwerke »Beck'sche Kurzkommentare«, sie stehen auf jeder Richterbank und werden von Jurastudierenden kofferweise in die Examensprüfungen geschleppt. Nach der Machtübergabe an die Nazis 1933 musste der Jude Liebmann unter dem zunehmenden Verfolgungsdruck seinen Verlag an Carl Heinrich Beck verkaufen. Der zahlte ihm, nachdem mehrere andere Verlage abgesagt hatten, statt der geforderten 300 000 Reichsmark nur 250 000. Den von Liebmann begründeten BGB-Kommentar benannte Beck 1938 nach dem Vorsitzenden des Reichsjustizprüfungsamtes und fanatischen Nazi Otto Palandt.[6]

Jüdinnen und Juden, die zur Flucht gedrängt wurden, mussten ihr privates Hab und Gut zum größten Teil verkaufen oder zurücklassen – woraufhin es vom NS-Staat einkassiert wurde. Und auch jene Menschen, die nicht mehr entkommen konnten, sondern gewaltvoll in Todeslager abtransportiert wurden, hinterließen Wohnungen, Möbel, Geschirr, Kunst. Auch dieses Eigentum wurde von den deutschen Behörden eingezogen, später als »verfallenes Vermögen« deklariert – was in der juristischen Sprache so viel bedeutet wie: Es gehört niemandem mehr – und billig versteigert.[7]

Auch in Mittel- und Osteuropa, wo die deutsche Armee mit brutaler Gewalt einfiel, raubte sie, was sie konnte. »Jüdischer und polnischer Besitz wurde umstandslos beschlagnahmt, Geschäfte wurden enteignet und deutschen Treuhändern unterstellt«, fasst das zum Beispiel der Historiker Jochen Böhler zusammen. »Museen, Archive und Bibliotheken wurden geplündert, deren Inhalte teils zerstört, teils ins Deutsche Reich geschafft, von wo ein beträchtlicher Teil nie wieder den Weg zurück nach Polen gefunden hat.«[8]

Nach NS-Recht war dieser Raub überwiegend ganz legal. Offiziell wurde also nicht gestohlen. Sondern gekauft, ersteigert, enteignet. Und mehr noch: Der deutsche Staat hat nicht erst im 20. Jahrhundert zu solchen gigantischen Raubzügen angesetzt. Sondern auch schon zuvor. Schon am Ende des 19. Jahrhunderts, als Deutschland jene Gebiete kolonial unterjocht hatte, die heute Kamerun, Togo, Namibia, Tansania, Burundi und Ruanda sind, sowie einige Gebiete in Asien, kamen deutsche Schiffe zurück in deutsche Häfen, schwer beladen mit Beute. Darunter waren zum Beispiel die prunkvollen Benin-Bronzen – Büsten und Reliefplatten, Tierskulpturen und Prachtgeräte, die aus dem westafrikanischen Königreich Benin geraubt oder dort unter zweifelhaften Umständen gekauft wurden. Sie stehen bis heute in deutschen Museen. Etwa tausend Stück sind es.

Die Pracht, die heute hinter den Vitrinen von Museen lagert, ist oft auf eine Weise beschafft worden, die man mit heutigen Begriffen nur als kriminell bezeichnen kann: Raub, Erpressung, Mord. Im Kinofilm *Black Panther* von 2018 geht eine der schwarzen Hauptfiguren gleich zu Beginn in ein britisches Museum, in dem allerlei afrikanische Kunst hinter Panzerglas liegt. Die weiße Museumsmitarbeiterin, streng und herablassend, hat ihm auf seinen Hinweis, er werde ihr ein falsch gelabeltes Stück gern abnehmen, gerade erklärt, dass die Objekte natürlich »not for sale« seien, nicht verkäuflich. Woraufhin der schwarze Protagonist ihr spöttisch entgegenhält: Was denken Sie denn? Ich habe auch gar nicht vor, dafür zu bezahlen. Was glauben Sie, wie Ihre Vorfahren an diese Objekte gelangt sind? – Daraufhin raubt er den Kunstschatz.[9]

In Frankreich hat ein kongolesischer Aktivist, Mwazulu Diyabanza, diese Szene sogar schon einmal real in die Tat umgesetzt, allerdings – anders als im Kinofilm – gewaltlos. Aus Protest gegen die europäische Aneignung afrikanischer Kunstschätze versuchte er im Jahr 2020 mit vier weiteren Mitstreitern, einen Totempfahl aus dem noblen Pariser Quai Branly Museum herauszutragen.

»We're taking it home«, verkündete er währenddessen per Video-Livestream – wir bringen ihn nach Hause.

»Gutgläubiger Erwerb« im Land des Holocaust

Also: Wie sollte das Zivilrecht, wie sollte die juristische Eigentumsordnung mit dieser alten Beute der Deutschen umgehen? Immerhin: Allein zu dem, was als NS-Raubgut bezeichnet wird, gehören heute noch Hunderttausende von Kunstwerken. Sie wurden teils unter dem Druck der Verfolgung verkauft, teils vom NS-Staat beschlagnahmt, teils als »entartete Kunst« verfemt und in einer gleichnamigen Propaganda-Ausstellung der Nazis im Jahr 1937 in München vorgeführt; dort wurden auch Werke von Wassily Kandinsky gezeigt.

Wie fair ist es, wenn die heutige deutsche Rechtsordnung einfach sagt: Schwamm drüber? Alles bleibt so, wie es jetzt ist, die Zeit heilt alle Wunden? Mit dem Segen des Bürgerlichen Gesetzbuchs? Die bereits erwähnte Regel im BGB lautet: Wer Diebesgut kauft, der bekommt nach zehn Jahren auch das offizielle Eigentumsrecht daran – er »ersitzt« es.[10] Das gilt allerdings nur, wenn der Käufer vom Diebstahl nichts wusste. Aber selbst wenn: Nach dreißig Jahren verjähren die Ansprüche der ursprünglich rechtmäßigen Eigentümerin auf Herausgabe ihrer Sache.[11] Das heißt: Spätestens dann kehrt wirklich Ruhe ein. Endgültig.

Wie fair ist es, wenn der deutsche Staat heute auf solche Regeln verweist und damit den Nachfahren von NS-Opfern oder Menschen aus früheren deutschen Kolonien bedauernd erklärt, dass die Zeit für ihre Beschwerden nun mal leider abgelaufen sei? Wohlgemerkt: bei Opfern der deutschen Raubzüge, die oft nur schwer versehrt und traumatisiert mit dem Leben davonkamen – oder die sich gar in fernen Ländern befanden, weitab von deutschen Gerichtsbriefkästen, manchmal sogar ohne ein Wort Deutsch zu verstehen.

Es gibt ein faszinierendes Buch aus dem Jahr 2022, das von der Gleichgültigkeit erzählt, mit der die deutsche Justiz den ganzen Zweiten Weltkrieg über weiter von sich hin arbeitete. »Selbst für den industriellen Massenmord waren die normalen Dienstleistungen der Justiz durchaus brauchbar«, liest man dort. »Auch für die Konzentrationslager wurden Grundbücher angelegt.« Das Buch hat einen Titel, der diesen Zynismus widerspiegelt: *Der Dienstbetrieb ist nicht gestört.*[12] Benjamin Lahusen hat es geschrieben, Professor für Bürgerliches Recht und Neuere Rechtsgeschichte an der Europa-Universität Viadrina in Frankfurt an der Oder.

Gestört wurde dieser Dienstbetrieb erst durch das Kriegsende. Als die Alliierten 1945 in Deutschland die Kontrolle übernahmen, da stellten sie klar, dass die Deutschen ihre Beute keineswegs einfach würden behalten dürfen. »Gutgläubiger Erwerb« an »arisiertem« Eigentum? »Ersitzung«? Und dann auch noch die Sonderregel für Versteigerungen, wonach man sogar gestohlenes Eigentum sofort erwerben kann?[13]

Die Alliierten schüttelten den Kopf. Und sie verfügten, dass sich die Deutschen nun keineswegs mehr auf ihr schönes BGB berufen durften, sondern stattdessen das verbrecherisch erlangte Eigentum restlos an die ursprünglichen jüdischen Berechtigten zurückzugeben hätten.[14] So schildert es Benjamin Lahusen in einem Beitrag in der kritischen juristischen Zeitschrift *myops* (benannt nach einer Stechfliege, symbolhaft für den »lästigen Stachel in der Rechtslandschaft«, den diese Zeitschrift darstellen will). »Für das deutsche Recht«, schreibt Lahusen dort, »waren das Nachrichten wie von einem anderen Stern.«[15]

Aber sehr lange hielt diese juristische Intervention der Alliierten nicht an. Schon nach drei Jahren war mit diesen Sonderregelungen wieder Schluss. Die Westalliierten waren daran interessiert, den Deutschen wieder zu Wohlstand zu verhelfen, im Jahr 1949 sollten sie auch wieder in die staatliche Eigenständigkeit entlassen werden, mit der Verabschiedung des Grundgesetzes. Schon 1948 kehrte Westdeutschland zu den gewohnten Paragrafen aus dem Bürgerlichen Gesetzbuch zurück. Und so bestimmten wieder dessen alte, für die deutschen Profiteur:innen recht günstigen Regeln, wem was gehörte.[16]

Das ist der Grund, weshalb Menschen heute bei Auktionen protestieren, bei denen altes Raubgut unter den Hammer kommen soll. So wie der polnische Konsul oder die Nachfahren von jüdischen NS-Verfolgten. Der Sinn ihrer Aktionen ist es, die potentiellen Käufer:innen »bösgläubig« zu machen, wie es in der juristischen Fachsprache heißt. Niemand soll sagen können, er habe nichts von den historischen Raubtaten gewusst. Denn das sogenannte »Versteigerungsprivileg« nach Paragraf 935, Absatz 2 des Bürgerlichen Gesetzbuchs gilt nicht, wenn man weiß, dass es sich um Diebesware handelt. Dann wird der Eigentumserwerb vereitelt.

Wenn die einst Bestohlenen oder ihre Nachfahren heute, Jahrzehnte später, überhaupt noch den schwierigen Weg vor deutsche Zivilgerichte antreten, dann treffen sie dort oft immer noch auf harten Widerstand der anderen Seiten. Zum Beispiel von Bernd Schultz, Gründer und langjähriger Chef der schon erwähnten Villa Grisebach im Berliner Bezirk Charlottenburg, also des Auktionshauses, in dem das Kandinsky-Bild unter den Hammer kommen sollte.

Jene, die stets an die deutsche Geschichte erinnerten, würden in Wahrheit nur an fremdes Vermögen heranwollen, sagte er bei einer Rede im Jahr 2007. In Schultz' Worten: »Man sagt ›Holocaust‹ und meint Geld.«[17] Das Vorgehen der Kläger:innen sei ein »Schlag ins Gesicht« der »große[n] Kunstfreunde«, die nach 1945 die deutschen Museen wieder aufgebaut hätten, so Schultz, »ja eine posthume Desavouierung ihrer Lebensleistung«.[18] Eine schier atemberaubende Täter-Opfer-Umkehr.

Eigentum verpflichtet, sagt das Grundgesetz – aber wozu?

Bis heute glauben viele Menschen an die alte Erzählung, wonach das Recht auf Eigentum so etwas wie das Ur-Grundrecht sei. Etwas Vorgefundenes, das es auf der Welt schon gab, bevor überhaupt Staaten oder Gerichte entstanden. Das ist eine etwas naive Vorstellung, wie zum Beispiel die deutsche Rechtsprofessorin Katharina Pistor zeigt, die an der Columbia Law School in New York lehrt. »Ein Stück Land ist zum Beispiel im Grunde einfach Dreck. Da können Sie ihre Schafe drauf grasen lassen und das war's.«[19] Pistor führt aus: Erst wenn ein Staat ins Spiel kommt und Menschen in bestimmten Situationen verspricht, dass er ihnen die exklusive Nutzung dieses Stücks Land garantieren und auch verteidigen werde, entsteht ein Eigentum, für das andere dann auch einen Kaufpreis zu zahlen bereit sind.

»Konservative« täten »in der öffentlichen Diskussion immer so«, sagt Katharina Pistor, »als gäbe es den ›freien Markt‹ einfach und das seien eben die Formen, wie wir miteinander Geschäfte machen.« In Wahrheit sei es so, dass der freie Markt voll und ganz »auf den Schultern des Staates steht«. Eigentum existiert effektiv erst durch ein staatliches Rechtssystem, das die Möglichkeit eines Menschen, andere von der Nutzung eines Gegenstands auszuschließen, absichert. In ihrem Buch *Der Code des Kapitals* (2020) beschreibt Pistor, wie das Recht bestimmte Vermögenswerte – Landbesitz, Aktien oder Ähnliches – als Eigentum schützt und dadurch die Entstehung von Reichtum erst ermöglicht.[20]

Das heißt auch: Die Verteilung von Gütern fällt nicht vom Himmel, sondern sie hat stets bestimmte gesellschaftliche Voraussetzungen und folgt stets bestimmten Vereinbarungen zwischen Menschen. Die Starken in der Gesellschaft haben dabei naturgemäß oft die Oberhand. Aber nichts davon muss für immer so bleiben. Deshalb haben die Väter und Mütter des Grundgesetzes in den Artikel 14, Absatz 2 der Verfassung auch die Worte hineingeschrieben: »Eigentum verpflichtet« – das war eine Ermahnung. Ebenso wie der darauffolgende, zweite Satz: »Sein Gebrauch soll zugleich dem Wohle der Allgemeinheit dienen.«

Alles hängt also auch von politischen Abwägungen ab – und von der Frage, wie stark man das »Wohl der Allgemeinheit« berücksichtigen möchte und was man überhaupt unter einem solchen »Wohl der Allgemeinheit« versteht. Dabei haben dann nicht nur Konservative oft andere Meinungen als Progressive, sondern auch eher individualistisch gesinnte Jurist:innen denken darüber oft anders als eher sozial gesinnte. Die Diskussion um verschiedene Interpretationen, kurz gesagt, ist eröffnet.

Welche Konturen sollte das Eigentumsrecht haben? Das schreibt das Grundgesetz niemandem felsenfest vor, sondern überlässt es weitgehend der gesellschaftlichen Aushandlung: »Inhalt und Schranken werden durch die Gesetze bestimmt«, heißt es in Artikel 14 Absatz 1 Satz 2. Und auch das Bürgerliche Gesetzbuch enthält dehnbare Begriffe, Spielräume.

Ein konkretes Beispiel – nehmen wir eine Situation, die viele Menschen kennen, die heute in einer Mietwohnung leben, vor allem in den Großstädten. Die Preise steigen, der Platz ist knapp. Wer eine bezahlbare Bleibe gefunden hat, wird sie ungern wieder aufgeben. Was also tun, wenn man ein Semester ins Ausland gehen will? Oder einmal ausprobieren möchte, mit der großen Liebe zusammenzuziehen? Zu solchen Lebensentscheidungen ist man nur frei, wenn man die eigene Wohnung zeitweise an jemand anderen untervermieten kann – ohne sie gleich ganz aufgeben zu müssen. Ob man das darf, darüber bestimmt allerdings nach dem Wortlaut des Bürgerlichen Gesetzbuchs erst einmal nur die Eigentümerin der Mietwohnung – und die kann grundsätzlich auch Nein sagen. Ist ja ihr Eigentum. »Der Mieter ist ohne die Erlaubnis des Vermieters nicht berechtigt, den Gebrauch der Mietsache einem Dritten zu überlassen, insbesondere sie weiter zu vermieten.« So steht es in Paragraf 540, Absatz 1, Satz 1 BGB.

Das bedeutet zunächst einmal ein klares Machtgefälle: Wer als Mieter diesen Willen der Eigentümerin ignoriert und die Wohnung trotzdem »unbefugt einem Dritten überlässt«, riskiert einen Rauswurf. Aber das ist nicht das letzte Wort. In Deutschland hat man sich – mit dem BGB – auf eine Handhabe geeinigt, um die Eigentümer:innen auch einmal in die Schranken zu weisen. Das heißt, ihnen Vorschriften zu machen, was sie mit ihrem eigenen Hab und Gut tun dürfen und was nicht.

Das Bürgerliche Gesetzbuch ermöglicht es den Gerichten, die Eigentümerin daran zu hindern, ihre Macht auszuüben. Es besagt: Die Eigentümerin ist verpflichtet, eine Untervermietung zumindest eines Teils der Wohnung zu erlauben, soweit der Mieter daran ein »berechtigtes Interesse« hat. So heißt es in Paragraf 553, Absatz 1, Satz 1 BGB: »Entsteht für den Mieter nach Abschluss des Mietvertrages ein berechtigtes Interesse, einen Teil des Wohnraums einem Dritten zum Gebrauch zu überlassen, so kann er von dem Vermieter die Erlaubnis hierzu verlangen.«[21]

Denn schließlich geht es hier um eine Abwägungsfrage: Während es für den Mieter unter Umständen um eine existenzielle, persönliche Situation geht, wobei viel auf dem Spiel steht – eine Liebesbeziehung, ein Auslandssemester, eine autonome Lebensgestaltung –, geht es für die Vermieterin in aller Regel »nur« um ein ökonomisches Interesse.

Und auf der anderen Seite: Solange die Miete fließt, könnte es der Eigentümerin doch eigentlich egal sein. Ihr Vertragspartner bleibt ja derselbe, der Mieter allein trägt auch das Risiko für seinen Untermieter. Wenn etwas kaputt gehen sollte, zahlt er den Schadensersatz – und muss selbst sehen, ob und wie er den vom Untermieter zurückbekommt.[22]

Gerechtigkeit zwischen Vermieter:innen und Mieter:innen

Das entscheidende Kriterium nach dem BGB ist nun, ob der Mieter ein »berechtigtes Interesse« daran hat, die Wohnung zeitweise unterzuvermieten. Das ist ein dehnbarer Begriff. Hier kann man relativ frei diskutieren, hier haben gute Argumente eine Chance, auch vor Gericht. Auch der Bundesgerichtshof, der im Jahr 1984 erstmals eine grundlegende Entscheidung zu dieser für viele Mieter:innen so wichtigen Eigentumsfrage gefällt hat, stellte nur vage Formeln auf: Der Mieter sollte »vernünftige Gründe« vorbringen, warum er untervermieten möchte. Der Wunsch müsse »nachvollziehbar erscheinen«. Das persönliche Interesse des Mieters müsse bloß »mit der geltenden Rechts- und Sozialordnung in Einklang stehen«.[23] Darüber lässt sich im Einzelnen dann diskutieren, mit verschiedenem Ausgang.

- Welchen Spielraum habe ich, wenn ich für ein Semester ins Ausland gehen will und dies als Argument vorbringe, dass ich meine Wohnung in der Zwischenzeit untervermieten möchte? Der Bundesgerichtshof sagt hier zur Untervermietung grundsätzlich Ja, auch gegen den Willen der Vermieterin – zumindest sofern während des Auslandsaufenthalts nicht die ganze Wohnung, sondern nur ein Teil der Wohnung untervermietet wird.[24]

- Habe ich dieselben Chancen auch, wenn ich einmal ausprobieren möchte, mit meiner großen Liebe zusammenzuziehen und dies als Grund anführe? Das Landgericht Berlin sagt hier zur Untervermietung Nein. Als Mieter könne man nicht verlangen, dass die Vermieterin hierfür Verständnis aufbringe, wenn sie das nicht wolle.[25]

Ein einigermaßen haarsträubendes, wenn auch schon ziemlich altes Beispiel ist, wieviel Verständnis die Gerichte Vermieter:innen entgegenbrachten, die eine Untervermietung an homosexuelle Paare verweigerten:

- Es müsse keinem Vermieter zugemutet werden, dass sich der Mieter seinen schwulen Partner mit in die Wohnung hole, meinte etwa das Oberlandesgericht Hamm nach langer Debatte zu Beginn der 1990er-Jahre. Man müsse den Vermieter schließlich verstehen: Gerade in ländlichen oder kleinstädtischen Gebieten könnten (homophobe) »Moralvorstellungen« herrschen, die einen »sozialen Druck« bewirken, den auszuhalten man vom Vermieter nicht verlangen könne.[26] Die Logik lautete also damals: Was sollen denn die Nachbarn sagen.

Inzwischen gibt es in Deutschland gesetzliche Regeln gegen Diskriminierung unter Privatleuten. Auffällig ist jedoch weiterhin: Das Allgemeine Gleichbehandlungsgesetz (AGG), das seit 2006 Menschen vor Diskriminierung auch auf dem Wohnungsmarkt schützen soll, macht ausdrücklich Ausnahmen, wenn die Vermieterin auf demselben Grundstück lebt.[27] Das heißt: Wer seine Mieter persönlich sehen muss, der darf auch weiterhin sagen: Mir kommen keine Schwulen ins Haus – und hat dafür sogar den Segen des Mietrechts bekommen. So ganz beendet ist die Diskussion also noch nicht.[28]

Oder noch ein weiteres Beispiel. Im Berliner Stadtteil Wedding lebte eine Mieterin, die im Jahr 2022 eine geflüchtete Ukrainerin in ihrer Wohnung unterbringen wollte. Die Not war groß, die Flüchtlingsheime in der Stadt waren überfüllt, teils dreckig und unsicher. Die Unterbringung dort war für traumatisierte Menschen oft schwer zu ertragen, manche fürchteten sich, viele sehnten sich nach etwas Privatsphäre, Rückzugsraum, Stille. Da schien es eine naheliegende, anerkennenswerte Idee zu sein, in der 85-Quadratmeter-Wohnung mit drei Zimmern und Balkon etwas zusammenzurücken.

Nein, das sei kein »vernünftiger Grund«, kein »berechtigtes Interesse«, um Geflüchtete zeitweise in eine Wohnung einziehen zu lassen, für die man jeden Monat zuverlässig Miete bezahlt, meinte der Vermieter. Das Amtsgericht Berlin-Wedding fand, das sei sein gutes Recht.[29] Aber die Frau im Berliner Stadtteil Wedding hat nicht aufgegeben. Sie hat mit ihrem Anwalt Max Althoff Berufung eingelegt, unterstützt durch die NGO Gesellschaft für Freiheitsrechte.[30] Sie hat sich an die zweite Instanz gewandt, an das Landgericht Berlin.

Dort haben die Richter:innen gezeigt: Man kann das durchaus auch anders sehen. Sie betonten, dass »das unsere Rechtsordnung prägende Grundgesetz aus der Erfahrung (und dem Leid) zweier Weltkriege mit gigantischen Flüchtlingsströmen entstanden und diese in die im Grundgesetz getroffenen Wertentscheidungen eingeflossen ist«. Der Wunsch eines Menschen, sich Flüchtlingen gegenüber empathisch zu verhalten, sei deshalb nicht bloß dessen privates Vergnügen, sondern ein vollkommen »berechtigtes« Interesse – und auch ein »eigenes«, nicht etwa bloß ein fremdes Interesse.[31] Mit ihrem Einsatz könne sich die Frau auf ihre Gewissensfreiheit berufen, die genauso wie das Eigentum des Vermieters grundrechtlich geschützt sei.[32]

So viel ist möglich – bei der Interpretation eines BGB-Paragrafen.

Copyright, Copywrong, Copyriot …

Die drei Hiphop-Künstler Dexter, Suff Daddy und Brenk Sinatra aus Berlin und Wien nennen sich gemeinsam die Betty Ford Boys. Sie sampeln Ausschnitte aus verschiedensten Songs und basteln daraus Neues. So entstehen Collagen mit einer eigenen, inneren Ruhe, zu finden etwa auf dem Album *Retox* von 2014. Man könnte sagen: eine Verneigung, vielleicht auch eine Veräppelung der Originalkünstler. Oder auch: ein ganz neues

Original. Man könnte sagen, das ist ein Beispiel dafür, dass Kunst ganz häufig gerade aus der Auseinandersetzung mit ihrer Umgebung entsteht.

In den 1990er-Jahren entstand für diese Art von Mixkunst sogar ein eigener Genrebegriff, »Bastard Pop«, mit DJs wie Danger Mouse, der die Raps von Jay-Zs *Black Album* neu zusammensetzte mit rearrangiertem Material aus dem *White Album* der Beatles. So entstand, voilà, das *Grey Album*. Heute gibt es in der elektronischen Musik einzelne Künstler:innen, die alle Samples erst einmal schreddern, sodass man sie gar nicht wiedererkennt. Oder sie spielen sie rückwärts ab, sodass nur die Eingeweihten diese Anspielung erkennen.

Es gibt heute etliche Beispiele dafür, dass Musiker:innen berühmte Erkennungsmelodien anderer Künstler:innen kurz in ihre Songs einstreuen, um auf diese Weise Bezug zu nehmen – positiv oder auch negativ –, so wie an anderer Stelle auch berühmte Filmszenen zu Memes verarbeitet werden, also zu ironisch-anspielungsreichen Internetbildern, die in immer neuen Kontexten ihren Witz entfalten.

Die deutsche Rechtslage macht diese Praxis sehr, sehr schwer. Es gilt der Grundsatz: Man muss erst einmal die Originalkünstler:innen um Erlaubnis bitten, bevor man etwas benutzen darf, das ist im Urheberrechtsgesetz geregelt. Darin steht zur Begriffsklärung ein einziger, schlanker Satz: »Urheber ist der Schöpfer des Werkes.«[33] Wer also eine Melodie, egal wie kurz, in die Welt gesetzt hat, behält danach als Schöpfer:in die rechtliche Kontrolle über diese Kreation.[34] Und auch das Musiklabel, das die Melodie veröffentlicht, darf sich jedes Abspielen in der Öffentlichkeit, ja selbst jedes Abspielen eines kurzen Samples daraus verbitten – beziehungsweise seinen hohen Preis dafür verlangen.[35]

Die Idee hinter dem Urheberrechtsgesetz lautet: Wer ein Kunstwerk erschafft, muss auch an dieser schöpferischen Leistung verdienen können. Wenn das Werk jeder frei nutzen könnte, zum Beispiel Tonträger damit verkaufen könnte, würden die eigentlichen Künstler:innen womöglich leer ausgehen und am Ende keinen Cent sehen. »Geistiges Eigentum« nennt sich dieses Konzept zu ihrem Schutz.

Das Erstaunliche daran ist zunächst, dass man hier überhaupt in den herkömmlichen, jahrhundertealten Bahnen von Eigentum denkt. Ideen werden ja nicht kleiner, wenn man sie teilt. Anders als bei einem Fahrrad, mit dem plötzlich jemand anderes durch die Gegend fährt, wird eine geistige Schöpfung auch nicht plötzlich nutzlos in dem Moment, in dem jemand anderes sie übernimmt. Beim »geistigen Eigentum« geht es stattdessen, rein materiell betrachtet, »nur« um einen Schutz einer Gewinnchance in der Zukunft.[36]

Das ist es, wofür sich das Recht so ins Zeug legt, die sogenannten Verwertungsrechte werden deshalb groß geschrieben, jedenfalls in Deutschland und der EU. Die Elektropop-Band Kraftwerk verklagt bereits seit vielen Jahren den wesentlich jüngeren Hiphop-Produzenten Moses Pelham, weil der zwei Sekunden Pling-pling aus einem alten Kraftwerk-Song herauskopiert und in einen Song der Rapperin Schwester S eingebaut hat.

Hier zeigt Kraftwerk null Toleranz für Sampling. Das Pling-pling ist bloß ein Geräusch von Metall, das auf Metall schlägt. Es klingt ein bisschen, wie wenn man mit einem Schraubenschlüssel gegen ein Baugerüst schlägt. Sehr simpel. Aber eben der zentrale Bestandteil des Kraftwerk-Songs »Metall auf Metall«. Der Songtitel ist inzwischen die Kurzbezeichnung für einen juristischen Prozess geworden, der so etwas wie eine unendliche Geschichte ist, die schon mehrmals bis hoch vor den Bundesgerichtshof, das Bundesverfassungsgericht und den Europäischen Gerichtshof gekommen ist[37] – so ernst nimmt das deutsche Zivilrecht das geistige Eigentum, selbst an einem so kurzen Sound.

Viele jüngere Künstler:innen sampeln trotzdem – auf eigene Gefahr. Sie segeln unter dem Radar, vertrauen darauf, dass die großen Originale sie schon nicht verklagen werden.

Die Utopie der »Creative Commons«

» Die meisten Menschen sind instinktiv auf Seiten der Verfechter des geistigen Eigentumsschutzes, weil die Debatte bislang von den Extremen dominiert wird – ein großes Entweder-Oder. Entweder Eigentumsschutz oder Anarchie, entweder totale Kontrolle oder die Künstler werden nicht bezahlt werden. Wenn das wirklich die Auswahl ist, dann sollten die Verfechter des geistigen Eigentumsschutzes gewinnen.«[38]

Das schreibt ein Vordenker auf diesem Gebiet, Lawrence Lessig, der als Professor an der Universität Stanford in Kalifornien lehrt.

Eindeutig seien die Rechtsverhältnisse jedoch nie und, so Lessig, in vielen Fällen nicht im Sinne des Gemeinwohls – wie es ja auch in Artikel 14 des Grundgesetzes ins Spiel kommt. Dem Gemeinwohl komme es in der Regel nicht zugute, wenn eine Idee oder andere geistige Erfindungen mit dem Etikett »All Rights Reserved« versehen werden. Also: Finger weg. Niemand darf dies übernehmen. Niemand darf mit dieser geistigen Schöpfung arbeiten. – Genauso sei es für die Erfinder:innen nur selten sinnvoll, stattdessen ein Etikett mit »No Rights Reserved« auf ihr Werk zu kleben. Im Sinne von: Bedient euch gern.

Vor diesem Hintergrund ist an der Universität Stanford das Konzept der Creative Commons entwickelt worden, das eine Art Mittelweg darstellen soll. Demnach können Urheber:innen selbst regulieren, was sie von ihrem Werk genutzt sehen wollen und was nicht. Eine Diskussion, die in den 1990er-Jahren in Stanford begonnen wurde und seither – als Open-Access-Bewegung – weltweit und von vielen Menschen mitgeführt wird, auch in Deutschland.[39]

»Das Recht sollte bestimmte Bereiche der Kultur regulieren«, schreibt Lessig in seinem grundlegenden, 2004 erschienenen Buch *Free Culture* –, »aber es sollte Kultur nur regulieren, wo diese Regulierung Gutes bewirkt. Anwälte überprüfen selten auf diese Weise ihre Macht oder die Macht, die sie fördern, anhand dieser simplen Frage: ›Wird das Gutes bewirken?‹ Wenn ihre Macht oder die Ausweitung ihrer rechtlichen Einflussmöglichkeiten hinterfragt werden, antworten Anwälte eher: ›Warum nicht?‹

Wir sollten fragen: ›Warum?‹ Zeigt mir, warum eure Regulierung von Kultur nötig ist. Zeigt mir, wie sie Gutes bewirkt. Und bis ihr mir beides zeigen könnt, bleibt mit euren Anwälten gern fern.«[40]

»Ich mag dich ja auch, Milhouse. Aber nicht auf die Art. Du bist für mich so was wie eine große Schwester.«

*Lisa Simpson**

* Die kleine Schwester von Bart Simpson in der Zeichentrickserie *Die Simpsons* interessiert sich für Tierschutz, Feminismus und ihr Saxofon. In der Folge »Lisa will lieben« hat sie für einen Schulfreund ihres Bruders, Milhouse van Houten, ein besonders hohes Lob übrig, das sich um Geschlechternormen wenig schert.

FAMILIENRECHT

Wie ermöglichen wir Vielfalt?

Als am 13. Februar 2020 Paula Akkermann geboren wird, sind die Umstände ziemlich dramatisch. Plötzlich bekommt sie nicht mehr genug Sauerstoff, muss per Kaiserschnitt geholt werden, ist ganz blau angelaufen, als sie die Welt erblickt. Die erste Viertelstunde ihres Lebens kann Paula nicht selbständig atmen. Auch ihre Mutter Gesa ist zeitweilig in Gefahr; das Anästhesiemittel, das eigentlich nur den Wehenschmerz reduzieren sollte, ist der schmalen rothaarigen Frau in die Lunge gewandert, hat ihre Atmung gelähmt. Von diesem schweren Start haben sich Mutter und Tochter inzwischen erholt. Aber ein Problem hängt ihnen immer noch nach: Obwohl Gesa schon bei der Geburt glücklich verheiratet war, hat ihre Tochter Paula, rein rechtlich betrachtet, nur einen Elternteil. Wäre Gesa während der Geburt verstorben – immerhin keine ganz hypothetische Gefahr –, wäre Paula aus Sicht des Staates Vollwaise gewesen.

Für Paula hätte dann ein Vormund bestellt werden müssen.[1] Obwohl Gesa Teichert-Akkermann mit einem Menschen verheiratet ist, der sich mit ihr für die Schwangerschaft entschieden, auf die Geburt hingefiebert hat, sie liebevoll mit vorbereitet hat. Obwohl dieser Mensch bei ihr im Kreißsaal stand, sich das Neugeborene, während Gesa noch im OP war, auf die blanke Brust hat legen lassen und dem immer noch um Atem ringenden kleinen Wesen mit den eigenen, ruhigen Luftzügen das richtige Atmen beigebracht hat.[2]

Der einzige Grund dafür wäre: Dieser Mensch, mit dem Gesa verheiratet ist, ist eine Frau. Verena Akkermann.

Paula hat zwei Mamas

Seit 2017 sind gleichgeschlechtliche Ehen eigentlich nichts Außergewöhnliches mehr. Damals wurde endlich die »Ehe für alle« möglich.[3] Zwanzig Jahre nachdem Gesa und Verena ein Paar wurden. Sechzehn Jahre nachdem zunächst die eingetragene Lebenspartnerschaft eingeführt wurde.[4] Die war jedoch gerade keine Ehe, sondern rechtlich gesehen etwas Schwächeres, und so wurden gleichgeschlechtliche Paare dadurch zunächst in vielerlei Hinsicht schlechter gestellt als Ehepaare.[5] Es hat sehr lang gedauert mit dieser Gleichstellung, aber immerhin. Dennoch: Ganz gleichberechtigt sind diese Ehen immer noch nicht.

Nicht geändert wurde damals nämlich das Abstammungsrecht. Das geht weiterhin davon aus, dass die Mutter eines Kindes entweder mit einem Mann verheiratet ist oder gar nicht. Es behandelt Ehepaare wie Gesa und Verena damit wie Luft. Deswegen ist Verena aus Sicht des Rechts für ihre Tochter Paula kein Familienmitglied, sondern eine Fremde.

Familien sind heute weitaus vielfältiger als früher. Nichteheliche Kinder machen inzwischen ein Drittel aller Neugeborenen aus.[6] Menschen leben in Patchwork-Arrangements, mit neuen Partnern oder Partnerinnen, Kindern aus verschiedenen Ehen. Lesbische und andere Paare, aber auch Alleinstehende nutzen Samenbanken oder auch Samenspenden befreundeter Menschen, verabreden vielleicht sogar mit dem Spender oder einem schwulen Paar eine gemeinsame Familiengründung. Auch nichtbinäre und Trans-Menschen werden Eltern. Schwule Paare werden im Ausland Eltern, wo es anders als in Deutschland kein Verbot für Leihmutterschaften gibt – also die Abmachung, dass eine Person für andere Menschen ein Kind austrägt und ihnen das Baby dann nach der Geburt übergibt. Das Familienrecht hinkt diesen Entwicklungen fast immer hinterher.

Wenige Rechtsbereiche sind so eng verzahnt mit der Entwicklung gesellschaftlicher Moralvorstellungen wie das Familienrecht. Wer gilt rechtlich als verwandt? Welche Stellung haben nichteheliche Kinder? Unter welchen Voraussetzungen kann man sich scheiden lassen? Wer kriegt danach was? Wer darf überhaupt wen heiraten? Wie werden in der Familie Entscheidungen getroffen? Dürfen Eltern ihre Kinder schlagen? Wer darf wen adoptieren und unter welchen Voraussetzungen?

Hier hat sich seit 1900, als das Bürgerliche Gesetzbuch in Kraft trat, ungeheuer viel getan: von der Öffnung der Ehe für alle Paare über die Angleichung des Alters der Ehemündigkeit für Mann und Frau, die Entmoralisierung von Verlöbnis und Scheidung bis hin zum Recht auf gewaltfreie Erziehung.[7]

Aber das Familienrecht ist langsam. Eigentlich hat es die Aufgabe, die wichtigsten Lebensentscheidungen von Menschen rechtlich abzusichern. Mit jemandem ein gemeinsames Leben zu führen, zum Beispiel. Oder Kinder zu bekommen. Wer verliebt ist, macht sich in der Regel keine Gedanken, was eigentlich passieren soll, wenn der geliebte Mensch sich plötzlich abwendet; er lässt sich vielleicht darauf ein, seinen Job aufzugeben und zuhause zu bleiben, ohne einen Plan B für die Rente. Wer ein Kind bekommt, geht davon aus, dass die eigene Sorgebeziehung zum Kind rechtlich geschützt ist. Verlässt sich darauf, dass das Kind beim Tod der Eltern abgesichert ist. Oder dass man sich an das Gericht wenden kann, wenn der andere Elternteil das Kind gefährdet.

Solche Fragen regelt das Familienrecht. Es soll für die typischen Risiken Rechtssicherheit schaffen, soll einen Rahmen für gerechte Lösungen im Konfliktfall bieten.

Aber es geht eben häufig noch von einem Familienmodell aus, das oft längst nicht mehr der Lebensrealität entspricht. Dann wird es unfair. Zum Beispiel im Fall von Paula, Gesa und Verena Akkermann.

Wie das Bürgerliche Gesetzbuch Regenbogen-Familien ignoriert

Gesa und Verena haben es dreimal mit einer Samenspende eines schwulen Freundes versucht; es hat leider nicht geklappt. Am Ende wurde Gesa durch eine Embryonenspende schwanger: Ein verschiedengeschlechtliches Ehepaar, das sich seinen Kinderwunsch durch ärztlich assistierte Befruchtung erfüllt hatte, hatte die hierbei nicht verwendeten Embryonen gespendet.[8]

»Mutter des Kindes ist die Frau, die es geboren hat«, verkündet Paragraf 1591 des Bürgerlichen Gesetzbuches (BGB). Im Fall von Paula ist das also Gesa.

Und wer ist dann der zweite Elternteil? Das regelt Paragraf 1592 BGB – da ist aber nur vom »Vater des Kindes« die Rede. »Vater des Kindes ist der Mann, der zum Zeitpunkt der Geburt mit der Mutter des Kindes verheiratet ist«, heißt es da.[9] Eine Frau, die zum Zeitpunkt der Geburt mit der Mutter verheiratet ist, so wie Verena, ist nicht vorgesehen. Wäre Verena zum Beispiel ein Viktor, wäre der automatisch sofort rechtlicher Vater geworden. Paula hätte von Anfang an zwei Elternteile gehabt. Stattdessen ist in Paulas Geburtsurkunde die zweite Elternstelle leer geblieben.

Ein Viktor hätte sogar schon vor der Geburt die Elternschaft anerkennen können, mit Gesas Zustimmung.[10] Die Netzaktivistin Laura Sophie Dornheim hat einmal in einem Tweet auf den Punkt gebracht, wie einfach das für heterosexuelle Paare ist:

> » Ich war nie verheiratet, bin schwanger zum Bürgeramt, ich: ›Das ist der Vater‹, er: ›Ich bin der Vater‹, damit war er der Vater.«[11]

Kein Test, kein Verwandtschaftsnachweis, nichts.[12] Verena kann das nach dem Wortlaut des Gesetzes nicht, auch nach der Geburt nicht.[13] Ihre einzige Möglichkeit, rechtlicher Elternteil zu werden, ist, Paula als Stiefkind zu adoptieren, und zwar nach den Grundsätzen der Fremdkindadoption: So, als käme Paula von ihrer Ursprungsfamilie in eine neue Familie. Mit allem, was damit verbunden ist: einer Wartezeit bis zu zwei Jahren, Besuchen des Jugendamts zuhause samt Beobachtung der familiären Interaktionen, einer Durchleuchtung des Gesundheitszustands und der Finanzen, Gesprächen, sogar intimen Fragen, etwa zu früheren Beziehungen.[14]

Die rechtliche Elternschaft, das ist wichtig zu verstehen, ist nicht das einzige, worum es für Paula, Verena und Gesa geht. Aber sie spielt eine ganz zentrale Rolle, weil daran wichtige Rechte und Pflichten hängen.

Zum Beispiel das Sorgerecht, also das Recht (und die Pflicht), Entscheidungen für das Kind zu treffen.[15] Nur rechtliche Eltern können das Sorgerecht bekommen. Verena ist deswegen von der elterlichen

Sorge ausgeschlossen, obwohl sie mit Gesa verheiratet ist und mit ihr und Paula zusammenlebt. Sie hat nur das sogenannte »kleine Sorgerecht« für »Angelegenheiten des täglichen Lebens«,[16] zum Beispiel, was sie Paula zum Abendessen macht – aber schon sie von der Kita abzuholen, ist davon nicht mehr gedeckt. Und wenn Verena sich mit Gesa zerstreiten sollte, könnte Gesa alles allein entscheiden: Wo sie mit Paula hinzieht, auf welche Schule Paula kommt, ob sie religiös erzogen wird oder nicht.

Wer kein Sorgerecht hat, kann allenfalls ein Umgangsrecht haben. Das ist das Recht, ein Kind regelmäßig zu sehen, auch wenn man nicht mit ihm im selben Haushalt lebt. Ein Umgangsrecht haben nicht nur die rechtlichen Eltern, sondern auch die Großeltern und die Geschwister, und sogar »enge Bezugspersonen des Kindes, wenn diese für das Kind tatsächliche Verantwortung tragen oder getragen haben (sozial-familiäre Beziehung)«. So steht es in Paragraf 1685 BGB.[17] Voraussetzung für das Umgangsrecht ist, dass es dem Wohl des Kindes dient.[18] Nur weil seit der Geburt eine sozial-familiäre Beziehung zwischen Verena und Paula entstanden ist – und nur solange sie besteht –, kann Verena sich darauf verlassen, Teil von Paulas Alltag zu sein.

Für Verena und Gesa ist das nicht hinnehmbar. »Paula hat zwei Mamas«, so bringen sie ihre Position auf den Punkt.

Sie ziehen deswegen vor Gericht. Sie verlangen, dass das Standesamt verpflichtet wird, Paulas Geburtsurkunde zu berichtigen, indem Verena als zweiter Elternteil aufgenommen wird. Denn sie halten die geltende Rechtslage für diskriminierend. Nicht nur sie, auch Paula werde schlechter behandelt, argumentieren sie: Anders als Kinder mit verschiedengeschlechtlichen Eltern hat sie nur einen Elternteil. Sie hat nur gegenüber Gesa ein Recht auf Unterhalt, das heißt nur von ihr kann sie rechtlich verlangen, ihr zum Beispiel die erste Berufsausbildung zu bezahlen. Und sie wird im Todesfall nur von ihr von Gesetzes wegen etwas erben.

Zunächst verlieren sie.[19] Aber beim Erörterungstermin vor dem Oberlandesgericht Celle im Januar 2021 haben sie das Gefühl, dass die drei Menschen auf der Richterbank ihnen wirklich zuhören. Dass es ihnen gelingt zu erklären, warum es nicht in Ordnung ist, dass das Recht ihre Familie einfach ignoriert. Sie fahren nach Hause, warten.

Und dann passiert etwas, das nur ganz selten passiert. Am 24. März 2021 verkündet das Oberlandesgericht Celle: Wir setzen das Verfahren aus und legen die Sache dem Bundesverfassungsgericht vor. Denn wir halten die Rechtslage, nach der wir diesen Fall entscheiden sollen, für verfassungswidrig.[20] Das ist ein sehr starkes Signal, das ihnen Hoffnung macht. Einen Tag später erfahren die Akkermanns, dass das Wunder sogar zweimal passiert ist: Das Kammergericht Berlin hat am selben Tag in einem ähnlichen Verfahren die gleiche Frage ebenfalls dem Bundesverfassungsgericht vorgelegt.[21]

Eine Kämpferin für die Rechte queerer Eltern und ihrer Kinder

Nachdem noch drei weitere Gerichte vorgelegt haben und ein weiteres Paar Verfassungsbeschwerde erhoben hat, sind inzwischen insgesamt sechs dieser Elternschaftsverfahren beim höchsten deutschen Gericht in Karlsruhe anhängig, mit unterschiedlichen Konstellationen. Denn Verena und Gesa Akkermann sind nicht die einzigen, die sich entschieden haben, die aktuelle Rechtslage nicht mehr zu akzeptieren. Die nicht einsehen, warum sie die Zumutungen eines langwierigen Adoptionsverfahrens durchlaufen sollen, um eine Familie sein zu dürfen. Für die es sich falsch anfühlt, so zu tun, als seien sie noch nicht beide Eltern.

Ähnlich geht es zum Beispiel Christina Klitzsch-Eulenburg und Janina Eulenburg. Sie haben sich im August 2020 mit weiteren Familien vor dem Familiengericht in Tempelhof-Kreuzberg verabredet, für eine gemeinsame Aktion. Die Juristin Klitzsch-Eulenburg hat das Bündnis »Nodoption« ins Leben gerufen, weil sie und ihre Frau den Adoptionszwang für diskriminierend halten. Inzwischen sind es mehr als 200 Familien, die sich dort vernetzen und ihre verschiedenen rechtlichen Strategien besprechen.

Viele sind mit ihnen zu dem hellen, modernen Gerichtsgebäude an der U-Bahn-Linie 1 gekommen. Die Stimmung ist gelöst, kraftvoll, fröhlich. Sie schwenken Fahnen und halten gemeinsam ein Regenbogenbanner mit der Aufschrift »Nodoption« in die Höhe, als die vier Familien ihre Anträge (so heißen Klagen beim Familiengericht) in den Gerichtsbriefkasten werfen. Eine von ihnen, Marianne Greenwell, die sich ihrerseits für eine Adoption entschieden hat, schildert, wieviel es ihr bedeutet, sich mit anderen zusammenzuschließen: »Das nimmt das Ohnmachtsgefühl von mir. Bevor wir Leute kennengelernt haben, haben meine Frau Jane und ich uns so alleine gefühlt.«[22]

Vor Ort ist auch die Rechtsanwältin Lucy Chebout. Als die Akkermanns sich für ihre Klagen entschieden, hatte sie gerade angefangen, nach Wegen zu suchen, um diese Ungerechtigkeit im Abstammungsrecht anzugehen. So kamen sie in Kontakt. Chebout zog mit ihnen vor Gericht, vertrat sie vor dem Oberlandesgericht Celle. Vergoss mit ihnen Freudentränen, als sie die Nachricht erhielten, dass ihr Fall nach Karlsruhe vor das Bundesverfassungsgericht geht. Inzwischen vertritt sie elf Familien, einige davon mit Unterstützung der NGO Gesellschaft für Freiheitsrechte.[23]

Dass Lucy Chebout einmal einen Job bei einer bedeutenden Berliner Wirtschaftskanzlei haben würde und dort auf der Dachterrasse mit Blick über Berlin auf gleich zwei Verfahren in Karlsruhe anstoßen würde, hätte sie sich vermutlich nicht träumen lassen, als sie 2003 im sachsen-anhaltischen Naumburg Abitur machte. Es waren die sogenannten Baseballschlägerjahre[24], als Menschen wie sie, die ihren algerischen Vater erst als Erwachsene kennenlernte, jederzeit mit Nazi-Gewalt rechnen mussten. In Berlin studierte sie dann erst einmal Islamwissenschaft und Gender Studies. Die Arbeit an einem interdisziplinären rechtswissenschaftlichen Lehrstuhl motivierte sie, an ihren Magister noch Jura dranzuhängen. Sie zog das Studium durch und absolvierte im Referendariat unter anderem eine Station bei der Bundesverfassungsrichterin Gabriele Britz, die dort damals für das Familienrecht zuständig war. Wie gute Verfassungsbeschwerden aussehen, das weiß sie seitdem.

Lucy Chebout ist Erstakademikerin, mit wenigen Büchern aufgewachsen. Nun arbeitet sie in einer Kanzlei, deren Flure und Konferenzräume vollgehängt sind mit Werken weltbekannter Künstler:innen. Und fühlt sich genau am richtigen Ort. Auch wenn sie die Referendariatsstation dort eigentlich nur aus Neugier gewählt hatte. Aber dann gefiel es ihr überraschend so gut, dass sie nicht lang nachdenken musste, als man ihr eine Stelle als Familienrechtsanwältin anbot. Von hier aus führt sie nun auch die Nodoption-Verfahren.[25]

Man merkt Lucy Chebout an, wie sehr sie für das Anliegen ihrer Mandantinnen brennt. Und die sind elektrisiert von der Erfahrung, gemeinsam für ihre Familien zu kämpfen. Es fühlt sich gut an, sich zu wehren, das Recht in die eigene Hand zu nehmen. Die Nodoption-Klägerinnen Catherine und Cristin formulieren es so:

> »Zu klagen bedeutet für uns, dem System nicht machtlos gegenüber zu stehen und am Ende auch was verändern zu können.« Für Marie und Carrie, zwei weitere Klägerinnen, fühlt sich schon der Begriff »Stiefkind« falsch an. Sie sagen: »Nodoption bietet uns die Möglichkeit, uns dagegen zu wehren und laut zu sein und was zu ändern, hoffentlich!«[26]

Sich durch die Instanzen klagen heißt daher auch, den Druck auf die Politik aufrecht zu erhalten – damit sich vielleicht doch noch irgendwann die Paragrafen ändern. Für Gesa und Verena Akkermann ist klar: »Wir kämpfen nicht nur für uns selbst, sondern für die Rechte aller Regenbogenfamilien.«[27]

Das Recht begünstigt noch immer die Hausfrauenehe

Nicht jede Ehe überlebt die Familiengründung. »Der häufigste Scheidungsgrund ist das zweite Kind«, sagt die seit den 1970er-Jahren in Wien praktizierende Familienrechtsanwältin Helene Klaar.[28] Der Grund seien allerdings meist weder der Partner noch die Kinder – sondern die 40-Stunden-Woche beziehungsweise die Vereinbarkeit von Familien- und Erwerbsarbeit, so ihr trockener Befund.

> »Man kann nicht 40 Stunden arbeiten und daneben einen Haushalt führen und die Kinder unterhalten. […] Das ist, als würde man versuchen, einen Tisch mit einem zu kleinen Tischtuch zu bedecken.

Irgendwo ist immer eine nackerte Stelle. […] Dann sind beide der Meinung, mit einem anderen Partner ginge es besser. In Wirklichkeit ist es die 40-Stunden-Woche.«[29]

Manche finden, die Ehe sollte man abschaffen. So lange, wie es schon Forderungen nach der Öffnung der Ehe für alle gibt, gibt es auch queere Aktivist:innen, die die Verbürgerlicherung und Verspießerung ihrer Szene befürchteten, die auf Pride-Paraden mit Schildern demonstrierten wie »Homo-Ehe? Ich bin doch nicht blöd!«[30]

Auch die französische Politologin Emilia Roig, die nach ihrem Studium in Berlin das »Center for Intersectional Justice« gegründet hat, kann der Ehe nichts abgewinnen, wie sie in ihrem Buch *Das Ende der Ehe* schreibt. Für sie ist die Ehe

» eine Säule des Patriarchats, die gängige Infrastruktur, in der intime heterosexuelle Beziehungen gelebt werden«.[31] Das Problem liege darin, dass die Ehe ungerechte Strukturen fortschreibe: »Sie organisiert die Arbeitsteilung in der kapitalistischen Wirtschaft, zwischen bezahlter Erwerbsarbeit und nicht bezahlter Carearbeit. Ersteres ist traditionell Männer-, zweiteres traditionell Frauensache.«[32]

Die Ehe bedeutet, jetzt mal rein juristisch: dass man sich gegenseitig bei Vertragsschlüssen vertreten darf, dass man beim Tod des Ehepartners oder der Ehepartnerin in der Wohnung bleiben darf, dass man vom Krankenhaus informiert wird, wenn ihm oder ihr etwas passiert. Sie sichert also das Zusammenleben von zwei Menschen rechtlich ab. Daneben verschafft sie Ehepaaren auch erhebliche steuerliche Vorteile. Aber nur, wenn beide unterschiedlich viel verdienen.[33] Mit erheblichen gesellschaftlichen Folgen.

Das liegt am sogenannten Ehegattensplitting. Das funktioniert so:

- Das deutsche Einkommensteuerrecht benutzt ein Stufensystem. Erst ab einem bestimmten Einkommen muss man überhaupt Steuern zahlen, das ist der sogenannte Freibetrag. Der liegt bei rund 10 000 Euro im Jahr. Für das Einkommen, was darüber liegt (und nur für das), zahlt man den Eingangssteuersatz, das sind

14 Prozent, für das Einkommen ab der nächsten Stufe dann den nächsthöheren Steuersatz, und so weiter, bis zum Spitzensteuersatz von 42 Prozent.

- Wenn man sich das Einkommen wie einen Stapel Geldscheine vorstellt, zahlt also jemand mit einem hohen Jahreseinkommen – nennen wir ihn Leon – für die »untersten« 100 Euro im Jahr gar keine Steuern, und für die »obersten« 100 Euro zum Beispiel 40 Prozent. Jemand mit niedrigem Einkommen – nennen wir sie Lena – zahlt für ihre »obersten« 100 Euro dagegen nur 20 Prozent.[34]

- Und hier liegt der Witz des Ehegattensplittings. Dafür werden nämlich beide Einkünfte zusammengerechnet und dann durch zwei geteilt, also gesplittet. Der Effekt ist, als ob Leon seine obersten Scheine rüber auf Lenas kleineren Stapel schieben würde: Plötzlich wird derselbe Hunderter an Einkommen nicht mehr mit 40 Prozent, sondern mit deutlich weniger besteuert, einfach weil der Stapel weniger hoch ist.

- Zusätzlich spart Leon dadurch, dass er Lenas Freibetrag bekommt; dadurch schiebt sich ihr Stapel nach oben und seiner nach unten. Dadurch werden aber schon ihre ersten 100 Euro mit 14 Prozent besteuert und ihre obersten 100 Euro zum Beispiel mit 30 Prozent.

Das führt dazu, dass Lena auf ihr geringes Gehalt verhältnismäßig viel Einkommensteuer zahlen muss. Insgesamt sparen die beiden Geld, weil 30 Prozent auf dieselben 100 Euro immer noch weniger sind als 40 Prozent. Aber während Leon noch mehr Netto vom Brutto behält, landet auf Lenas Konto jetzt nur noch ein Bruchteil ihres Gehalts.

Frustrierend – vor allem, wenn Kinder dazukommen und dem nun auch noch die Betreuungskosten während Lenas und Leons Arbeitszeit gegenüberstehen. Nicht alle Bundesländer haben beitragsfreie Kitas, und wenn, dann oft erst ab dem Alter von drei Jahren.[35] Ganz abgesehen davon, dass Eltern nicht überall Ganztagskitas finden. Also entweder Teilzeit arbeiten oder zusätzlich auch noch einen Babysitter bezahlen. Der ganze Stress, für ein paar hundert Euro mehr netto im Monat? Ist es das wert?

Und schwupps, hat Lena mehrere Jahre Gehaltsausfall, gefolgt von der Teilzeitfalle.[36] Dass statt ihrer Leon in Teilzeit geht, bei dem Gehaltsunterschied? Das ist für die beiden keine Option – der Einkommensverlust wäre ja dann viel höher. Und so werden sie sich ziemlich wahrscheinlich, ganz frei und autonom, für das Fünfzigerjahre-Modell entscheiden: Vati macht in Vollzeit Karriere, und Mutti verdient ein bisschen was dazu. Den »langen Schatten der Hausfrauenehe« nennt die Rechtsprofessorin Maria Wersig das.[37] Lena hat deswegen weniger Rentenansprüche[38] und außerdem Nachteile beim beruflichen Aufstieg – und steht bei einer Trennung deutlich schlechter da als Leon. Und alleinerziehend in Vollzeit arbeiten? Noch schwieriger. Und so weiter und so fort.

Das Ehegattensplitting zeigt: Wie das Recht diese ganz privaten Lebensentscheidungen regelt, ist enorm politisch. Das Eherecht sichert eben nicht nur Lebensentscheidungen ab, es strukturiert auch die Optionen, zwischen denen Menschen sich entscheiden. Es versieht manche mit einem Aktionspreis und stellt andere so weit oben ins Regal, dass man ohne Hilfe nicht herankommt. Es hat sogar volkswirtschaftliche Auswirkungen: Der vielbeklagte Fachkräftemangel liegt nicht zuletzt auch daran, dass gut ausgebildete Frauen weniger Stunden arbeiten können, als sie gerne wollen, einfach weil es an Betreuungsmöglichkeiten fehlt.[39]

Und da sind wir wieder bei Helene Klaars Befund zum Thema Vereinbarkeit von Erwerbsarbeit und Familie. Denn die 40-Stunden-Woche stammt noch aus der Alleinverdiener-Ära.[40] Wenn beide so viel arbeiten, reicht es meistens hinten und vorne nicht.

Sollte man die Ehe abschaffen?

Sollte man wegen dieser Mechanismen einfach die Institution Ehe abschaffen? Die Anwältin Helene Klaar sieht das pragmatisch. Die Ehe sei vielleicht spießig, aber unverheiratet zusammenzuleben, sei gerade für Frauen nicht unbedingt die bessere Alternative, findet sie:

> » Die Ehe ist in ihrer Regelmäßigkeit mit dem Schlossgarten von Schönbrunn vergleichbar, mit seinen gestutzten Bäumen und

> hübschen Alleen. Die Lebensgemeinschaft ist die Prärie: Es gilt das Recht des Stärkeren. Und das ist nicht immer die Frau.«[41]

Das Familienrecht regelt nämlich nicht nur, wie eine bestehende Ehe geschlossen und geschützt wird. Es regelt auch, was passiert, wenn das Projekt Ehe scheitert. Und dabei gleicht es regelmäßig Machtunterschiede zwischen den Beteiligten aus.

Es geht zum Beispiel davon aus, dass der durch Familienarbeit erbrachte Beitrag der zuhause gebliebenen Ehefrau genauso viel zählt wie der durch Erwerbsarbeit erbrachte finanzielle Beitrag des Ehemanns. Hat wegen einer solchen Arbeitsteilung nur einer der Ehegatten während der Ehe Vermögen aufgebaut, hat Leon also zum Beispiel die Wohnung abbezahlt, wird bei der Scheidung der Zugewinn ausgeglichen; das ist das Vermögen, was beim Vorher-Nachher-Vergleich im Verlauf der Ehe hinzugekommen ist.[42] Wer nicht verheiratet war, geht aus einer solchen Beziehung ohne alles heraus.

Ist nach der Ehe eine der beiden (meist ist es die Frau) nicht in der Lage, den eigenen Lebensunterhalt zu decken, zum Beispiel wegen der Betreuung der gemeinsamen Kinder – Stichwort Vereinbarkeit! – oder weil sie keine angemessene Erwerbstätigkeit findet, schuldet der Ex ihr Unterhalt.[43] Wer nicht verheiratet war, steht deutlich schlechter da.[44]

Klar, man kann vieles auch einfach vertraglich regeln, statt zu heiraten. Zum Beispiel, wie man es mit dem Vermögen und dem Unterhalt machen will. Es ist auch eine wirklich gute Idee, vor der Heirat einmal darüber zu sprechen, was im Fall der Trennung passieren soll. Aber wenn man das nicht tut, ist die Ehe quasi eine Paketlösung mit Default-Regelungen für die typischen Probleme, vor allem bei Macht- und Vermögensunterschieden; sie hält für den Fall der Fälle meist gerechte Lösungen parat. Und sie vermittelt außerdem Rechte, die man per Vertrag nicht vereinbaren kann: zum Beispiel beim Aufenthaltsrecht oder beim Staatsangehörigkeitsrecht.[45]

Die Politologin Emilia Roig meint:

> »Würden wir die Ehe abschaffen und andere Strukturen gleich mit, etwa die steuerliche Begünstigung, dann kämen Lohnarbeit und Sorgearbeit mehr in Balance, die Sorgearbeit würde an Wert gewinnen.

> Sowohl für die, die sie leisten, als auch für die, die sie bekommen. […] Man kann die Liebe feiern, wie man will – aber warum sollte der Staat daran beteiligt sein?«[46]

Romantischer ist es sicher, wenn man nur der Liebe wegen zusammenbleiben würde und nicht aus finanziellen Gründen. Wenn man einfach wieder auseinander geht, wenn einem die Liebe abhandenkommt. Aber dazwischen liegen viele Lebensentscheidungen. Man zieht gemeinsam um. Gibt die andere Wohnung auf. Kauft vielleicht etwas, was man sich allein nicht leisten könnte. Bekommt ein Kind, vielleicht noch eins, vielleicht noch eins. Nimmt den besseren Job, der weiter weg ist, nicht an. Bleibt wegen der Kinder zuhause – 40-Stunden-Woche und so.

Man kann nicht alle diese Entscheidungen immer mit dem Gedanken im Hinterkopf treffen, dass man sich ja vielleicht wieder trennt. Die zweite Wohnung behalten, *just in case*. Den guten Pendlerjob annehmen, weil man weiß ja nie. Und gleichzeitig zuhause bleiben und die Kinder versorgen. Und gleichzeitig zusammen etwas aufbauen. Die meisten Leute leben nicht so, mit angezogener Handbremse.

Wäre es also gut, wenn man sie dazu zwingen würde?

Ist das der Weg raus aus dem Patriarchat – oder einfach nur die Prärie?

»Macht ist, kompletten und heillosen Unsinn erzählen zu können, und es wird geglaubt, Machtlosigkeit ist, egal wieviel stichhaltige Indizien und Beweise man hat, dass einem nicht geglaubt wird.«

*Catharine MacKinnon**

* Die feministische Juraprofessorin ist bekannt für ihren scharfen Schreibstil und ihre debattenprägenden Analysen von Dominanz und Gewalt gegen Frauen, wie hier im Buch *Toward a Feminist Theory of the State* (Harvard University Press 1989). Ihr erstes Buch, *Sexual Harassment of the Working Woman* (1979), lenkte den Blick darauf, dass sexuelle Belästigung am Arbeitsplatz nicht nur ›lästig‹, sondern auch eine Form von Diskriminierung ist.

ARBEITSRECHT

Wie kämpfen wir gegen Ausbeutung?

Am Anfang jeder Verbesserung stehen Menschen, die sich nicht abfinden möchten mit der Welt, wie sie ist. So wie die Fernsehjournalistin Birte Meier, die im Jahr 2015 ihren eigenen Sender verklagte, weil sie weniger Geld verdiente als ihre männlichen Kollegen. Die Reporterin, die für die ZDF-Sendung Frontal 21 arbeitete – Motto: »kritisch, investigativ, unerschrocken« –, wusste schließlich, welche Rechte sie auf dem Papier besaß. Schon seit 1957 steht das Recht auf gleichen Lohn für gleiche Arbeit in den Verträgen zwischen den europäischen Staaten, das ist verbindlich auch in Deutschland.[1] Dieses Recht ist auch in EU-Richtlinien und internationalen Abkommen schon sehr lange enthalten, und es ergibt sich obendrein auch indirekt aus dem Grundgesetz, wonach Männer und Frauen gleich zu behandeln sind.

Aber es durchzusetzen, da beginnt die eigentliche Herausforderung.

Frauengehälter, Männergehälter

Im Jahr 2016 saß Birte Meier erstmals im Berliner Arbeitsgericht einem Richter gegenüber, der bloß mit den Achseln zuckte und fand, Frauen verdienten eben weniger, weil sie sich in ihren Gehaltsverhandlungen weniger geschickt anstellen würden. Mit Benachteiligung habe das nichts zu tun, gab ihr der Richter zu verstehen. »Das nennt man Kapitalismus«, belehrte er sie, da seien die Frauen selbst schuld.

Außerdem würden Frauen ja bekanntlich schwanger werden. Auch deswegen könne man es ihren Vorgesetzten kaum verübeln, wenn sie Frauen oft nicht so gut bezahlen wollten.

»Willkommen im Mittelalter«, protestierte daraufhin eine Frau im Gerichtspublikum lautstark, eine Freundin der Journalistin Birte Meier. Der Richter konterte: »Ruhe auf den billigen Plätzen, meine Damen, da können Sie noch so viel stöhnen.«[2]

In der nächsten Instanz dann, im Jahr 2019, verlangte das Gericht von Birte Meier Beweise dafür, dass sie wirklich als Frau diskriminiert werde. Aber wie beweist man etwas, das sich allenfalls im Kopf der Vorgesetzten abgespielt hat – den Gedanken »Sie ist eine Frau, also kann man es mit ihr machen«? Das Gefühl, dass die Männer die höheren Gehälter einfach verdient haben, auch wenn es dafür keinen guten Grund gibt?

All die Journalistenpreise, die sie für ihre Fernsehreportagen in der Vergangenheit gewonnen hatte, verhinderten nicht, dass Birte Meiers Chefs nun einfach behaupteten: So toll sei ihre Arbeit eigentlich gar nicht gewesen, im Gegenteil, eher unterdurchschnittlich, und das sei nun mal eine ganz nüchterne, von ihrem Geschlecht völlig unabhängige Überlegung hinter ihrem niedrigeren Lohn gewesen; nichts Unzulässiges.

Birte Meier musste schwer schlucken, wann immer sie nun solche Schriftsätze zugeschickt bekam, in denen die Vorgesetzten ihr auffällig geringeres Gehalt im Vergleich zu den männlichen Kollegen mit Argumenten zu untermauern versuchten. »Geht's dir gut?«, erkundigte sich einmal ein Mitglied aus Birte Meiers Anwält:innenteam, als gerade wieder einer dieser Schriftsätze hereingeflattert war. »Ich konnte zwischenzeitlich nicht weiterlesen, weil es so grotesk ist.«[3]

Die ganze Geschichte hatte mit einem Zufall begonnen. Reporterinnenglück, könnte man auch sagen: Die Journalistin hatte eher beiläufig herausgefunden, dass mehr als 800 Euro pro Monat zwischen ihr und dem mittleren Gehalt der Männer lagen, die in derselben Redaktion die gleiche Arbeit leisteten wie sie. Zuerst war es nur einer gewesen, der mit ihr einmal offen über sein Gehalt gesprochen hatte, so von Kollege zu Kollegin, dann war sie neugierig geworden. Und auf Weihnachtsfeiern, nach dem einen oder anderen Glühwein, wurden denn auch andere gesprächig. Und einer nach dem anderen eröffneten sie ihr, dass sie mehr verdienten. Selbst die, die kürzer dabei waren als sie. Alles Männer.

Vor Gericht bestritt der TV-Sender nun hoch und heilig, dass Frauen benachteiligt würden, entlohnt werde einfach streng nach Qualifikation und Anzahl der Dienstjahre. Es sei bloß Zufall, dass trotzdem mehr Geld bei den Männern lande. Dem Gericht reichte das zunächst, es wies Birte Meiers Klage ab.[4] Und die Stressmacherin Birte Meier lernte ihre Vorgesetzten jetzt noch von einer anderen Seite kennen. Als sie ein prestigeträchtiges Stipendium für einen Aufenthalt in der einstigen Villa des in die USA emigrierten deutschen Schriftstellers Thomas Mann in Los Angeles erhielt, da war für sie nach ihrer Rückkehr, Überraschung, plötzlich kein Platz mehr in der Redaktion des ZDF-Flaggschiffs »Frontal 21« in Berlin. Stattdessen sollte sie, wie sie jetzt erfuhr, im fernen Mainz bei einem Spartenprogramm arbeiten. Und bitte immer schön vor Ort sein. Hatte natürlich nichts mit ihrer Klage zu tun, sagte das ZDF.

Viele Menschen auch aus ihrem persönlichen Umfeld rieten ihr, doch lieber keinen Streit mit den Chef:innen zu riskieren, den Kopf lieber unten zu halten. Birte Meier erinnert sich:

> »›Nein!‹, ruft meine Mutter entsetzt ins Telefon, als ich ihr erzähle, dass ich plane, meinen Arbeitgeber zu verklagen. ›Hast du schon einen neuen Job?‹, fragt bei der Gelegenheit mein Bruder, der Realist. ›Du kannst jederzeit bei uns wohnen, wenn du arbeitslos wirst und deine Miete nicht mehr zahlen kannst‹, bietet besorgt eine gute Freundin an.«[5]

Doch während sie über die Jahre immer wieder in Gerichtssälen saß, trotz allem beharrlich, obwohl ihre Redaktionsleiterin beim ZDF schon vor einem drohenden »Krieg« im Betrieb gewarnt hatte, änderte sich doch etwas.

»Der Einsatz für gleiche Löhne erfordere ›revolutionäre Geduld‹, sagt mir eine Juristin, die sich seit Jahrzehnten dafür einsetzt«, so hat Birte Meier diese Zeit rückblickend selbst beschrieben. Ihr Buch, das sie über ihre Erfahrungen geschrieben hat, heißt *Equal Pay Now!* und ist 2023 erschienen. »Dieser Langmut fehlt mir.«[6]

Was ihr an Langmut fehlte, das machte Birte Meier dann mit etwas anderem wett: Teamgeist. Vernetzung. Sie tat sich mit anderen Frauen zusammen, denen es gerade ähnlich erging wie ihr.

Equal Pay: Gleicher Lohn für gleiche Arbeit

Eine Abteilungsleiterin bei einer Versicherung. Eine Diplomkauffrau. Eine Bürgermeisterin, die im südbadischen Städtchen Müllheim das ungeliebte Amt nur übernommen hatte, weil sonst niemand wollte. Hier waren weitere Frauen, die nun für Lohngleichheit vor Gericht zogen. Sobald irgendwo Google Alerts über so einen Fall angingen, erzählte Birte Meier einmal einer Journalistenkollegin, habe sie deren Anwält:innen angeschrieben und ihnen gesagt: Wir sind hier eine kleine WhatsApp-Gruppe.

Im Jahr 2017 trat ein neues Gesetz in Kraft, das es in Deutschland erstmals möglich machte, Auskunft über die Gehälter der Beschäftigten des anderen Geschlechts im selben Betrieb zu bekommen: das Entgelttransparenzgesetz. Das war wichtig, eine gute Neuerung. Denn: Nur wer weiß, dass er oder sie weniger verdient, kann überhaupt klagen. Damit das leichter wird, können Frauen – und Männer! – seitdem erfragen, was die Kolleg:innen verdienen. Allerdings nur in Betrieben mit mehr als 200 Mitarbeitenden, die meisten Betriebe sind kleiner.

Und auch dann bekommt man nur den Mittelwert der Gehälter gesagt. Und auch nur, wenn es mindestens sechs Beschäftigte des anderen Geschlechts gibt, die die gleiche oder eine vergleichbare Arbeit verrichten. Alles streng anonym. Damit bloß keiner erfährt, wer genau wieviel verdient. Es ist immer noch ein schwaches Gesetz,[7] aber immerhin ein Anfang. So konnten Frauen in deutschen Firmen erstmals aufklären, was sie vorher oft nur vermutet hatten – oder was ihnen bisher eben nur vertraulich nach zwei Glühwein preisgegeben wurde.[8]

Die Abteilungsleiterin aus Birte Meiers WhatsApp-Gruppe, Gabriele Gamroth-Günther, zog nun mit der Hilfe dieses neuen Gesetzes vor Gericht – und setzte 2021 durch, dass schon eine solche Entgelttransparenz-Auskunft genügt, damit es bei Gericht eine Umkehr der

Beweislast gibt.[9] Das bedeutet, dass nicht länger die Frau nachweisen muss, dass sie wegen ihres Geschlechts diskriminiert wird, sondern der Vorgesetzte gute Gründe angeben muss, warum er sie schlechter bezahlt als Männer in vergleichbarer Position.

Gamroth-Günther, Juristin bei einer niedersächsischen Versicherung, sagt, vor zwanzig Jahren hätte sie einfach das Unternehmen gewechselt, frustriert und desillusioniert. Aber jetzt, wenige Jahre vor der Rente, habe sie keine Angst mehr. Und:

> »Ich sehe es nicht ein, wieso die Männer für die gleiche Arbeit später auch noch jeden Monat 100 Euro mehr Rente kriegen sollen.«[10]

Die Journalistin Birte Meier hielt weiter zu verschiedenen Frauen Kontakt, zu ihrem »Klägerinnen-Klub«, wie sie sagte. Die Frauen machten sich gegenseitig Mut, tauschten auch Tipps aus, wie man mit den Mitteln des Rechts am besten vorankommen könne. Allen war klar: Hier geht es nicht nur um ihr persönliches Problem, sondern um ein strukturelles.

Der Gender Pay Gap, also der Unterschied der durchschnittlichen Stundenlöhne von Männern und Frauen, ist in Deutschland so groß wie fast nirgends in Europa. Diese Lohnlücke betrug im Jahr 2022 – wie schon im Jahr zuvor – insgesamt 18 Prozent. In Westdeutschland ist sie mit 19 Prozent viel höher als in Ostdeutschland, wo sie nur bei 7 Prozent liegt. Schaut man nur auf Männer und Frauen in derselben Position, liegt das deutschlandweite Lohngefälle immer noch bei 7 Prozent.[11] 7 Prozent, das hört sich nicht nach viel an. Aber über die Jahre kann da je nach Beruf Geld im Wert einer Eigentumswohnung zusammenkommen. Und auch die Rente orientiert sich am Gehalt – die ist dann also auch niedriger.

Zeit, ein Tabu zu brechen – und über das Gehalt zu sprechen

Zu Birte Meiers Mitstreiterinnen zählte auch die Softwarearchitektin Miriam Altenberg. Lange hatten sich die beiden Frauen gegenseitig unterstützt und bestärkt. Doch eines Abends schickte Altenberg eine Art Abschiedsnachricht. Die Softwarearchitektin schrieb: Nach langem Kampf sei es nun so weit, sie habe sich mit ihrem Chef geeinigt, endlich werde sie das ihr zustehende Geld bekommen, späte Genugtuung. Aber im Gegenzug müsse sie sich verpflichten zu schweigen. Das war der Haken. Sie sah keine andere Wahl, sie war erschöpft, sie werde den Deal unterschreiben, so wie der Chef es wolle. Gleichzeitig fand sie das entsetzlich ungerecht – denn indem man sie zum Schweigen brachte, wollte man verhindern, dass sie noch weitere Frauen ermutigen könnte, ebenfalls ihre Rechte einzufordern.

» Ich habe meine ganze Karriere lang fast nur mit Männern zusammengearbeitet«, schrieb sie also in ihrer Mail an Birte Meier, »nie hätte ich mir träumen lassen, dass ich einmal anders behandelt werden würde als sie.«[12]

Oft sind Vorgesetzte daran interessiert, dass ihre Mitarbeitenden schweigen. In manchen Arbeitsverträgen stehen sogenannte Maulkorbklauseln – rechtswidrig, aber trotzdem wirkungsvoll.[13] Das Schweigen zu brechen, kann dann schon ein erster Schritt hin zur Selbstermächtigung sein.

» Wer sich für weibliche Minderbezahlung interessiert«, so schildert es zumindest Birte Meier in ihrem Buch, »erfährt die Geschichten der Frauen überall. An der Hotelrezeption im ländlichen Österreich. Beim Seminar für Führungskräfte im Berliner Speckgürtel. Sie werden unter der Hand weitergereicht, in gedämpftem Tonfall, so wie man sich im Büro – etwas peinlich berührt, aber die Notwendigkeit der Frage vor Augen – nach einem Tampon erkundigt. Schon beim Mittagessen, mit Männern und Vorgesetzten am Tisch, ist das Thema wieder tabu. Bis heute ist es weniger verpönt, in der Kantine seine sexuellen Vorlieben zu diskutieren als sein Gehalt.«[14]

Nur wer anfängt, über Geld zu reden, kann überhaupt erfahren, dass es da möglicherweise Diskriminierung gibt. Und wer zum Schweigen verurteilt wird, kann mit dem eigenen Erfolg im Kampf gegen Diskriminierung keine anderen inspirieren.

Es ist sowieso schon schwer, gegen Gehaltsdiskriminierung den Mund aufzumachen. Nicht nur weil es ziemlich unbequem ist, im laufenden Arbeitsverhältnis den eigenen Chef oder die eigene Chefin wegen Diskriminierung zu verklagen; man sieht sich ja weiter jeden Tag.[15] Ein Hindernis ist auch das Gefühl, das Birte Meier selbst erfasste und das auch viele andere Frauen erfasst, wenn sie erkennen, wie sie sich jahrelang haben kurzhalten, übervorteilen, ausbeuten lassen: eine Scham darüber, dass sie schwach gewesen seien, dass sie versagt hätten, sich ordentlich zu behaupten, selbst schuld sozusagen.

Das passiert sogar Hollywood-Stars. Die Schauspielerin Jennifer Lawrence erfuhr nur durch Zufall vom viel höheren Gehalt ihrer männlichen Kollegen – ihre Produktionsfirma Sony war von Hackern attackiert worden. Und sie gab zuerst sich selbst die Schuld – weil sie nicht härter verhandelt hatte:

> »Ich wollte nicht als ›schwierig‹ gelten oder ›verwöhnt‹. Damals erschien mir das wie eine gute Idee. Bis ich die Gehälter im Internet sah und feststellte, dass ganz sicher kein einziger Mann, mit dem ich arbeitete, sich darüber Gedanken machte, ob er ›schwierig‹ oder ›verwöhnt‹ schien. […] Damit ist jetzt Schluss. Ich versuche jetzt nicht mehr, einen ›charmanten‹ Weg zu finden, meine Meinung zu sagen und dabei noch liebenswert zu erscheinen. Fuck that!«[16]

»Ich widme diesen Erfolg meiner Tochter«

Selber schuld an der eigenen Diskriminierung? Nicht hart genug gewesen? So lässt sich das strukturelle Problem Gender Pay Gap schön individualisieren. Dass das Management einen Teil des Gehalts, das den Frauen zusteht, einbehält, ist dann nicht mehr unfair, sondern nur ein weiteres Zeichen dafür, dass sie einfach nicht mithalten können. Susanne Dumas, die Diplomkauffrau, wollte sich das nicht bieten lassen. Genauso wie die anderen Frauen in der WhatsApp-Gruppe.

Und ihre Hartnäckigkeit zahlte sich aus:

- Susanne Dumas sorgte 2023 dafür, dass die Unterstellung, Männer würden sich einfach bei Gehaltsverhandlungen geschickter anstellen und die Frauen seien insofern selbst schuld, vor Gericht keinen Bestand mehr hat.[17] Es war ein bahnbrechendes Urteil. Ihre ehemalige Firma, die Photon Meissener Technologies aus dem sächsischen Meißen, musste deshalb zahlen: etwa 20 000 Euro rückwirkendes Gehalt plus 2 000 Euro Schmerzensgeld. Bei der Urteilsverkündung waren alle Klägerinnen aus der WhatsApp-Gruppe da. Danach standen Dumas die Tränen in den Augen. Sie kommentierte: »Ich widme diesen Erfolg meinen beiden Töchtern und stellvertretend allen Frauen in Deutschland. Seid mutig, seid laut und lasst euch niemals die Butter vom Brot nehmen!«[18]

- Astrid Siemes-Knoblich, die Bürgermeisterin, erstritt einen Monat später mehr als 50 000 Euro Schadensersatz zuzüglich Pensionsansprüchen,[19] weil sie für ihr Amt eine niedrigere Gehaltsstufe bekommen hatte als ihr männlicher Vorgänger und ihr männlicher Nachfolger. »Was für eine Klatsche ins Gesicht!«, hatte die Parteilose, die heute als Unternehmensberaterin arbeitet und einst über die CDU-Liste in den Kreisrat einzog, in einem Interview mit dem *Stern* gesagt. »Eine Demokratie ist aber nicht vollständig, wenn nicht alle gleich teilhaben können.«[20]

- Birte Meier selbst setzte 2020 vor Gericht durch, dass der neue, gesetzliche Anspruch auf Entgelttransparenz nicht nur für Festangestellte gilt. Beim öffentlichen Rundfunk arbeiten viele Reporter:innen als »feste Freie«, so wie sie. Ihnen konnten die Chef:innen zuvor einfach entgegenhalten, sie seien ja gar keine »richtigen« Kolleg:innen – und sie im Dunkeln belassen über die Gehaltsstrukturen. Das Bundesarbeitsgericht stellte klar: Der europarechtliche Anspruch auf Lohngleichheit gilt für alle. Da dürfe es im Betrieb keine Mitarbeitenden erster und zweiter Klasse mehr geben.[21]

Birte Meier bekam also ihre Auskunft, und die ergab, was sie größtenteils bereits wusste: Die Männer verdienen mehr. Um das ihr zustehende Geld auch einzuklagen, musste sie aber weiter durch die verschiedenen Gerichtsinstanzen ziehen, unterstützt von ihrer Prozessvertretung Chris Ambrosi und der Gesellschaft für Freiheitsrechte, kurz GFF. Ihr

Verfahren endete erst im Sommer 2023, mit einem sogenannten Vergleich, also einer gütlichen Einigung. Das ZDF hatte endlich eingelenkt. Und zahlte sogar, ohne dass die Reporterin einen »Maulkorb« akzeptiert hätte, eine Schweigeklausel.

Diese Grundsatzurteile sind ungeheuer wichtig. Denn wenn die schwierigen Rechtsfragen geklärt sind, ist der Weg zum gleichen Gehalt schon wesentlich weniger steinig, und davon profitieren auch Menschen, die mit weniger Ressourcen in den Kampf ziehen.

In diesen Jahren des hartnäckigen Streitens für ihr Recht, so sagt Birte Meier, sei ihr etwas Wichtiges klargeworden: Klar könne man sich fragen, ob gerade sie als weiße, gut verdienende Akademikerin wirklich noch mehr Gehalt brauche. Auch bei der Bürgermeisterin Astrid Siemes-Knobloch habe es im Ort geheißen: »Ach, die hat doch einen gutverdienenden Mann, die ist doch versorgt, die braucht das Geld nicht so!«[22] Aber es gebe eben Gründe, warum die Vorkämpferinnen für Equal Pay oft aus relativ guten finanziellen Verhältnissen heraus klagen:

> »Wer sich gegen Lohndiskriminierung wehrt, setzt alles aufs Spiel. Das muss man, das muss frau sich leisten können. Frauen etwa, die von Armut bedroht sind, können dies nicht ohne weiteres – dabei sind gerade sie besonders darauf angewiesen. Alleinerziehende beispielsweise oder Geflüchtete ohne langfristigen Aufenthaltstitel.« Die Geschichte des arbeitsrechtlichen Kampfes für Lohngleichheit sei insofern »unbeabsichtigt die Geschichte meist weißer Frauen mit in der Regel akademischem Hintergrund. Es ist eine Geschichte von Frauen, die unter den Benachteiligten dieser Welt privilegiert sind – und leichter Mittel und Wege finden, gegen die Ungerechtigkeit anzugehen. Einfach, weil sie es sich leisten können aufzubegehren.«[23]

Die modernen Tagelöhner beim »Gorillas«-Lieferdienst

Wie ist es, wenn man, anders als Birte Meier, nicht weiß und vielleicht auch nicht mit akademischem Hintergrund gesegnet ist, sondern frisch in Deutschland ankommt, kein Wort Deutsch spricht und dringend Geld braucht?

Kunal Kothari, 30 Jahre, kam aus Indien, einer der vielen Gaststudent:innen aus diesem großen Land. In Berlin empfahlen ihm Landsleute einen Job bei den »Gorillas«, einem Fahrrad-Lieferdienst. Supermarkt-Einkäufe transportiert man da, Bananen, Bier, Duschgel, was die Leute eben so bestellen. Gorillas macht Ausländer:innen ein verlockendes Angebot: flexible Arbeitszeiten, Bezahlung über dem Mindestlohn, natürlich ohne dass zwischen Frauen und Männern ein Unterschied gemacht wird, und eine »coole Ausrüstung«, so steht es auf der Webseite. Wer hier anheuert, muss nur zwei Dinge können: Englisch sprechen und Fahrrad fahren.

In dieser Welt ist die Lage der Mitarbeitenden gegenüber ihren Vorgesetzten noch viel hilfloser. Über die »coole Ausrüstung« sagt Kunal Kothari heute: »Bei Gorillas ist unsere Arbeitskleidung fast komplett schwarz. Selbst unsere Schuhe sollen schwarz sein, wenn wir eigene anziehen. Das hilft natürlich nicht, um im Verkehr gesehen zu werden. Gorillas verlangt von uns, ihr Branding wichtiger zu nehmen als unsere Gesundheit.«[24] Kunal Kothari hat mit einem Reporter des *SZ-Magazin* ausführlich über seine Erfahrungen gesprochen. Da war er gerade aus dem künstlichen Koma erwacht, noch immer war er mit Reha und Therapien beschäftigt, hatte Schmerzen im ganzen Körper.

Als er zum ersten Mal im dichten Verkehr stürzte, verstauchte er sich nur die Hand. »Als ich meinen Supervisor nach meinem Unfall anrief, war seine erste Frage: Hast du die Bestellung geliefert? Wie es mir geht, hat ihn gar nicht interessiert.«[25] Beim zweiten Mal rammte ihn ein Sportwagen und schleuderte ihn durch die Luft, Kothari verlor das Bewusstsein.

Es ist eine gefährliche Arbeit, jeden Tag acht Stunden mit dem Fahrrad auf der Straße, eine riesige klobige Box hinten drauf, in der sich die Einkäufe der Kund:innen befinden, immer in großer Eile auf den Straßen unterwegs, ständig gehetzt, ständig unter Druck. Bei Wind, Regen und Dämmerung. Drinnen in den Warenlagern der Gorillas liegen die Artikel in den Regalen, in Tüten verpackt, die dann von den Fahrer:innen, den sogenannten Riders, eingeladen und zu den Kund:innen gebracht werden sollen. Und draußen: Autos, die plötzlich abbiegen,

Autotüren, die sich plötzlich zur Seite öffnen können. Es ist ein harter Wettbewerb zwischen den verschiedenen Lieferdiensten, es gibt ja auch noch Wolt, Lieferando, Flink … – da geht es um Marktanteile, es wird mit Dumpingpreisen gearbeitet, und mit knallhartem Tempo.[26]

Das Unternehmen inszenierte das als vermeintlich herausfordernden Lifestyle, dem man eben gewachsen sein müsse: »Dann sagen die, das ist Rider Life«, so eine anonyme Mitarbeiterin gegenüber den drei Wissenschaftlern Janis Ewen, Heiner Heiland und Martin Seeliger von der Universität Bremen, die sich 2022 mit dieser neuen Arbeitswelt beschäftigten. »Wenn du den Thrill nicht spüren willst, wenn du nicht nass werden willst, bist du im falschen Job.«[27] Auf der Website des Unternehmens stehen die stolzen Sätze: »Wir sind authentische Menschen, treffen mutige Entscheidungen, streben nach Veränderung und wir radeln schneller als du.«[28]

Gorillas, das war anfangs ein rasch expandierendes Unternehmen. Als Kunal Kothari dort anfing, arbeiteten schon 2 000 Leute deutschlandweit für das Start-up, das Management stellte immer mehr ein, Wachstum war alles. Ihr Gesicht zeigten die Vorgesetzten fast nie.[29] Für Sicherheit nahmen sie sich wenig Zeit. Und, wie Kothari und seine Kolleg:innen bald merkten, leider auch nicht für andere Formen der Rücksicht auf die Rider. Konkret: Wenn das Geld knapp wurde, dann zahlten die Vorgesetzten die Löhne einfach verspätet oder auch gar nicht aus. Das Geld schien bei ihnen dann recht oft knapp zu sein. Eigentlich immer.

Und was macht man dann? Höflich nachfragen? Die Chef:innen lieb anflehen?[30] Sie verklagen? Viele der Rider resignieren in dieser Situation eher und sehen sich eben kurzerhand nach einem neuen Auftrag um, anstatt sich zur Wehr zu setzen. Denn Klagen dauern. Wer hat so viel Zeit? Dafür müssten sie sich außerdem auch auskennen, müssten Deutsch sprechen.[31] Auch deshalb verlieren viele Betroffene, die etwa aus Indien kommen, schnell die Hoffnung. So erlebt es zum Beispiel Martin Bechert, der seit mehr als zwanzig Jahren als Fachanwalt für Arbeitsrecht in Berlin arbeitet und schon in mehr als hundert Fällen Rider gegen ihr Unternehmen vertreten hat – »ich mache auch eine ganze Menge kostenlos, anders geht das gar nicht«, sagt er. Vor Gericht seien die Chancen sehr gut, meint er. Er gewinne fast immer. Bloß: Nur die Wenigsten schafften es zu einem Anwalt. Das sei die Tragik.

»Viele haben Migrationshintergrund und denken, was kann ich schon erreichen? Also nehmen sie lieber den nächsten Job und haben keinen Ärger mit ihren Visa. Wenn dein Visum an dein Arbeitsverhältnis gekoppelt ist und die Klage etwas länger dauert und man keinen Job mehr hat und keine Kohle, dann ist das ein viel, viel größeres Problem.«[32]

Und so ist heute eine seltsame Situation entstanden, mitten im 21. Jahrhundert, mitten in der Bundesrepublik, die sich so viel darauf zugutehält, ein sozialer Staat zu sein, ein Staat des Ausgleichs zwischen Arbeit und Kapital, ein Staat des Rechts. Eigentlich gilt hier ein ziemlich ausgefeiltes Arbeitsrecht, ein Regelwerk, das Menschen gegenüber ihren Chef:innen eine Vielzahl von Rechten garantiert. Da gibt es zum Beispiel das Arbeitsschutzgesetz. Das regelt in seinen 26 Paragrafen, dass Firmen sich um die Gesundheit ihrer Mitarbeitenden kümmern müssen, vor allem dann, wenn die Arbeit gefährlich ist. Oder das Betriebsverfassungsgesetz. Dieses regelt in mehr als hundert Paragrafen, dass größere Unternehmen so etwas wie demokratische Mitsprache ihrer Mitarbeitenden zulassen müssen, vermittelt über die sogenannten Betriebsräte, die eigens dafür gewählt werden.

Es gibt auch spezialisierte Arbeitsgerichte, die im Streitfall zwischen Mitarbeitenden und Chef:innen vermitteln. Wobei man, wenn es juristisch wird, andere Bezeichnungen verwendet, nämlich die Begriffe »Arbeitnehmer« (für Mitarbeitende) und »Arbeitgeber« (für Chef:innen) – was eigentlich ein bisschen merkwürdig klingt. Sind es doch die Mitarbeitenden, die eine Arbeitsleistung an die Chef:innen »geben«. Und wenn man länger darüber nachdenkt, ist eigentlich auch »Mitarbeitende« ein seltsames Wort. Wieso »Mit-«? Es verdeckt die Hierarchie. Aber gut.

Mittendrin jedenfalls existiert heute diese junge, wachsende Branche, eine neue Arbeitswelt, die von diesen sozialen Errungenschaften weitgehend unberührt zu sein scheint. Es ist wie eine Art Zeitreise, ein Hauch des 19. Jahrhunderts: Die Rider, oder auch die sogenannten Juicer, die nachts durch die Stadt fahren und E-Roller aufladen, arbeiten wie moderne Tagelöhner, heute hier, morgen dort.

»Gig economy« ist ein hübscheres, etwas positiver klingendes Wort für diese Form der Arbeit ohne Sicherheitsnetz. Es kommt vom englischen Wort *gig* für »Auftritt«, wie bei einer Band, die sich von Auftritt zu Auftritt hangelt, bloß dass die prekär beschäftigten Menschen etwa bei Lieferando oder Flink – die allenfalls ein sehr mageres Grundgehalt haben und darüber hinaus einen wichtigen Teil ihres Gehalts nur bekommen, wenn sie auch wirklich Aufträge ergattern – das als deutlich weniger glamourös erleben dürften.

»Wilde Streiks« und das deutsche Arbeitsrecht

Bei den Gorillas haben einige Rider sich entschieden, es sich nicht länger gefallen zu lassen und ihren Vorgesetzten entgegenzutreten. Im Jahr 2021 weigerten sie sich in zwei Warenlagern spontan auszuliefern und zwangen das Unternehmen so, sein Geschäft für den Tag einzustellen: »Das gab den Arbeitenden das Signal, dass sie etwas ausrichten können, wenn sie sich organisieren«, freute sich einer der damaligen Aufrührer.[33] Aber: So haben sie auch Bekanntschaft mit dem deutschen Arbeitsrecht gemacht, mit dann leider recht zwiespältigem Ergebnis.

Das Unternehmen reagierte rasch, es feuerte kurzerhand fast alle Streikenden.[34] Nur einige wenige von ihnen zogen vor Gericht, aber auch von dort kam keine Hilfe. Das Landesarbeitsgericht Berlin zum Beispiel erklärte den Ridern die juristische Lage so:

- Wer »wild« streike, also zum Beispiel ohne den Segen einer Gewerkschaft wie der »Vereinigten Dienstleistungsgewerkschaft«, kurz Ver.di, der übe nicht ein Grundrecht aus, sondern verletze ganz einfach nur seinen Arbeitsvertrag – ein Kündigungsgrund.[35] Eine Gewerkschaft ist eine Vereinigung, der Beschäftigte freiwillig beitreten können, um gemeinsam ihre Interessen gegen die Chef:innen durchzusetzen. Wenn die Rider sich aber nicht auf diese Weise organisieren, mit klaren Mitgliederverhältnissen und Abstimmungsprozessen, dann dürfen sie aus Sicht des deutschen Rechts auch nicht einfach Streiks ausrufen.

- Erlaubt – und damit rechtlich geschützt – ist ein Streik nach herkömmlichem Recht auch nur dann, wenn eine klare Forderung im Raum steht, denn sonst wissen die Chef:innen ja nicht genau, was sie erfüllen müssten, um den Streik zu beenden. In Deutschland sind die Regeln recht strikt: Das Ziel eines Streiks darf nur sein, die Abmachungen zwischen Arbeitgeber und Belegschaft zu verändern – die sogenannten Tarifregeln.
- Wenn es hingegen nur darum geht, die Chef:innen zu ermahnen, dass sie sich bitte ans Gesetz halten und pünktlich den Lohn zahlen sollen – dann ist Streiken grundsätzlich nicht erlaubt.[36] Stattdessen müssten – so sehen es die Arbeitsgerichte in Deutschland – die Mitarbeitenden vor Gericht ziehen, jede:r einzeln, und bitte viel Geduld mitbringen.
- In anderen Ländern, zum Beispiel in Lateinamerika, ist das völlig anders – weshalb etliche Rider bei den Gorillas ziemlich verblüfft waren, dass das deutsche Recht für ihr Vorgehen gar kein Verständnis zu haben scheint.[37] Das deutsche System baut auf hierarchisch strukturierte Gewerkschaften, auf Ordnung, auf Geduld, den Gang vor Gericht, Verträge, Verhandlungen. Basisgetriebene Kampagnen, wie sie die Rider initiierten, sind nicht vorgesehen.[38]

Das Geschäft der Lieferdienste wächst unterdessen weiter und weiter, und das heißt, immer mehr Menschen leben in diesen prekären Arbeitsverhältnissen. Die »neuen Dienstboten« – so nennt sie der Journalist Christoph Cadenbach in Anlehnung an die üblen Zeiten im 19. Jahrhundert, als Angehörige der Unterschicht in Dienstbotenwohnungen hausten und Dienstboteneingänge nehmen mussten.[39]

> »Die einen bestellen, die anderen liefern«, schreibt er. »Diese Spaltung entspricht der Analyse des Soziologen Andreas Reckwitz. Demnach entfernen sich eine sehr gut ausgebildete Mittelklasse und eine eher schlecht ausgebildete, oft migrantisch geprägte ›service class‹ immer weiter voneinander. […] Die Corona-Pandemie hat die Spaltung noch greifbarer gemacht. Während die ›service class‹ an der Supermarktkasse nicht nur wenig verdient, sondern auch ihre Gesund-

heit riskiert, sitzen die anderen im Homeoffice und bestellen. Die Lieferdienste haben von der Pandemie zweifach profitiert: Ihre Umsätze verdoppelten (Just Eat Takeaway) oder verdreifachten (Wolt) sich innerhalb eines Jahres. Gleichzeitig suchen viele Menschen einen neuen Job – und die Lieferdienste suchen ständig neue Fahrerinnen und Fahrer. Menschen, die vor der Pandemie in Restaurants gekellnert hatten, liefern nun womöglich das Essen bis an die Haustür.«[40]

Der menschliche Kontakt dieser »neuen Dienstboten« beschränkt sich auf ein kurzes »Hallo« an der Haustür: »Wir sind unsichtbar für die meisten Kunden«, sagt Kunal Kothari, der Gorillas-Rider.[41] Auch untereinander haben sie immer nur kurz Kontakt, wenn sie neue Ware holen. Praktisch für die Chef:innen – so können sich keine Organisationsstrukturen bilden.

Aber dann haben die Rider begonnen, sich deutsches Arbeitsrecht Stück für Stück anzueignen, Wissen untereinander auszutauschen, weil Recht eben auch Macht bedeutet – und umso mehr Macht, wenn man sich in einer »institutionalisierten« Form zusammenschließt. So, wie es das deutsche Arbeitsrecht vorsieht.

Es war Anfang 2021, draußen tobten in Berlin Schneestürme, die meisten Lieferdienste hatten ihren Betrieb eingestellt, nur die Gorillas-Leitung hatte stur die Devise ausgegeben: Wir fahren trotzdem, so erinnert sich ein damaliger Kollege von Kunal Kothari, der sich in einem Interview mit einer englischsprachigen Online-Plattform nur Camilo nennt.[42] Wenn er als Rider völlig durchnässt in das Lager im Stadtteil Schöneberg zurückkam, erwartete ihn dort eine kaputte Heizung – und ein Föhn, mit dem man immerhin versuchen konnte, seine Hände aufzuwärmen, mehr aber auch nicht. Am Abend, nach dem Ende einer Schicht, setzten sich also einige der Rider dort zusammen, nachdem sie sich den ganzen Tag lang einzeln durch Berlin gekämpft hatten, und sprachen über das, was sie gemeinsam hatten: die Wut auf diese Arbeitsbedingungen.

Einer aus dieser Runde formulierte dann einen Protestbrief an die Vorgesetzten. Auch gegen die Räder, mit denen sie herumfahren mussten: »Die Räder gehörten nicht dem Unternehmen Gorillas, sondern waren von einem anderen Unternehmen gemietet«, erinnert sich Camilo, »manchmal gaben sie seltsame Geräusche ab oder der Lenker löste sich; die Bremse griff nicht richtig.«[43]

Das »Gorillas Workers Collective«

Ein paar Rider schlugen vor, dass man sich doch organisieren sollte, sie nannten ihre Idee »Gorillas Workers Collective«, jede:r konnte mitmachen, niemand sollte an der Spitze stehen, es wurde auch nicht gewählt. Sondern es gab bloß ein paar Telegram-Chatgruppen – Camilo erinnert sich an eine gewisse »Undercover«-Stimmung, als sie Sticker in die Betriebstoiletten klebten, mit QR-Codes, die zu einer Telegram-Gruppe führten, »das hat Spaß gemacht«. Und dann gab es ein Treffen mit einem Mann von der FAU, der Freien Arbeiter:innen Union, einer alternativen, basisdemokratischen Gewerkschaft.[44] »Er schlug einen Betriebsrat vor«, erinnert sich Camilo, »und das war etwas, von dem viele von uns noch nie gehört hatten.«

Ein Betriebsrat, das ist ein förmliches Gremium, bestehend aus Sprecher:innen der Beschäftigten, demokratisch gewählt von allen gemeinsam für eine bestimmte Amtszeit. Wenn die Beschäftigten es schaffen, einen Betriebsrat zu gründen, haben sie eine ganze Reihe von Rechten. Zum Beispiel sind Kündigungen ohne Anhörung und Zustimmung des Betriebsrats nicht wirksam. Vor allem aber sind sie nicht mehr vereinzelt, sondern sie können mit einer gemeinsamen Stimme sprechen, sich wehren. Die Gorillas-Chef:innen versuchten deswegen, sie mit allen Tricks davon abzubringen, drohten mit gerichtlichen Schritten, zogen sogar vor das Landesarbeitsgericht Berlin – und verloren.[45]

Also versuchten es die Chef:innen mit einem neuen Schachzug, sie spalteten einfach ihr Unternehmen in viele kleine Betriebe auf. Und das bedeutete: Der gerade erst gegründete Berliner Betriebsrat war schon wieder machtlos, jetzt musste jede der vielen kleinen Filialen erst einmal einen neuen, eigenen Betriebsrat auf die Beine stellen. »Union Busting wie aus dem Drehbuch«, nannte das der schon erwähnte Berliner Anwalt,[46] also klassische Gewerkschaftsbekämpfung wie im 19. Jahrhundert.

Und seither? Mal glückt es, mal glückt es nicht, dass die prekär beschäftigten Rider die juristischen Anforderungen an die Wahl eines Betriebsrats erfüllen.[47] Und während sie mancherorts schon bessere Arbeitsbedingungen erkämpft haben – zum Beispiel gibt es jetzt Helme, Regenkleidung, FFP2-Masken für die Mitarbeitenden –, werden andernorts immer noch Rider gefeuert, sobald sie unbequem werden. Aber die Belegschaft ist jetzt aufgewacht, die Rider wissen besser, welche Wege sie gehen können.

»Wir liefern in zehn Minuten«, so lautete in der Anfangszeit von Gorillas mal der Slogan. Der Slogan, den sich die Berliner Rider bei einer Demonstration vor der Firmenzentrale auf ihre Plakate malten, las sich dann schon wie eine fröhliche Persiflage darauf: »Wir organisieren uns in zehn Minuten.«[48]

»Der Entscheider sprach seine Sprache, die Sprache der verglasten Büros. Der Antragsteller sprach seine flehende Sprache, die Illegalen-Sprache, die Ghetto-Sprache. Und ich nahm seine Sätze, übersetzte und servierte heiß.«

*Shumona Sinha**

* Die indische Autorin kam einst als Englischlehrerin nach Frankreich. Später arbeitete sie als Dolmetscherin in der französischen Migrationsbehörde, wovon ihr Roman *Erschlagt die Armen!* erzählt (Edition Nautilus 2015). Nach Erscheinen des Romans, der schonungslos die Realität des französischen Asylsystems aufspießt, verlor sie ihren Job. Der Roman erhielt mehrere Preise.

ASYLRECHT

Was soll das mit den Grenzen?

Wenn in Hamburg endlich mal die Sonne scheint, ist die ganze Stadt auf den Beinen. Raus auf die Straße, ins Café, an die Elbe, in die Parks. Von den Landungsbrücken hoch bis zur Außenalster ziehen sich die Wallanlagen, vorbei am Millerntor-Stadion, wo der Szene-Fußballclub St. Pauli spielt, um das imposante Landgericht herum, und münden in den Stadtpark Planten un Blomen, der bis hoch zum Grindel reicht, einem früheren jüdischen Viertel, in dem auch die Universität Hamburg liegt.

Während sich andere dort einen Sonnenbrand holen, schmieden Katharina Leithoff, Vivian Elvers und Friedericke »Fritzi« Holdorf Pläne. Und diese Pläne spielen nicht im Grünen, sondern auf dem Beton-Campus der Uni Hamburg. Ein Campus, auf dem die Gebäude »WiWi-Bunker« oder »Geomatikum« heißen und auf dem der romantisch klingende »Philosophenturm« ein leicht heruntergekommener Sechzigerjahre-Bau ist, in dessen Nähe man seinen Schirm besser zusammenklappt, auch wenn es regnet, weil der Wind dort noch kräftiger bläst als im Rest von Hamburg.

Gegenüber, im ebenso nüchternen, aber etwas moderneren Gebäude der juristischen Fakultät, dem »Rechtshaus«, studieren Katharina, Vivian und Fritzi schon seit einiger Zeit Jura. Als fortgeschrittene Studentinnen haben sie schon von so komplizierten Themen wie der forderungsentkleideten Hypothek, dem Dreiecksbetrug oder der Bebauungsplanung gehört. Aber worüber sie im Studium bisher überhaupt nichts erfahren haben, das sind die Rechtsprobleme der Menschen, die gerade in immer größerer Zahl nach Hamburg kommen.

Über das Mittelmeer mit Booten nach Italien

Zum Beispiel die Gruppe »Lampedusa in Hamburg«. Das sind etwa 300 Männer aus verschiedenen afrikanischen Ländern, darunter Togo, Ghana und die Elfenbeinküste. Sie haben in Libyen gearbeitet, bis sie 2011 fliehen mussten; weil sich der dort ausgebrochene Bürgerkrieg verschärfte und zusätzlich die NATO-Intervention begann.[1] Über das Mittelmeer gelangten sie mit Booten nach Italien; die italienische Insel Lampedusa ist von der libyschen Küste weniger als 300 Kilometer entfernt. Das ist etwa so weit wie von Hamburg nach Berlin.

Eine Zeitlang haben sie dann in Italien in Flüchtlingslagern gelebt. Als die geschlossen wurden, so berichten sie, bekamen sie vom italienischen Staat ein Schengen-Visum[2] und 500 Euro in bar in die Hand gedrückt und wurden auf die Reise geschickt, in andere EU-Mitgliedstaaten. So landeten sie in Hamburg.

Doch auch hier sind sie nicht willkommen. Denn nach dem Dublin-System soll das Asylverfahren in dem EU-Mitgliedstaat stattfinden, in dem eine schutzsuchende Person erstmals die EU betreten hat.[3] Das wäre in diesem Fall Italien. Wenn sie von dort in einen anderen EU-Mitgliedstaat weiterreist, zum Beispiel nach Deutschland, kann dieser Staat sie wieder nach Italien zurückschicken. In Italien kommen jedoch seit dem Beginn der Proteste und Aufstände gegen autoritäre Regime in nordafrikanischen und anderen arabischen Staaten[4] 2011 immer mehr Schutzsuchende an. Und so ist der italienischen Regierung jede Strategie willkommen, sich um einige dieser Menschen nicht kümmern zu müssen. Es könne nicht allein die Aufgabe von Italien und Griechenland sein, alle in Europa ankommenden Flüchtlinge aufzunehmen, argumentiert sie.

Die Lampedusa-Gruppe sieht es so, sagt Affo Tchassei, einer ihrer Sprecher: Dass sie nicht mehr in Libyen arbeiten könnten, hätten die NATO-Staaten mit ihren Bombenabwürfen zu verantworten, also auch Deutschland. Und sie hätten ja sogar ein Visum. Also müssten sie auch bleiben und arbeiten dürfen. In Italien, so Tchassei, gebe es für sie nur Obdachlosigkeit und Elend.[5]

In der Tat landen in Italien 88 Prozent der Dublin-Rückkehrer in der Obdachlosigkeit. In ihrer Not haben sie Häuser besetzt, darunter auch die ehemalige somalische Botschaft, die inzwischen genauso zerfallen ist wie der somalische Staat: »Es gibt kein Wasser, es gibt keinen Strom, es gibt keine Versorgung mit Gas. Es ist eine Situation der Verzweiflung – unter gesundheitlichen wie hygienischen Gesichtspunkten, vor allem aber aus humanitärer Sicht.«[6]

Und nicht nur aus Libyen, auch aus dem Bürgerkriegsland Syrien müssen immer mehr Menschen fliehen. Dort sind die Proteste des Arabischen Frühlings in einen Bürgerkrieg eskaliert, in dem Präsident Baschar al-Assad immer brutalere Verbrechen gegen die Zivilbevölkerung begeht. Die Menschen versuchen zunächst in der Region zu bleiben, aber als die Versorgung dort immer schlechter wird, suchen sie zunehmend Zuflucht in Richtung Europa. In der Bundesrepublik stellen sie bald die größte Gruppe von Schutzsuchenden.[7]

Diese steigenden Zahlen sind im Sommer 2014 auch in Hamburg zu spüren. Die Stadt muss immer mehr Menschen unterbringen. Die wenigen Anwält:innen, die auf das Asylrecht spezialisiert sind, haben alle Hände voll zu tun, die oft verängstigten und traumatisierten Menschen zu beraten, ihnen zu erklären, welche Rechte sie haben, und sie im Asylverfahren zu unterstützen.

Und Katharina, Vivian und Fritzi fragen sich, wofür sie eigentlich Jura studieren, wenn nicht für genau solche Situationen. Eine Freundin erzählt Katharina, dass sich in Köln gerade eine studentische Rechtsberatung gründet. Die Idee elektrisiert die Studentinnen.

Warum nicht auch in Hamburg?

Eine »Refugee Law Clinic« an der Uni Hamburg

Sie gründen eine kleine Arbeitsgruppe, fangen an, sich mit Lehrbüchern und Kommentaren selbst die Grundlagen des Asylrechts beizubringen. Schnell stellt sich heraus, dass das ein ganz schön kompliziertes Rechtsgebiet ist. Es wimmelt von internationalen Abkommen, EU-Verordnungen und Richtlinien, Gesetzen und Durchführungsverordnungen. Und von den meisten haben sie in ihrem gesamten Jura-Studium noch nie gehört.

Sie beschließen, das Ganze professionell aufzuziehen. Immerhin geht es für die Menschen, die sie beraten wollen, um sehr viel. Sie machen also einen Plan, rechnen aus, was sie an Finanzierung brauchen, holen den Dekan ins Boot. Melden sich bei Asylrechtsanwält:innen, um dort Praktikumsplätze zu bekommen. Gehen bei Stadtteil-Initiativen vorbei, um zu schauen, wo eine studentische Rechtsberatung am besten unterzubringen wäre. Sie laden einen Sprecher der Lampedusa-Gruppe zu einer Filmvorführung an der Uni ein, um über den Weg aus Libyen und die Situation in Hamburg zu sprechen.[8] Das bewegt viele dazu ihre Unterstützung anzubieten; vor allem zweisprachige Jurastudierende melden sich, wollen beim Übersetzen aus dem Arabischen, Persischen oder Russischen helfen.

Als im Herbst 2015, im »langen Sommer der Migration«, in kürzester Zeit Hunderttausende Schutzsuchende in Deutschland eintreffen, fangen sie gerade mit der Rechtsberatung an. Jeden Dienstag gehen sie in einem kleinen Nebenraum im »Refugee Support Café« des Harburger Stadtteilzentrums Welt*RAUM mit Geflüchteten ihre Unterlagen durch, erklären ihnen ihre Rechte und überlegen mit ihnen, welche Anträge bei Behörden möglich wären. Und jeden Mittwoch sitzen sie in der Probebühne des Thalia-Theaters im Stadtteil Altona, wo das Theater die »Embassy of Hope – Café International« eingerichtet hat und den Geflüchteten aus der nahegelegenen Unterkunft Tee und WLAN zur Verfügung stellt. Über komplizierteren Problemen brüten sie an den übrigen Tagen in der Bibliothek, um den Klient:innen in der nächsten Woche Auskunft geben zu können.

Dass es kostenlosen Rechtsrat und praktische Hilfe bei der Vorbereitung auf die Anhörung im Asylverfahren und beim Zugang zu Sprachkursen gibt, verbreitet sich rasch, von Mund zu Mund. Die ersten Ratsuchenden kommen beim Teetrinken im Refugee Support Café oder in der Embassy of Hope mit den Studierenden in Kontakt, stellen Fragen, bringen Behördenschreiben mit, berichten bei späteren Besuchen von Erfolgen. Und manche von ihnen fangen selbst an, die Clinic zu unterstützen.

Zum Beispiel Moayad. Er ist gerade erst aus Syrien in Hamburg angekommen, musste dort seine Frau und seinen kleinen Sohn Omar zurücklassen. Er spricht noch wenig Deutsch, aber er ist oft im Refugee Support Café in Harburg, wo er mit einigen der deutschen Betreiber:innen befreundet ist. Irgendwann bringt er seine Unterlagen mit, lässt sich von Fritzi und zwei weiteren Berater:innen erklären, worum es in der Anhörung beim Bundesamt für Migration und Flüchtlinge gehen wird, bereitet sich mit ihnen sorgfältig darauf vor. Wenn der zweisprachige Berater Ali Assad ausfällt, springt Moayad nun auch manchmal als arabischer Übersetzer bei anderen Klient:innen ein; erst muss er überredet werden, dann wird er bald ganz offiziell Teil der Clinic. Er ist selbst erst Mitte, Ende zwanzig, nur einige Jahre älter als die Studierenden; rasch wird aus der Zusammenarbeit eine Freundschaft – eine, die bis heute hält. Als er seinen Schutzstatus bekommt, ist das für alle ein grandioses Erfolgserlebnis. Das wichtigste für Moayad: Nun kann er endlich seine Familie nachholen. Auch hierbei, und später bei der Suche nach Sprachkursen und nach einem Ausbildungsplatz, holt er sich von seinem Beratungsteam Unterstützung. Inzwischen, berichtet Fritzi, wohnt er in Berlin, hat die Ausbildung zum Einzelhandelskaufmann bei Rewe abgeschlossen. In Syrien war er Bibliothekar. Aber das Leben geht weiter.

Jurastudierende, die Geflüchtete beraten – ein neues Konzept

Während in Harburg und Altona die Beratung beginnt, wird bereits die nächste Gruppe Jurastudierender ausgebildet.

Helene Heuser, 32 Jahre alt, hat schon einmal eine Asyl-Erstberatung aufgebaut, für eine soziale Organisation, die Arbeiterwohlfahrt, kurz AWO, und ist gerade dabei, ihr Referendariat abzuschließen. Sie steckt noch mitten im zweiten Staatsexamen, hat Pläne für eine Dissertation in Rechtsphilosophie, will eigentlich endlich wieder den Kopf in die Bücher stecken. Doch der Anruf aus Hamburg ist zu verlockend. Und so steht sie im Oktober 2015 im Untergeschoss des Hamburger Rechtshauses in einem viel zu kleinen Seminarraum und bringt den Studierenden nicht nur Asylrecht bei, sondern auch, was es für eine gute Beratung braucht. Wie man das unterrichtet? Keine Ahnung. Sie muss es sich ausdenken.[9]

Studentische Rechtsberatung, das ist zu diesem Zeitpunkt noch ein ziemlich neues Konzept. Denn das war lange Zeit durch das Rechtsberatungsgesetz verboten. Das Gesetz stammte noch von 1935, es sollte verhindern, dass jüdische Anwälte und Anwältinnen, die 1933 durch den NS-Staat aus ihrem Beruf gedrängt worden waren, weiter rechtsberatend arbeiten konnten.[10] Seit 2008 ist die Rechtslage lockerer geworden, jetzt gibt es das Rechtsdienstleistungsgesetz. Das erlaubt es auch Menschen ohne Staatsexamen, zum Beispiel Sozialarbeiter:innen, unentgeltliche Rechtsberatung zu leisten, wenn sie von einer Person angeleitet werden, die ihrerseits zwei Staatsexamen hat.[11]

Seitdem gibt es immer mehr studentische Beratungsprojekte. Den Anfang[12] machte die Gießener »Refugee Law Clinic«, die sich schon 2007, kurz vor Inkrafttreten des neuen Gesetzes, gründete.

Das Konzept der »Law Clinic« stammt aus dem anglo-amerikanischen Rechtsraum, dort sind studentische Beratungsprojekte bereits seit den 1960er-Jahren fest etabliert – und intervenieren regelmäßig auch vor dem US Supreme Court.[13] Der Begriff erinnert an die Klinik, wo Medizinstudierende am Krankenbett lernen. Und genau darum geht es auch bei Law Clinics: Sie sind Ausbildungsprojekte für ein erfahrungsbasiertes Lernen, das nicht nur Wissen, sondern auch Kompetenzen und Werte herausbildet – und zugleich soziale Gerechtigkeit fördert.[14] Denn die ehrenamtliche Arbeit der Studierenden soll gerade solchen Menschen zugutekommen, die typischerweise Schwierigkeiten dabei haben, ihre Rechte geltend zu machen.

Inzwischen gibt es in Deutschland allein 38 Refugee Law Clinics und viele weitere Clinics zu anderen Rechtsgebieten[15]:

- In der Humboldt Law Clinic Grund- und Menschenrechte unterstützen die Studierenden mit ihrer juristischen Expertise zivilgesellschaftliche Organisationen, insbesondere in Fragen des Antidiskriminierungsrechts.
- An der Freien Universität Berlin gibt es die Law Clinic »Praxis der Strafverteidigung«, deren neustes Projekt sich der Überprüfung von Fehlurteilen widmet.[16]

- Im thüringischen Jena arbeiten die Studierenden der Law Clinic »PARAlegal« an zivilrechtlichen und verwaltungsrechtlichen Fällen.
- In Frankfurt am Main unterstützt die Goethe-Universität Law Clinic Ratsuchende im Migrations- und Sozialrecht.
- Im bayerischen Passau beraten Studierende Start-ups und Unternehmen, aber auch Bürger:innen, zum Datenschutzrecht und zum Medienrecht.
- Die Law Clinic Augsburg hat Sprechstunden für geflüchtete Ukrainer:innen zum Mietrecht eingerichtet.
- In einem gemeinsamen Projekt unterstützen Studierende aus Würzburg, Erlangen und München eine Klage gegen Verschärfungen im bayerischen Polizeiaufgabengesetz.[17]

»Dass man nichtsdestotrotz den Leuten Mut machen kann …«

Während im typischen Jurastudium die Sachverhalte auf das Allernötigste zusammengekürzt sind und die Akteure so aussagekräftige Namen wie »A« und »B« tragen, geht es hier ins echte Leben. Und das ist kompliziert, oft auch ungerecht, es erfordert Kreativität, Empathie, Flexibilität und die Fähigkeit, juristische Fragen in einfachen Worten zu erklären. Wichtige Kompetenzen für die meisten juristischen Berufe – die aber im Jurastudium praktisch nicht vorkommen.[18]

Diese Erfahrung ist für viele Studierende prägend. Es ist beglückend, wenn man Menschen dabei unterstützen konnte, ihr Recht auf Familienzusammenführung durchzusetzen, und mit ihnen gemeinsam feiern kann, dass nun alle Familienmitglieder in Sicherheit sind. Und es ist kaum auszuhalten, wenn das Recht die Ratsuchenden einfach im Stich lässt.

Denn dass das Recht nicht immer gerecht ist, das ist eine der zentralen Erfahrungen in einer Refugee Law Clinic.

»Man stößt sehr viel auf Missstände und auf Ungerechtigkeiten im Asylrecht«, berichtet Mailin Loock, eine Absolventin der Refugee Law Clinic Hamburg. Aber: »Auch die letzten Asylrechtsverschärfungen führen einem immer wieder vor Augen, dass Recht nichts ›Firmes‹ ist, sondern immer wieder gestaltet wird.«[19]

Die Clinic-Studierenden versuchen, in diesem Sinne positiv zu gestalten, indem sie Menschen dabei unterstützen, Zugang zum Recht zu finden. Aber Frust gebe es natürlich trotzdem häufig. Wenn zum Beispiel ein Jugendlicher während des langwierigen Asylverfahrens volljährig werde, sei es mit dem Nachholen der gefährdeten Eltern oft sehr schwierig. Umso wichtiger sei es, »dass man nichtsdestotrotz den Leuten Mut machen kann dadurch, dass man eben gemeinsam dafür kämpft, dass es besser wird«. Auch dass man mindestens zu zweit, mit ehrenamtlichen Dolmetschenden zu dritt in der Beratung sitze, das helfe in belastenden Situationen, berichtet Clinic-Rechtsberater Leonard Feil.[20]

Aber wieso ist es überhaupt so schwer, Schutz zu suchen und zu bekommen?

Kurz gesagt: weil die Erdoberfläche inzwischen praktisch komplett in Staaten eingeteilt ist. Und die haben nach den Regeln des Völkerrechts grundsätzlich das Recht zu entscheiden, wen sie hereinlassen.[21] Ausreisen darf zwar jeder; aber nur die eigenen Staatsangehörigen haben ein Recht auf Einreise.[22] Alle anderen sind darauf angewiesen, dass ihnen die Einreise erlaubt wird – das ist die Funktion eines Visums – oder dass sie von der Visumpflicht befreit sind. Und wem ein Staat die Einreise erlaubt, das kann er eben frei entscheiden.

Für Menschen, die dringend Schutz brauchen, ist das natürlich ein großes Problem. Denn ein Visum bekommt man zum Beispiel, wenn man eine gesuchte Fachkraft ist. Oder wenn man einen Studienplatz hat und genug Geld, das Studium auch zu finanzieren. Oder wenn man als minderjähriges Kind seinen Eltern hinterherziehen will. Aber nicht, weil man Folter oder Mord zu befürchten hat.

Und ohne Visum darf man noch nicht einmal ein Flugzeug oder eine Fähre besteigen. Dafür sorgen die europäischen Staaten mit den sogenannten »carrier sanctions«: Danach haften Transportunternehmen dafür, dass sie niemandem die Einreise ermöglichen, der nicht die erforderlichen Dokumente hat. Und Dokumente, die gibt es eben für Fachkräfte, aber nicht für Folteropfer.

Diese rechtlichen Regelungen bedeuten, dass es für die meisten Menschen keine legalen Fluchtwege gibt. Stattdessen müssen sie auf illegale Transportwege ausweichen und undokumentiert versuchen, über die rettende Grenze zu gelangen.

Ist das gerecht?

Das »Recht, Rechte zu haben«

Dass die europäischen Staaten in ihren Einreisebestimmungen so streng sind, ist noch gar nicht so lang der Fall. Die US-amerikanische Politikwissenschaftlerin Claudena Skran schreibt:

> »Im 19. und frühen 20. Jahrhundert zogen vertriebene, verfolgte und arme Bevölkerungsgruppen in Europa schlicht für neue Jobs und Chancen in andere Regionen. Doch während und nach dem Ersten Weltkrieg führten viele Staaten Passkontrollen und Zuzugsbeschränkungen ein, die internationale Migration sehr viel schwieriger machten.«[23]

Vorher konnte man diese Grenzen noch relativ leicht überschreiten – und das taten auch viele. Zum Beispiel nach der Russischen Revolution im Jahr 1917, als Tausende das Land verließen oder staatenlos wurden und nicht zurückkehren konnten. Allerdings war ihre Situation dann nicht unbedingt glücklich. Das berichtet der Schriftsteller Vladimir Nabokov, der 1917 als Jugendlicher mit seinen Eltern Russland verlassen musste, in Richtung Berlin, und später mit seinem Buch *Lolita* weltberühmt wurde:

> »Der Völkerbund rüstete Emigranten, die ihre russische Staatsangehörigkeit verloren hatten, mit dem sogenannten Nansenpaß aus, einem höchst minderwertigen Dokument von kränklich grüner Farbe.

Sein Inhaber war wenig mehr als ein auf Bewährung entlassener Verbrecher und hatte die größten Strapazen auf sich zu nehmen, wenn er etwa ins Ausland reisen wollte – je kleiner die Länder, desto mehr Umstände machten sie. Irgendwo an der Rückseite ihrer Drüsen sekretierten die Behörden die Vorstellung, daß, so übel ein Staat – zum Beispiel Sowjetrußland – auch sein mochte, jeder Flüchtling von vornherein zu verachten war, da er außerhalb einer nationalen Verwaltung lebte; und so begegnete man ihm mit der hanebüchenen Mißbilligung, die gewisse religiöse Kreise einem unehelichen Kind entgegenbringen.«[24]

Als Flüchtling hatte man nämlich praktisch keine Rechte – oder nur die, die der jeweilige Staat, in dem man sich befand, einem zugestehen wollte.

Das sollte sich nach dem Zweiten Weltkrieg grundsätzlich ändern. Die Genfer Flüchtlingskonvention von 1951 machte mit der Rechtlosigkeit Schluss. Sie klärt seitdem nicht nur, wer als Flüchtling anerkannt werden muss. Sie schreibt auch vor, welche Rechte einer solchen Person mindestens zustehen; zum Beispiel der Zugang zu Arbeit, zu Bildung und zu den Gerichten, eine grundlegende Gleichbehandlung bei Sozialleistungen oder der Schutz ihres Eigentums.[25] Den Ausschlag gab die millionenfache Ermordung und Vertreibung während des Holocausts und des Zweiten Weltkriegs. Und der Umstand, dass die anderen Länder sich trotzdem nicht hatten entschließen können, Jüdinnen und Juden aus dem Deutschen Reich in großer Zahl aufzunehmen.[26]

»Keiner der vertragschließenden Staaten«, so heißt es nun in Artikel 33 Absatz 1 der Flüchtlingskonvention, »wird einen Flüchtling auf irgendeine Weise über die Grenzen von Gebieten ausweisen oder zurückweisen, in denen sein Leben oder seine Freiheit wegen seiner Rasse, Religion, Staatsangehörigkeit, seiner Zugehörigkeit zu einer bestimmten sozialen Gruppe oder wegen seiner politischen Überzeugung bedroht sein würde.« Das ist das sogenannte Refoulement-Verbot.[27] Es gilt nach menschenrechtlichen Standards auch dann, wenn im anderen Staat Folter oder eine unmenschliche oder erniedrigende Behandlung drohen.[28]

Dieses Recht ist das wichtigste von allen. Denn es sichert eine wichtige Voraussetzung dessen, was die deutsche Philosophin Hannah

Arendt im 20. Jahrhundert das »Recht, Rechte zu haben« genannt hat: das Recht, einer politischen Gemeinschaft anzugehören, in der die eigenen Meinungen und Handlungen zählen. Denn ohne dieses Recht ist man ein Nichts, und als Nichts ist man völlig schutzlos.

Die als Jüdin verfolgte Arendt, die 1933 erst nach Frankreich emigrierte und dann 1941 nach New York fliehen musste, beschreibt es in ihrem berühmten Text von 1949 so:

> »Das Unglück der Rechtlosen liegt nicht darin, daß sie des Lebens, der Freiheit, des Strebens nach Glück, der Gleichheit vor dem Gesetz oder der Meinungsfreiheit beraubt sind; ihr Unglück ist mit keiner der Formeln zu decken, die entworfen wurden, um Probleme *innerhalb* gegebener Gemeinschaften zu lösen. Ihre Rechtlosigkeit entspringt einzig der Tatsache, daß sie zu keiner irgendwie gearteten Gemeinschaft mehr gehören. Ihr Zustand ist nicht zu definieren mit Ungleichheit vor dem Gesetz, da es für sie überhaupt kein Gesetz gibt; nicht daß sie unterdrückt sind, kennzeichnet sie, sondern daß niemand sie auch nur zu unterdrücken wünscht. Ihr Recht auf Leben wird erst im letzten Stadium eines langwierigen Prozesses in Frage gestellt; nur wenn sie völlig ›überflüssig‹ bleiben, und sich niemand mehr findet, der sie reklamiert, ist ihr Leben in Gefahr.«[29]

Juristische Kämpfe an den EU-Außengrenzen

Was Hannah Arendt 1949 schrieb, erinnert in beklemmender Weise an die Situation der Menschen, die heute – statt auf Fähren oder in Flugzeuge steigen zu können – in Gummibooten über das Mittelmeer reisen müssen, um Schutz zu finden. Denn auf Hoher See gibt es keinen Staat, der für ihre Sicherheit zuständig ist. Wenn hier Menschen auf der Flucht ertrinken, dann ist das keine Menschenrechtsverletzung. Es ist ja keiner da, der die Menschenrechte hätte beachten müssen.

Doch auch hier gilt das Refoulement-Verbot. Diese Klarstellung haben vierundzwanzig eritreische und somalische Flüchtlinge 2012 vor dem Europäischen Gerichtshof für Menschenrechte erreicht. Mit

Unterstützung zweier ehrenamtlich tätiger Rechtsanwälte und einer Flüchtlingshilfe-Organisation.

Der italienische Innenminister hatte stolz einen wichtigen Wendepunkt im Kampf gegen die illegale Einwanderung verkündet, indem Bootsflüchtlinge im Mittelmeer aufgegriffen und nach Libyen zurückgebracht wurden. Pushbacks heißen solche Aktionen. Nicht erwähnt hatte er dabei, dass den Geflüchteten dort entsetzliche Haftbedingungen, Ausbeutung, sogar Ermordung drohten.[30] Also genau das, wovor das Refoulement-Verbot schützt.

Am 6. Mai 2009 fahren zwei französische Journalisten an Bord eines italienischen Grenzpatrouillen-Bootes mit und dokumentieren eine solche Pushback-Aktion bis ins Detail.[31] Als Mitarbeiter:innen des italienischen Flüchtlingsrats und des UN-Hochkommissariats für Flüchtlinge (UNHCR) davon erfahren, können sie wenig später einige der Zurückgeschobenen in einem libyschen Lager ausfindig machen. Innerhalb von nur zwanzig Tagen reichen die italienischen Rechtsanwälte Anton Giulio Lana und Andrea Saccucci ihre Beschwerde in Straßburg ein.[32]

Gegen eine solche Politik rechtlich vorzugehen, ist nicht einfach. Denn dafür braucht es immer konkrete Betroffene, die vor Gericht ziehen können – nur verschwinden die ja gerade durch die Pushbacks in Libyen. Die Kasseler Politikwissenschaftlerin Sonja Buckel schreibt:

> »Gäbe es in Italien nicht ein starkes Netzwerk von flüchtlingsrechtlichen Akteur*innen, hätte sich daran auch nichts geändert.«[33]

Stattdessen entscheidet nun der Europäische Gerichtshof für Menschenrechte. Und befindet: Italiens Abschiebepolitik verstößt gegen das Refoulement-Verbot. Wenn europäische Beamte Menschen auf See aufgreifen, müssen sie prüfen, ob diese Anspruch auf Schutz haben; sie können sie nicht einfach zurückschieben.[34]

Damit sind die Probleme an den europäischen Außengrenzen natürlich keineswegs gelöst. Im Gegenteil: Italien bezahlt nun einfach Libyen dafür, dass es Flüchtende aufhält – obwohl sich die Situation dort nicht verbessert hat. Von denen, die es trotzdem aufs Meer schaffen, ertrinken jedes Jahr Tausende, weil es nicht nur an sicheren Fluchtwegen fehlt, sondern auch keine ausreichende Seenotrettung stattfindet. Und es finden weiterhin illegale Rückschiebungen an Land und auf See statt.[35]

Aber gleichzeitig gibt es viele Menschen, die gemeinsam mit den Flüchtenden gegen solche Rechtsbrüche kämpfen. Sie setzen sich zum Beispiel in der »Seebrücke« für eine Aufnahme von Bootsflüchtlingen durch deutsche Kommunen ein. Sie dokumentieren und rekonstruieren illegale Aktionen auf See mit zahlreichen Fotos und Videos. Sie gründen Meldestellen für Notrufe auf See, oder sie kaufen Schiffe, um selbst zur Rettung hinauszufahren. Und sie bringen neue Fälle vor den Europäischen Gerichtshof für Menschenrechte.[36]

Aus vielen solchen ehrenamtlichen Aktionen sind inzwischen richtige NGOs geworden, also Nichtregierungsorganisationen, für die die Engagierten inzwischen fest arbeiten. Zum Beispiel auf der griechischen Insel Chios.

Europäische Solidarität von unten

Denn nicht nur in Hamburg und anderen deutschen Städten, sondern auch auf den griechischen Inseln gab es 2015/16 massiven Bedarf an Rechtsberatung. Dort hat die EU sogenannte »Hotspots« eingerichtet, wo Geflüchtete festgehalten und ihre Schutzbegehren in Schnellverfahren geprüft werden sollen. Wenn sie aus der Türkei kommen, sollen sie sogar sofort zurückgeschickt werden; für ihre Rücknahme und Unterbringung zahlt die EU – das ist der sogenannte EU-Türkei-Deal.

Also machten sich im Mai 2016 einige der frisch ausgebildeten Studierenden in einer Solidaritätsaktion auf, in einem dieser »Hotspots«, auf der griechischen Insel Chios, Rechtsrat anzubieten. Von Anfang an dabei sind zum Beispiel Robert Nestler und Vinzent Vogt, die an der Universität Halle-Wittenberg Jura studieren und dort im »Praxisprojekt Migrationsrecht« aktiv sind, außerdem Clara Bünger aus Leipzig und Catharina Ziebritzki aus Heidelberg. Als erstes probieren sie es selbst aus, mit einem Pilotprojekt, in enger Abstimmung mit den griechischen Anwält:innen vor Ort.

Als das gelingt, fangen sie an, ein Solidaritätsnetzwerk aufzubauen: Studierende aus den deutschen Clinics kommen jeweils für eine Zeitlang nach Chios, um dort auszuhelfen. »Refugee Law Clinics Abroad« nennen sie das Projekt. Sie beraten im Asylverfahren und bei der Zusammenführung mit Familienangehörigen in Deutschland. Inzwischen haben sie ein zweites Büro in Athen aufgemacht und den gemeinnützigen eingetragenen Verein »Equal Rights Beyond Borders« gegründet, 2019 ist ein drittes Büro in Berlin dazugekommen. Inzwischen kämpfen sie auch gegen neue Haftzentren auf den griechischen Inseln und gegen die zunehmenden Beschränkungen für die griechische Zivilgesellschaft.[37]

Der ehemalige Jurastudent Robert Nestler ist inzwischen der Geschäftsführer dieser NGO. Wie hält man diesen Aktivismus so lange durch, wenn gleichzeitig so viel falsch läuft? Robert Nestler sieht das ähnlich wie die Hamburger Rechtsberaterin Mailin Loock:

> »Wenn man sich das große Ganze anschaut und sagt, dass man die europäische Asylpolitik zum Positiven beeinflussen will, dann muss man angesichts der vielen Rückschritte schon sagen, dass das ein Kampf gegen Windmühlen ist, der sehr, sehr frustrierend ist. Im Einzelfall vor Ort aber machen wir, sobald wir involviert sind, einen großen Unterschied. Und jeden Einzelfall, den wir irgendwie positiv beeinflussen können, für den hat sich die Arbeit gelohnt.«[38]

»Ein Fliesenleger, der abends Malen-nach-Zahlen-Bilder ausmalt, ist uns direkt sympathisch. Weil uns sein Hobby das Gefühl gibt, ihn besser zu verstehen, ihn als mehrdimensionalen Menschen zu begreifen. Ein Arbeitsloser, der dasselbe tagsüber macht, kommt uns verrückt vor, ein bisschen spleenig. Hat der nichts Besseres zu tun?«

*Anna Mayr**

* Die Journalistin beschreibt in ihrem Buch *Die Elenden* (Hanser 2020) ihr eigenes Aufwachsen als Kind von zwei Langzeitarbeitslosen im Ruhrgebiet und kritisiert herablassende Klischees in der deutschen Gesellschaft. »Wer Arbeit hat, der darf seine Freizeit mit jedem möglichen Schmarrn verbringen«, schreibt sie. »Wer keine Arbeit hat, hat auch keine ›Freizeit‹, ihm ist keine Erholungspraktik gegönnt – denn er tut ja nichts, wovon er sich erholen müsste.«

SOZIALRECHT

Wie geht Solidarität?

Mia kann schlecht mit Stress umgehen. Und sie hat da besondere Empfindungen: Für sie ist vieles Stress, was andere Menschen gar nicht unbedingt so empfinden würden, zum Beispiel auch schon, wenn andere ihr beim Essen zusehen, oder überhaupt, wenn sie in einem Raum mit vielen Menschen ist. Am wohlsten fühlt Mia sich, wenn sie mit niemandem reden muss, außer vielleicht mit einer einzigen Person, die ihr vertraut ist. Mia, 29 Jahre alt, aufgewachsen in einer kleinen Stadt in Bayern, hat deswegen ein großes Problem.

Denn sie ist schon als junge Erwachsene in ein geschlossenes Heim eingewiesen worden, gegessen wurde dort gemeinsam, in einem großen Frühstücksraum, auch ein Fernsehzimmer gab es – alles Räume, in denen Mia anderen Menschen kaum mehr ausweichen konnte.

Es gab außerdem Pflegekräfte, die aufpassten, in einheitlich pastellfarbener Dienstkleidung. Alle waren freundlich und sehr bemüht, aber die Tür des Hauses war abgesperrt. Dort saß auch jemand und passte auf, dass niemand flüchtete. Und außen herum war ein Zaun. Für Mia bedeutete das täglich Stress.

Mia braucht Freiheit

Mia, so kann man es heute in ihren dicken medizinischen Akten nachlesen, reagiert auf Stress ängstlich und aggressiv, sie reißt sich dann Haare aus, schlägt sich mit der Faust gegen den eigenen Kopf, ritzt sich die Arme auf, kann nachts schlecht schlafen. »Aggressives Verhalten gegenüber Mitarbeitern und Klienten«, so hat das ein medizinischer Mitarbeiter in einer der letzten geschlossenen Einrichtungen, in denen Mia in Bayern untergebracht war, in seinem Bericht vermerkt. Mia »schlägt ihren Kopf gegen den Boden oder Wände, kratzt Mitarbeiter an den Unterarmen«, so führte er dort weiter aus. Und am Ende stand noch kurz und knapp der vollkommen nüchtern-technische, aber in Bezug auf einen erwachsenen Menschen eigentlich auch ein bisschen groteske Satz: »Verhalten kaum lenkbar.«

Mia heißt in Wirklichkeit anders. Sie wird heute vertreten von einem Anwalt. Er setzt sich bundesweit für die Rechte von Menschen mit Behinderung ein. Er heißt Oliver Tolmein, mit zwei Kolleginnen hat er 2007 in Hamburg die »Kanzlei Menschen und Rechte« gegründet. Mia ist eine von etwa 320 000 Menschen mit psychischen Beeinträchtigungen in Deutschland, und sie weiß nicht nur, was ihr Problem ist. Sondern auch, wie sie es lösen kann, sprich: was ihr, Mia, guttut.

Was Mia guttut, ist zum Beispiel: Busfahren. Am liebsten die ganze Strecke, bis zur Endhaltestelle. Und wieder zurück. Das ist für Mia ein schöner Tag. Die Busfahrer in ihrem Ort kennen sie schon. Sie lächeln ihr dann zu.

Wenn heute Menschen, die nie selbst echte Not gekannt haben, an das Wort »Sozialleistungen« denken, dann denken sie wahrscheinlich in erster Linie an Geld. Hartz IV oder, wie es jetzt heißt, Bürgergeld. Oder vielleicht an die Rente. An Hilfe für Bedürftige also, um ihnen einen Mindest-Lebensstandard zu ermöglichen. Nun: Für Menschen wie Mia geht es um etwas viel Wichtigeres, viel Existenzielleres als Geld. Und so ist es in Wahrheit oft.

Es ist ein ungewöhnliches Glück, das Mia neuerdings hat: Ihre Mutter hat es geschafft, das örtliche Sozialamt davon zu überzeugen, dass Mia eine Eins-zu-eins-Betreuung bekommt, auch wenn das sehr viel teurer ist als eine Unterbringung in einem Heim. Das bedeutet: Mia wohnt jetzt in einer eigenen Wohnung in der Stadt, eine Person kommt, um sie im Alltag zu begleiten, nach ein paar Stunden wird diese von einer anderen abgelöst, und so weiter. Keine Frühstücksräume mehr, keine lauten Flure mit vielen Menschen. Mia kann selbständig leben, privat und zurückgezogen, so wie es sich für sie richtig anfühlt. Und trotzdem mittendrin.

Die Grundlage dafür hat ein freundlicher Mitarbeiter des Sozialamts im Paragrafen 103 des Sozialgesetzbuchs IX – ausgesprochen: »Sozialgesetzbuch Neun«[1] – entdeckt. Hinzu kommen die Regelungen im siebten Kapitel des Sozialgesetzbuchs XII (»Zwölf«), hier lautet die Überschrift: »Hilfe zur Pflege«. Nicht nur Menschen mit körperlichen Schwierigkeiten können nach diesem Gesetz »Pflege« bekommen, sondern auch Menschen mit psychischen Beeinträchtigungen.

Mia hat ein ärztliches Attest, wonach sie recht viel Hilfe braucht, nämlich »Pflegegrad 5«. Deshalb ist das Sozialamt bereit gewesen, ihr eine 24-Stunden-Betreuung zu gewähren. Das kostet den Staat um die 25 000 Euro pro Monat, plus Wohnung, Heizung und so weiter. Die Summe zahlt das Sozialamt jetzt aus Steuermitteln. Aber zugleich hat es Mia mitgeteilt: Das könne man sich nur für kurze Zeit leisten, diese Großzügigkeit könne nur ganz ausnahmsweise gelten. Nur so lange, bis Mia wieder einen geeigneten Heimplatz findet.

Das Amt hat ihr gleich auch mit aufgegeben, sich bei fünf Heimen zu bewerben. Das heißt, Mia soll sich dort persönlich vorstellen. Auch bei welchen, die Hunderte Kilometer entfernt sind – obwohl für Mia die Rückkehr ins Heim eine Horrorvorstellung ist.

Jetzt gibt es also Streit. Das Amt würde die junge Frau gerne zurück in eine Einrichtung stecken, draußen vor den Toren der Stadt, hinter einem Zaun, das kostet den Staat »nur« um die 8 000 Euro pro Monat. Dagegen wehrt sich Mia. Und in dieser Situation kämpft sie mit ihrem Anwalt nun nicht bloß für bessere Lebensbedingungen, wie man meinen könnte. Sondern es ist viel grundlegender. Sie kämpft um ihre Freiheit.

Ein »Pflegeknast« für behinderte Menschen?

Ihr Anwalt Oliver Tolmein meint, der Umzug in ein geschlossenes Heim – »eine Art Pflegeknast«, wie er sagt, »bei allem Respekt für die Pflegekräfte, das ist nun mal so« – sei für Mia einfach »unzumutbar«.

Das ist ein weiterer Fachbegriff, er steht im Paragrafen 13 des Sozialgesetzbuchs XII. Dort heißt es: Ein Mensch könne für die ihm zustehende Pflege nur dann auf eine »stationäre« Unterbringung verwiesen werden, wenn das zumutbar sei.

Der Anwalt hat eine erstaunliche Karriere hingelegt – erst als Journalist der *taz* und des linken Monatsmagazins *konkret* in den frühen 1990er-Jahren, dann spät noch einmal zurück an die Uni, um Jura zu studieren, und heute lehrt er auch als Honorarprofessor an der Universität Göttingen. Ein zweites juristisches Argument, das er jetzt für Mia vorträgt, stützt sich auf die UN-Behindertenrechtskonvention. Das ist ein völkerrechtlicher Vertrag, den auch Deutschland ratifiziert hat, schon im Jahr 2009. Dort steht:

> »Artikel 19: Unabhängige Lebensführung und Einbeziehung in die Gemeinschaft
>
> Die Vertragsstaaten dieses Übereinkommens anerkennen das gleiche Recht aller Menschen mit Behinderungen, mit gleichen Wahlmöglichkeiten wie andere Menschen in der Gemeinschaft zu leben, und treffen wirksame und geeignete Maßnahmen, um Menschen mit Behinderungen den vollen Genuss dieses Rechts und ihre volle Einbeziehung in die Gemeinschaft und Teilhabe an der Gemeinschaft zu erleichtern, indem sie unter anderem gewährleisten, dass
>
> a) Menschen mit Behinderungen gleichberechtigt die Möglichkeit haben, ihren Aufenthaltsort zu wählen und zu entscheiden, wo und mit wem sie leben, und nicht verpflichtet sind, in besonderen Wohnformen zu leben; [...]«

Dazu sagt das Bundessozialgericht zwar, dieses Versprechen sei nichts Besonderes, das stehe doch ohnehin auch schon im Grundgesetz, nämlich zwischen den Zeilen in den Artikeln 1, Absatz 1 (Menschenwürde) und 3, Absatz 3 (Keine Benachteiligung wegen einer Behinderung). Aber, so winkt das Bundessozialgericht auch gleich wieder ab, das sei nicht so ganz konkret zu verstehen, sondern Auslegungssache. Behinderte hätten das Recht, in Deutschland frei zu leben – aber nicht unbedingt, dass auch immer jemand die Kosten übernimmt.[2]

Der Kampf, den Mia und andere jetzt führen, ist auch beispielhaft dafür, wie Menschen mit Behinderung schon seit Jahrzehnten um ihren Platz in der Gesellschaft kämpfen und kämpfen müssen. Bis in die 1990er-Jahre sah man in der westdeutschen Gesellschaft – aber auch in der DDR – praktisch noch gar keine Menschen mit Behinderung in der Öffentlichkeit. Ein paar Hunderttausend Menschen, die Betreuung brauchten, waren allesamt weggesperrt in Heime oder wurden privat betreut. Kinder mit Behinderung waren in Sonderschulen verbannt, Erwachsene in Werkstätten. In eine Art Parallelwelt also, aus den Augen, aus dem Sinn.

Und im Grunde ist es das, worum es beim Sozialrecht im Kern immer geht: ein Mittel zu mehr Freiheit, auch für Menschen, die dafür schwierigere Bedingungen vorfinden. Und um die Solidarität der anderen.

»Jedem Krüppel seinen Knüppel!«

1961, ein kleines Dorf im Münsterland. Es war eine Idee des Dorfarztes, er ging zum Schulleiter und schlug ihm eine Abmachung vor: »Ich habe fünf Kinder. Sie haben fünf Kinder. Ich behandele Ihre fünf, Sie unterrichten meine fünf.«

Nur so bekam das fünfte Kind dieses Dorfarztes eine Chance, eine reguläre Schule zu besuchen, dabei war dieses fünfte Kind, Theresia, ohne Arme und Hände geboren worden. Der für sie damals gesetzlich vorgezeichnete Weg war eigentlich ein Dasein im gesellschaftlichen Abseits, in einer Sonderschule für Körperbehinderte, in einem Heim oder einer Werkstatt. Der Vater lehnte sich dagegen auf – und vierzig Jahre später arbeitete eben diese Theresia Degener daran mit, eine UN-Konvention durchzusetzen, damit alle Kinder erleben dürfen, was sie im Gespräch mit einer Journalistin einmal eine Jugend im »Mainstream« genannt hat.[3]

Theresia Degener, heute Juraprofessorin, bedient im Hörsaal ihren Laptop mit einem Stift, den sie mit dem Fuß führt, die Uhr um den Knöchel gestülpt, ihren Ehering um den Zeh. Sie hat in Frankfurt Jura studiert, einen Master an der kalifornischen Universität Berkeley abgelegt, bei dem Sozialrechtler und Rechtshistoriker Michael Stolleis promoviert. Als Gastprofessorin war sie in Südafrika und den Niederlanden. Sie hat heute zwei Söhne – und wenn sie früher von den Kindergärtnerinnen ständig dafür gelobt wurde, wie flink sie mit ihren Füßen deren Reißverschlüsse schließen oder deren Windeln wechseln konnte, dann fand sie das herablassend und nervig, so als tätschele man ihr, einer erwachsenen Frau, den Kopf.

Nach ihrem Abitur war sie in den 1970er-Jahren in Frankfurt in eine linke Frauen-WG gezogen, und schon bald hatte sie dort Kontakt in eine Szene von Behinderten gefunden, die sich, angelehnt an die »Black is beautiful«-Bewegung in den USA, selbstbewusst »Krüppel« nannten.

Die »Krüppelbewegung«: Dazu gehörte etwa der Aktivist Gusti Steiner, der mit seinem Rollstuhl die Gleise der Straßenbahn in Frankfurt blockierte, um gegen die Barrieren dort zu protestieren. Gemeinsam mit anderen kettete sich auch Theresia Degener im Jahr 1981, dem UN-Jahr der Behinderten, an die Bühne der Dortmunder Westfalenhalle – ein Protest gegen den damaligen Bundespräsidenten Karl Carstens, der dort bloß eine Schönwetterrede über Behinderte halten, sich aber nicht deren Forderungen anhören wollte. Das Motto des Protestjahrs: »Jedem Krüppel seinen Knüppel!«. Die Krüppelgruppen trafen sich oft in kirchlichen Räumen, einige von ihnen mussten dafür eigens mit Beatmungsgeräten aus Heimen ausbrechen.

Ebenfalls im Jahr 1981 klagten sie dann in einem »Krüppeltribunal« mit 400 Teilnehmer:innen symbolisch die Bundesrepublik an.[4] Aber vor allem machten sich einige von ihnen – so wie Theresia Degener – daran, diesen Staat und dessen Recht auch selbst zu verändern.

Juristische Strategien, um Barrieren niederzureißen

Der juristische Kampf um Teilhabe hat die 1980er- und teils die 1990er-Jahre durchzogen. Es war ein Kampf auch gegen Gerichte, die teils mit haarsträubenden Urteilen dagegenhielten.

So hat beispielsweise das Oberlandesgericht Köln noch im Januar 1998 geurteilt, dass Nachbar:innen, die neben einer Wohneinrichtung für Schwerbehinderte leben, sich über deren »Lärmbelästigung« beschweren und sogar gerichtliche Maßnahmen erwirken könnten – damit die behinderten Menschen wieder hinter Mauern verschwinden. In dem Fall war es um eine Einrichtung für psychisch Kranke und geistig behinderte Personen gegangen, die an schönen Tagen, wie andere Menschen auch, gern ihren Garten nutzten. Der Nachbar hatte vor Gericht eigentlich sogar erreichen wollen, dass die Einrichtung komplett geschlossen wird. Das Gericht zeigte grundsätzlich Verständnis für ihn:

> »Bei den Lauten, die die geistig schwerbehinderten Heimbewohner von sich geben, ist der ›Lästigkeitsfaktor‹ besonders hoch. So empfindet nach Auffassung des Senats nicht nur der ›normale‹ Durchschnittsmensch, der sich leicht von Vorurteilen leiten läßt, sondern auch der ›verständige‹ Bürger (und Nachbar), dessen Haltung gegenüber Behinderten nicht von falschem Wertigkeitsdenken, sondern von Mitmenschlichkeit und Toleranz geprägt ist.«[5]

Im Urteil argumentierte das Gericht also gar nicht mit der Dauer und Lautstärke, sondern mit der Art der Geräusche, denen der Nachbar ausgesetzt sei – und natürlich mit dem absolut reinen Gewissen, das man bei seiner Unduldsamkeit gegenüber Behinderten allzeit haben dürfe.[6] Im Ergebnis wurde das Heim dazu verpflichtet, laute Bewohner:innen im Sommer nicht mehr nachmittags und abends in den Garten hinauszulassen. Gegen das Urteil legte das Wohnheim bald darauf eine Verfassungsbeschwerde beim Bundesverfassungsgericht in Karlsruhe ein – doch diese wurde von den Richter:innen nicht zur Entscheidung angenommen.

In Karlsruhe war es indes 1997 in einem anderen Fall zu einem bedeutsamen Urteil gekommen: Das Gericht hatte erklärt, die Isolierung von behinderten Kindern in Sonderschulen, selbst gegen den Willen der Kinder und auch von deren Eltern, sei grundsätzlich in Ordnung und nicht zwingend als Diskriminierung anzusehen. Das also, was die Behindertenbewegung eine »Segregation« nennt, eine zwangsweise gesellschaftliche Trennung, die de facto für eine benachteiligte Gruppe eine Art Betretungsverbot für »normale« Schulen und Betriebe bedeutet[7] – das sei grundsätzlich in Ordnung, meinte das Gericht. Und außerdem sei diese Unannehmlichkeit für die Betroffenen, die Behinderten, ja abzuwägen gegen die Finanzierbarkeit für die Allgemeinheit.[8] Oft sei die Freiheit der Behinderten, kurz gesagt, für die Nicht-Behinderten zu teuer.

Im Karlsruher Fall war es um eine 13-jährige Schülerin gegangen, die mit einer Fehlbildung des Rückenmarks geboren worden war. An den Beinen gelähmt und auf einen Rollstuhl angewiesen, war sie zum Schuljahr 1995/96 auf eine integrierte Gesamtschule gekommen, wo sie eine Weile gemeinsam mit anderen, auch nicht-behinderten Kindern in einer Klasse war. Aber rasch beendete die Bezirksregierung diese Phase der Integration wieder. Sie stellte bei dem Mädchen einen »sonderpädagogischen Förderbedarf« fest und verfügte die Überweisung an eine Schule exklusiv für Körperbehinderte – weil die erforderlichen Fördermaßnahmen an der Gesamtschule nicht ermöglicht werden könnten.

Für dieses Mädchen ging es also um die zentrale Forderung der Behindertenbewegung: einen Platz in der Mitte der Gesellschaft, nicht irgendwo abgesondert. Die Verfassungsrichter:innen hielten dagegen: Vielleicht sei die Sonderschule sogar besser für das Kind. »Niemand darf wegen seiner Behinderung benachteiligt werden«, steht zwar im Grundgesetz, in Artikel 3, Absatz 3, Satz 2. Aber die Überweisung auf eine spezialisierte Schule, fanden sie in Karlsruhe, sei doch vielleicht gar keine Benachteiligung.[9]

Eine Vorkämpferin der »Disability rights«-Bewegung

Theresia Degener, deren Vater ihr einen Regelschulplatz erkämpft hatte, hielt dieses Urteil schon damals für »paradox: Gerade die Sondereinrichtungen, die wesentlich zur Isolation und Aussonderung behinderter Menschen beitragen«, würden vom Bundesverfassungsgericht schöngeredet, nämlich quasi als gütige Geschenke an die Behinderten gewertet, »als Kompensationsmaßnahmen zur Vermeidung einer Benachteiligung«.[10]

Während in Karlsruhe noch das Sonderschulwesen gerechtfertigt wurde, reiste die promovierte Juristin Degener bereits als unabhängige Expertin für die Bundesregierung zu den Vereinten Nationen und handelte die UN-Behindertenrechtskonvention mit aus. Und der sollte ein völlig anderes Konzept zugrunde liegen.

2008 trat die Konvention in Kraft, mit Rechten für etwa 650 Millionen Menschen – in Deutschland allein fast jeder zehnte.[11] Ihr Kerngedanke ist die Befreiung: Menschen mit Behinderung sollen das Recht haben, selbstbestimmt über ihr Leben zu entscheiden, so wie alle übrigen Menschen auch. Oder anders gesagt: Um autonom entscheiden zu dürfen, muss man nicht erst bestimmte körperliche oder geistige Voraussetzungen erfüllen, man muss keinen Test bestehen. Autonom sind erst einmal alle, nur manche brauchen eben Unterstützung dabei, auch autonom handeln zu können: leichte Sprache zum Beispiel, Brailleschrift, oder persönliche Assistenz.[12]

Und heute? Schon seit etlichen Jahren ist auch in der deutschen Bildungspolitik von »Inklusion« die Rede. Das bedeutet, dass Kinder und Jugendliche mit Behinderung eigentlich nicht mehr in Sonderschulen verbannt werden sollen, sondern mit nicht-behinderten Gleichaltrigen zusammen aufwachsen. An Schulen, die eben besser auf Vielfalt eingestellt sein müssen, also mit Aufzügen für Menschen im Rollstuhl zum Beispiel und mit speziellen pädagogischen Fachkräften.

Der entsprechende Artikel 24 der UN-Behindertenrechtskonvention ist für Deutschland bindendes Recht. Dort heißt es:

> »Die Vertragsstaaten anerkennen das Recht von Menschen mit Behinderungen auf Bildung. […]
>
> Bei der Verwirklichung dieses Rechts stellen die Vertragsstaaten sicher, dass Menschen mit Behinderungen nicht aufgrund von Behinderung vom allgemeinen Bildungssystem ausgeschlossen werden […].«

Aber die Wahrheit sieht weiterhin anders aus: »Eine Transformation hin zu einem inklusiven Schulsystem findet nicht statt«, hielt im Juli 2023 nüchtern das Deutsche Institut für Menschenrechte fest, dessen Auftrag es ist zu überprüfen, inwiefern Deutschland sich an die eigenen Menschenrechtsversprechen hält. Die Kritik des Instituts ist scharf: »Die Datenlage zeigt, dass aktuell im Bundesdurchschnitt noch immer mehr als die Hälfte der Schüler:innen mit sonderpädagogischer Förderung an einer Förderschule unterrichtet werden. Der Anteil von Kindern in Förderschulen steigt in einigen Bundesländern sogar.«[13]

Was wäre wohl aus Theresia Degener geworden, wenn ihr Vater, der Dorfarzt, damals nicht den Schulleiter erpresst hätte? Sie, die »Ohnarmerin, Ohnhänderin«, wie sie sagt, wäre wohl niemals im »Mainstream« aufgewachsen, glaubt sie, sie hätte vielleicht sinnlose therapeutische Übungen machen müssen, statt Aufsätze zu schreiben, Bücher zu lesen, Abitur zu machen. »Aus Sonderschulen kommt man behinderter raus, als man hineingeht«, meint sie.[14]

Wie weit reicht die Solidarität der Gesunden mit den Kranken?

Unter dem Begriff »Sozialrecht« werden in Deutschland auch noch eine ganze Menge andere, nicht minder existenzielle Gerechtigkeitsfragen verhandelt. Zum Beispiel die Grundsicherung für Menschen, die ihren Lebensunterhalt nicht selbst bestreiten können, weil sie etwa ihren Job verloren haben oder weil sie mit 40 Jahren einen Schlaganfall hatten. Auch das ganze System der Krankenversicherung gehört dazu. So wie auch die Unfall-, Renten-, Arbeitslosen- und Pflegeversicherung. Da geht es darum, Menschen abzusichern gegen Risiken, die jede:n von uns treffen können. Insofern geht es auch in diesem Bereich des Sozialrechts um eine Form von Befreiung – nämlich von Angst.[15]

Das Thema der gesellschaftlichen Teilhabe von Menschen mit Behinderung ist eines, um das in den vergangenen Jahrzehnten besonders stark gekämpft worden ist, nicht nur von Theresia Degener, und teils auch schon mit Erfolg. Das große Thema der gesellschaftlichen Solidarität mit Kranken – vulgo: das Krankenversicherungsrecht – berührt oder überschneidet sich damit an vielen Stellen. Auch da geraten

Dinge in Bewegung, je stärker und breiter die Debatte wird. Deshalb – hier noch ein letztes Beispiel:

Ein Junge aus der Nähe von Lüneburg in Niedersachsen, Jakob, war erst zwölf Jahre alt, als er mit Hilfe seiner Eltern vor das Bundesverfassungsgericht zog. Und er war schon 18, als er endlich seine Antwort aus Karlsruhe erhielt, am Nikolaustag 2005.

Jakob, auch er heißt in Wahrheit anders, war mit einer genetisch bedingten Krankheit auf die Welt gekommen, der Duchenne-Muskeldystrophie. Die Aussichten, die ihm die Ärzt:innen schon als Kind erläutert hatten, waren düster. Zwischen dem zehnten und dem zwölften Lebensjahr müsse er damit rechnen, seine Gehfähigkeit zu verlieren, Atemprobleme würden folgen, eine Verformung der Wirbelsäule und schließlich ein früher Tod. Heilung sei der Medizin bislang nicht geglückt. Es gebe zwar denkbare Therapien, aber die seien bislang noch nicht so erprobt, dass sie in Deutschland schon zugelassen wären.

Dennoch wollten sich der Junge und seine Eltern an diesen Strohhalm klammern, eine alternative Therapie ausprobieren, die zumindest nach Ansicht mancher – durchaus ernstzunehmender – Mediziner:innen Jakobs Leid verringern und sein Leben verlängern könne. Kosten: umgerechnet etwa 2 200 Euro pro Jahr. Für Jakobs Familie war das viel Geld. Für eine Krankenversicherung aber sollte das eigentlich nicht viel sein, fanden sie, um so ein entsetzliches Leid zu verringern. Doch die Barmer Ersatzkasse sagte Nein.

Es ist eine Grundsatzfrage: Wie weit soll die Solidarität mit Kranken reichen? Das ist in Deutschland nicht absolut festgelegt, wird immer wieder neu demokratisch ausgehandelt.[16]

Die Idee von Sozialversicherungen ist: Alle Versicherten zahlen nach ihren finanziellen Möglichkeiten ein, und sie bekommen Leistungen nach ihren Bedürfnissen.[17] Das ist das Solidarprinzip. Niemand muss fürchten, sich eine bitter nötige Behandlung nicht leisten zu können, so lautet zumindest der Grundgedanke. Aber wie weit reicht das? Auf welche Behandlungen genau soll es Ansprüche geben? Darauf muss man sich dann erst einmal einigen, das sind immer wieder enorm politische Fragen. Die eingezahlten Gelder reichen nie für alles. Und wenn mehr bezahlt werden soll, müssen alle Versicherten mehr hinzugeben, das heißt höhere Beiträge zahlen. Also sind hier Verteilungsfragen zu klären.

Das Bundesverfassungsgericht schlug sich 2005 zur großen Überraschung von vielen Beobachter:innen auf Jakobs Seite. Es zwang die Krankenkasse dazu, die Kosten auch für eine bislang nicht nach den gängigen medizinischen Standards anerkannte Therapie für ihn zu übernehmen – jedenfalls, wenn es »Indizien« dafür gebe, dass die Behandlungsmethode eine »nicht ganz fern liegende Aussicht auf Heilung oder wenigstens auf eine spürbare positive Einwirkung auf den Krankheitsverlauf« verspreche, das heißt, wenn es zumindest irgendwie ein bisschen Hoffnung bedeute für einen sterbenskranken Menschen. Denn wenn der Staat mit seinem System der Krankenversicherungen die Verantwortung für Leben und körperliche Unversehrtheit der Versicherten übernehme, dann müsse er auch die Mindestversorgung gewährleisten. Und da gehörten solche, auch unkonventionellen Leistungen bei Todkranken eben dazu.[18] Jakob bekam also seine alternative Therapie.

Mit dieser Entscheidung hat das höchste deutsche Gericht ein Tor aufgestoßen, das vorher fest verschlossen war. Nicht alle finden es gut, dass nun Gerichte sich selbst ermächtigen, in solchen Fragen zu entscheiden, in denen bislang selbst die Mediziner:innen noch nicht entschieden haben – und dass die Gerichte sogar der Solidargemeinschaft der Versicherten vorschreiben, sie müssten dafür Geld herausrücken, was dann natürlich wieder an anderen Stellen fehlt. »Ein Fall von höchstrichterlicher Selbstüberschätzung«, kritisierte damals zum Beispiel der Verfassungsrechtler Christoph Möllers, der heute an der Berliner Humboldt-Universität lehrt.[19] Verteilungsfragen bräuchten Aushandlung, sie gehörten ins Parlament, nicht vor die Gerichte, so monierten viele.

Seither braucht sich in Deutschland kein Patient, keine Patientin mehr so leicht mit einem Nein der Krankenkasse zufriedenzugeben. Beim Streit darüber, was »medizinisch sinnvoll« genug ist, damit die Solidargemeinschaft es bezahlen sollte, darf jetzt jeder Mensch vor Gericht seine Argumente vortragen – die Diskussion ist eröffnet:

- Wenn eine Frau in ständiger Angst um ihr Leben ist und deswegen stets ein Notfallset bei sich tragen muss, das im Fall einer plötzlichen Zungenschwellung ihr Ersticken stoppen soll – ist es dann zu viel verlangt, wenn diese Frau eine dauerhafte, aber nicht ausreichend getestete Therapie gegen ihre Krankheit haben möchte, selbst wenn diese, nun ja, sehr teuer ist? 832 000 Euro? Das Notfallset ist klar die günstigere Alternative. Ist die Therapie dann wirklich »nötig«?[20]

- Oder wie ist es mit einer Schwangeren, die von den Ärzt:innen gesagt bekommt, es bestehe ein Risiko von eins zu sechs, dass ihr Fötus entweder sterben oder mit lebenslangen Schädigungen zur Welt kommen könnte: Ist dieses Risiko, das immerhin an russisches Roulette erinnert, »hoch genug«, damit die Schwangere von der Solidargemeinschaft verlangen kann, ein schützendes Medikament zu bezahlen, das 10 000 Euro kostet? Sicher: An der Wirksamkeit dieses Medikaments gibt es Zweifel – an der großen, ehrlichen Sorge der Schwangeren aber ganz sicher nicht.[21]

- Und selbst wenn es mal nicht um eine lebensbedrohliche Situation geht: Wie ist es bei einer Frau, die infolge sexueller Nötigungen an erheblichen psychischen Problemen leidet, mit auch körperlichen Folgen, und deren größter Trost nun ihr Haustier ist, ein Hund? Einen Hund zu halten, kann teuer sein, aber aus psychologisch-fachlicher Sicht ist es empfehlenswert, beruhigend, stabilisierend. Also: Spricht etwas dagegen, dass die Solidargemeinschaft dieser Frau nun zumindest einen Zuschuss zu den Kosten für das Tier zahlen muss, zum Beispiel 100 Euro im Monat?[22]

Die Abwägung zwischen den Interessen der Einzelnen und der Solidargemeinschaft berührt oft fundamentale, auch ethische Fragen zwischen Solidarität und Eigenverantwortung. Und um Antworten auf diese Fragen muss immer wieder neu gerungen werden.

»Sie hatten Hegemonie; wir hatten Souveränität. Sie hatten die Achse des Bösen; wir hatten die souveräne Gleichheit der Staaten. Sie hatten Politik; wir hatten Recht.«

*Matthew Craven, Gerry Simpson, Susan Marks und Ralph Wilde**

* Die vier Völkerrechtsprofessor:innen aus London zählen zu den größten Kritiker:innen ihres eigenen Fachs. Aber als im Jahr 2003 die USA und Großbritannien den Irak angriffen, beriefen auch sie sich in ihrem Protest gegen diesen Krieg plötzlich ganz konventionell auf das traditionelle Völkerrecht, das solche Angriffe verbietet. Eine Wendung, über die sie ein Jahr später in einem gemeinsamen Aufsatz reflektieren: »We are Teachers of International Law«, im *Leiden Journal of International Law* (eigene Übersetzung).

VÖLKERRECHT

Kann Recht gegen Macht gewinnen?

»La cour!«, kündigt der befrackte Gerichtsdiener auf Französisch an – »Das Gericht!«. Dann kommen sie hereingelaufen, dicke Aktenbündel unter dem Arm, in ihren schwarzen Roben und weißen Spitzenkragen, den sogenannten Jabots. Doch als die fünfzehn Richter:innen des Internationalen Gerichtshofs ihre Plätze auf der erhöhten Richterbank in einem altehrwürdigen Schlösschen im niederländischen Den Haag einnehmen, ist einer der beiden Tische ihnen gegenüber auffallend leer. Russland ist nicht gekommen.

Nur elf Tage zuvor, am 24. Februar 2022, hat der Angriffskrieg Russlands gegen die Ukraine begonnen. Angriffskriege sind völkerrechtlich ganz klar verboten. Darauf haben sich im Prinzip alle Mitglieder der Vereinten Nationen (UN) vor langer Zeit geeinigt, Artikel 2 Nummer 4 der UN-Charta schreibt dazu vor: »Alle Mitglieder unterlassen in ihren internationalen Beziehungen jede gegen die territoriale Unversehrtheit oder die politische Unabhängigkeit eines Staates gerichtete oder sonst mit den Zielen der Vereinten Nationen unvereinbare Androhung oder Anwendung von Gewalt.«

Dieses sogenannte Gewaltverbot ist eine zentrale, wenn nicht *die* zentrale Regel der UN-Charta. Eine radikale, finale Abkehr von der Idee, dass man Politik auch einfach mit den Mitteln des Kriegs fortsetzen darf. Unterzeichnet wurde sie erstmals am 26. Juni 1945 in San Francisco, nicht einmal zwei Monate nach dem Ende des Zweiten Weltkriegs; parallel liefen bereits die Vorbereitungen zu den NS-Kriegsverbrecherprozessen, die erstmals das Verbrechen des Angriffskriegs umfassten. Auch von Russland, der damaligen Sowjetunion, wurde die

UN-Charta unterzeichnet. Und danach immer wieder – von Staaten, die neu hinzukamen. Die Charta soll, so ihre Präambel, »künftige Geschlechter vor der Geißel des Krieges [...] bewahren«.

Die Frage an diesem Morgen in Den Haag, zwischen den altertümlichen Roben und den imposanten Wandgemälden, ist bloß: Bringt es etwas, wenn so ein Verbot auf einem Stück Papier steht?

Ein Tag am Internationalen Gerichtshof

Dass die Stühle der russischen Delegation frei geblieben sind, ist bereits eine deutliche Geste: Die beklagte Partei ist noch nicht mal bereit, zum Gerichtsprozess zu erscheinen. »Wieviele Divisionen hat der Papst?«, soll der sowjetische Diktator Josef Stalin einst gespottet haben über den Mann im Vatikan, der bloß über die Macht des Wortes verfüge und sonst nichts. Die gleiche Frage könnte man über das Völkerrecht stellen, das keine eigenen Gerichtsvollzieher hat, keine Polizei, keine Armee – keine Divisionen eben.

Und so wird im Gerichtssaal in Den Haag der US-amerikanische Professor Harold Hongju Koh, ein schwarzhaariger Mann in schwarzer Robe, der unter Präsident Barack Obama das US-Außenministerium beraten hat und nun im Namen der Ukraine das Wort ergreift, das Verfahren vor den fünfzehn Richter:innen zum Testfall dafür erklären, »wer sich durchsetzen wird: Russland oder die internationale Rechtsordnung der Nachkriegszeit«.[1]

Russland hat nicht nur eine gigantische Armee, sondern auch ein Atomarsenal aufzubieten – was hat das internationale Recht dem entgegenzusetzen? Moral? Hehre Ziele? Erhobene Zeigefinger?

Die Verhandlung leitet die Präsidentin des Gerichts, die Amerikanerin Joan E. Donoghue. Ihr Vize, Kirill Gevorgian, ist Russe. Er sitzt wie immer neben ihr. Auch vorn sitzen der slowakische Richter Tomka, der französische Richter Abraham, die chinesische Richterin Xue, die ugandische Richterin Sebutinde, der japanische Richter Iwasawa, der deutsche Richter Nolte und die australische Richterin Charlesworth; außerdem der französische Ad-hoc-Richter Daudet, den die Ukraine benennen durfte, weil sie keinen eigenen Richter im Internationalen Gerichtshof sitzen hat. Zugeschaltet sind fünf weitere Richter:innen aus Marokko, Somalia, Indien, Jamaika und dem Libanon.

Ihnen gegenüber sitzen für die Ukraine sieben Vertreter:innen. Sie werden ihre Argumente ernst vortragen, aber mit rhetorischer Verve. Jedes Wort wird sitzen. Als erster von ihnen wird der ehemalige Vertreter der Ukraine auf der Krim, Anton Korynevych, an den Zweiten Weltkrieg erinnern, in dem Ukrainer und Russen einst gemeinsam in der Roten Armee der Sowjetunion kämpften. »Die Welt wurde Zeugin eines Angriffskriegs – und sie antwortete mit der Charta der Vereinten Nationen. Die Welt wurde Zeugin des Holocaust – und sie antwortete mit einem Übereinkommen über die Verhütung und Bestrafung des Völkermords.«[2] Und auf genau dieses Abkommen berufe sich Russland nun, um die zentrale Garantie der Charta zu verletzen.

Der Amerikaner Harold Koh wird schließlich mit klaren Worten an das Gericht appellieren:

> »Wenn dieser Gerichtshof Russland nicht mit Entschiedenheit anweisen kann, seine militärischen Aktionen einzustellen, die auf eklatantem Missbrauch und Missachtung der Völkermord-Konvention beruhen, warum sollte dann je ein ständiges Mitglied [des UN-Sicherheitsrats] das Völkerrecht als ernsthaftes Hindernis für das ansehen, was es als ›notwendige Militäraktion‹ betrachtet? Warum sollten wir dann nicht zugeben müssen, dass das Völkerrechtsprojekt der Nachkriegszeit gescheitert ist?«[3]

Russlands Angriffskrieg gegen die Ukraine – als Rechtsfall

Die Begründung, die der russische Präsident Wladimir Putin für die Invasion in der Ukraine gegeben hatte, war haarsträubend: Schon drei Tage vor dem Angriff hatte er in einer Rede im russischen Staatsfernsehen behauptet, in der ukrainischen Region Donbass stehe der russischstämmigen Bevölkerung angeblich ein »Genozid« bevor. Am Tag der Invasion hatte er öffentlich im russischen Staatsfernsehen verkündet, er habe jetzt auf das Problem reagiert und eine »militärische Spezialoperation« begonnen, um den Menschen zu helfen und diesen »Genozid« zu stoppen.

Eine scheinheilige Behauptung, Beweise für einen solchen Völkermord blieb Putin schuldig. Doch selbst wenn: Eine Rechtfertigung für eine militärische Invasion wäre das, zumindest rechtlich, niemals gewesen. Nach dem Völkerrecht darf man nicht einfach einmarschieren mit der Behauptung, man wolle ein bevorstehendes Verbrechen stoppen. Denn das verbietet die UN-Charta.[4] Auch ein Selbstverteidigungsrecht haben Staaten nur, wenn jemand sie angegriffen hat – aber den bewaffneten Angriff hat hier Russland gestartet, nicht die Ukraine.

Die völkerrechtliche Lage ist also von Beginn an klar, Russland handelt illegal. Das ist eine zentrale Errungenschaft der UN-Charta. Und dennoch: Dass deswegen die Ukraine eine Chance bekommt, den Aggressor überhaupt vor Gericht zu bringen, ist keineswegs selbstverständlich. Zwischen Staaten gelten andere Regeln als zwischen Menschen. Denn sie sind souverän – das heißt, sie sind erstmal keiner fremden Macht unterworfen, auch keinem internationalen Gericht.

Deswegen ist es schon fast ein Glücksfall, dass es überhaupt zu einem Verfahren vor den Internationalen Gerichtshof – kurz: IGH – kommt. Denn der Gerichtshof ist für Streitigkeiten zwischen Staaten nur dann zuständig, wenn diese Staaten sich ihm freiwillig unterworfen haben, generell oder zumindest im Einzelfall. Nur 74 der 193 UN-Mitgliedstaaten haben dies getan.[5]

Die USA haben ihre Unterwerfungserklärung 1985 schleunigst wieder zurückgezogen, als sie vom IGH wegen der illegalen Unterstützung paramilitärischer Rebellen in Nicaragua verurteilt worden waren. Frankreich hat seine Unterwerfung 1974 aufgekündigt, nachdem der IGH klargemacht hatte, dass französische Atomtests im Südpazifik illegal seien. China stieg 1972 aus.[6] Russland hat sich überhaupt nie unterworfen.

Ihren »Glücksfall« verdankt die Ukraine ironischerweise ihrem Aggressor: Russlands Präsident Wladimir Putin hat selbst die Tür nach Den Haag geöffnet. Denn er hat sich in seiner Fernsehrede kurz vor dem Kriegsbeginn auf die Existenz eines angeblichen antirussischen Völkermords berufen – und damit auf das »Übereinkommen über die Verhütung und Bestrafung des Völkermords« von 1948. Und diese Konvention schreibt in Artikel IX vor, dass für Streitigkeiten über ihre Auslegung und Anwendung der IGH zuständig ist. Russland hat diese Völkermord-Konvention schon 1954 ratifiziert, damals noch als Sowjetunion – genauso wie auch die ukrainische Teilrepublik, die heutige Ukraine.

Und damit ist der IGH zuständig für die Frage, ob in der Ukraine tatsächlich ein Völkermord im Gange ist und ob Russland seine »militärische Spezialoperation« auf die Pflicht zur Verhütung des Völkermords stützen durfte.

Kurz nach Schluss der IGH-Sitzung wird der russische Botschafter in den Niederlanden noch schnell ein Schreiben an den Gerichtshof schicken, in dem er behauptet, dass die »militärische Spezialoperation« sich gar nicht auf die Völkermord-Konvention stütze, sondern auf das Selbstverteidigungsrecht, sodass der Gerichtshof doch nicht zuständig sei.

Neun Tage nach dem Prozessauftakt, am 16. März 2022, ist das Urteil da. Nur gut dreißig Minuten dauert die Verlesung. Die Gerichtspräsidentin Donoghue verkündet: Russland müsse die am 24. Februar begonnenen Militäroperationen in der Ukraine umgehend beenden und dafür sorgen, dass militärische oder irreguläre bewaffnete Gruppen diese Attacken nicht fortsetzen. Die Entscheidung ist nicht einstimmig ergangen. Dagegen gestimmt haben die chinesische Richterin Xue Hanqin – und der russische Vizepräsident des IGH, Kirill Gevorgian.

Die Ukraine hat gewonnen.

Aber es passiert: nichts. Der Krieg geht einfach weiter. Russland zuckt mit den Achseln. Statt der Stärke des Rechts regiert weiter das Recht des Stärkeren.

Bei der UNO sind alle gleich, manche sind gleicher

Die wohlklingende völkerrechtliche Rhetorik von der »souveränen Gleichheit« aller Staaten, wie es in Artikel 2 Nummer 1 der UN-Charta heißt, steht im offensichtlichen Kontrast zu einer Wirklichkeit, in der ein oft knallhartes politisches und militärisches Machtgefälle herrscht. Aber wenn man genau liest, ist die Charta keineswegs blind für diese Realität.

Wenn die 194 Staaten im Plenum der Vereinten Nationen in New York, der UN-Generalversammlung, in einem großen Halbkreis sitzen, sind sie formal alle gleichberechtigt. Jeder von ihnen hat eine Stimme. Nur ist die leider nicht viel wert. Denn die Generalversammlung kann keine bindenden Beschlüsse fassen, sondern nur Empfehlungen aussprechen. Wirklich machtvolle Entscheidungen kann nur der UN-Sicherheitsrat treffen. Und der ist weniger eine Regierung als ein exklusiver Club.

Auf dem Weg in ihren Saal laufen die Mitglieder des Sicherheitsrats vorbei an einer Kopie eines Gemäldes von Pablo Picasso, »Guernica« (1937), das die Schrecken des Krieges zeigt. Drinnen stimmen sie über Resolutionen ab, die über Krieg und Frieden entscheiden. Hier werden die verbindlichen Beschlüsse gefasst. Die 15 Mitglieder verfügen über die Möglichkeit, internationale Friedenstruppen zu entsenden, die sogenannten Blauhelme. Und sie können Staaten die Erlaubnis erteilen, im Namen des Völkerrechts in den Krieg zu ziehen, um den Frieden wiederherzustellen. Das ist das sogenannte UN-Mandat. Eigene UN-Truppen sind das freilich nicht; es braucht dafür Staaten, die ihre Streitkräfte bereitstellen.

Am 25. Februar 2022, einen Tag nach dem russischen Überfall auf die Ukraine, steht im Sicherheitsrat eine Resolution zur Abstimmung. 82 Staaten haben beantragt, einen klaren Befehl an Russland zu richten, sofort die Gewaltanwendung in der Ukraine einzustellen und seine Streitkräfte abzuziehen. Als darüber abgestimmt wird, votieren elf der fünfzehn Mitglieder des UN-Sicherheitsrats mit Ja.[7]

Nur eine einzige Gegenstimme gibt es gegen diese satte Mehrheit – und doch ist die Resolution damit gescheitert.

Denn innerhalb des Sicherheitsrats sind manche Staaten gleicher als andere. Es gibt Mitglieder erster und zweiter Klasse. Nur zehn der fünfzehn Sitze werden alle zwei Jahre von der UN-Generalversammlung neu gewählt.[8] Die übrigen fünf Sitze gehören dauerhaft den USA, Frankreich, Großbritannien, Russland und China. Damit haben sich bei der Gründung der UNO im Jahr 1945 in San Francisco die Weltkriegsalliierten eine Art Trumpf gesichert. Denn für alle wichtigen Entscheidungen braucht es die Stimmen der ständigen Sicherheitsrats-Mitglieder.[9] Stimmt auch nur eines dagegen, war's das.

Damit sind die ständigen Mitglieder also Vetomächte: Sie können alles verhindern, was ihnen nicht passt. Zum Beispiel, wenn es gegen sie selbst geht, wie jetzt im Fall Russlands. Die Mehrheit im Sicherheitsrat mag noch so groß sein, die Resolution gegen den Angriff auf die Ukraine geht trotzdem nicht durch, weil Russland – als einziger Staat – mit Nein stimmt.

Und so läuft es regelmäßig, auch wenn andere Vetomächte sich völkerrechtswidrig verhalten. Dank ihres Vetos haben sie vom UN-Sicherheitsrat, der theoretisch der oberste Friedenswächter sein soll, nichts zu befürchten. Als die USA unter ihrem Präsidenten George W. Bush am 20. März 2003 den Irak angriffen, hatten sie dafür kein UN-Mandat. Die USA argumentierten: Sie seien dennoch zur Attacke berechtigt. Denn der Irak stehe kurz davor, Massenvernichtungswaffen zu erlangen, die dann auch gegen die USA eingesetzt werden könnten. Es handle sich um einen »pre-emptive strike«, also um vorbeugende Selbstverteidigung.

Nirgends im internationalen Recht war so eine Vorwärtsverteidigung bis dahin anerkannt worden. Zwar müssen Staaten mit ihrer Selbstverteidigung nicht warten, bis es zu spät ist. Aber sie dürfen erst losschlagen, wenn wirklich Gefahr besteht. Die Gefahr muss »unmittelbar, überwältigend« sein und »weder eine Wahl der Mittel, noch Zeit für weitere Beratungen« zulassen.[10] Diese Kriterien waren eindeutig nicht erfüllt.

Mehr noch: Die Erzählung von den irakischen Massenvernichtungswaffen war ein Schwindel. Schon als US-Außenminister Colin Powell sie Anfang Februar 2003 vor dem UN-Sicherheitsrat vortrug, hatte es schwere Bedenken dagegen gegeben.[11] Es wurden auch später keine Massenvernichtungswaffen gefunden. Vielmehr schien es in Wahrheit um das irakische Öl zu gehen. Ein Angriffskrieg also. Klar illegal. Weltweit gab es riesige Demonstrationen unter dem Slogan »Kein Blut für Öl!«.[12] Eine UN-Resolution gegen die USA gab es trotzdem nicht – denn die USA sind eine Vetomacht.

Eigentlich ist in der UN-Charta sogar ein noch größeres Privileg vorgesehen. Nimmt man den Text der Charta wörtlich, müssen die fünf Vetomächte bei Resolutionen stets ausdrücklich zustimmen; sie müssen also nicht einmal ausdrücklich Nein sagen, sie können einfach nicht zur Sitzung kommen – und schon ist das wichtigste UN-Organ lahmgelegt.

Im Jahr 1950 hat das die damalige Sowjetunion einmal ausprobiert. Aus Protest dagegen, dass das nicht-kommunistische Taiwan anstelle der kommunistischen Volksrepublik China mit im Sicherheitsrat saß.[13] Aber das ließen die übrigen Mitglieder des Sicherheitsrats nicht mit sich machen – sie beschlossen, Abwesenheit als Enthaltung zu werten, und verabschiedeten ohne die Sowjetunion ein UN-Mandat zum Korea-Krieg.[14] Daraufhin kam der sowjetische Vertreter wieder zu den Sitzungen.

Wie Kriegsverbrechertribunale Wahrheit konstruieren

Der kleine Kreis von Staaten, die im UN-Sicherheitsrat sitzen, kann aber nicht nur steuern, was im Einzelfall als Recht oder Unrecht gilt. Er hat auch Einfluss darauf, was international als geschichtliche Wahrheit anerkannt wird. Zum Beispiel nach einem Krieg.

Zu Beginn der 1990er-Jahre waren in Südosteuropa Kämpfe zwischen verschiedenen nationalistischen Gruppen ausgebrochen. Jahrzehntelang waren Serb:innen, Kroat:innen, bosnische Muslim:innen und Kosovo-Albaner:innen unter dem gemeinsamen Dach des Vielvölkerstaates Jugoslawien vereint gewesen. Aber nun machte sich eine neue Generation von Politiker:innen daran, diesen Staat aufzulösen und zu zerteilen – und blutig um Gebiete zu kämpfen, auf die alle meinten, einen historischen Anspruch zu haben. Man kämpfte auch um Deutungshoheit. Teils wurden Vorwürfe laut, auch gegen Deutschland, Öl ins Feuer zu gießen – weil kleinere Staaten leichter zu kontrollieren seien. Ein neuer Absatzmarkt für deutsche Exporte.

Derweil waren die Nachrichten voll von Berichten über schwerste Verbrechen, von Vertreibungen, Massenmorden an Zivilpersonen, systematischen Vergewaltigungen, Zwangsrekrutierungen, von sogenannter ethnischer Säuberung. Schätzungsweise vier Millionen Menschen mussten ihren Wohnort verlassen, Hunderttausende flohen aus dem Land.

Noch während die Kämpfe andauerten, im Jahr 1993, rief der Sicherheitsrat ein Kriegsverbrechertribunal ins Leben[15] – aufbauend auf den Tribunalen nach dem Zweiten Weltkrieg. Und dieses Kriegsverbrechertribunal, das seine Arbeit in einem alten Bankgebäude im niederländischen Den Haag aufnahm, nur wenige Gehminuten entfernt von dem Schlösschen des Internationalen Gerichtshofs, lieferte der Welt dann eine bestechend simple Erklärung für das ganze verwirrende Geschehen in Südosteuropa.

Kurz gesagt: Dies sei ein einseitiger Angriffskrieg der Serben gegen alle übrigen Nationen Ex-Jugoslawiens. Nur die Serben trügen Schuld. So präsentierte das UN-Tribunal in Den Haag eine Reihe von Vorwürfen allein gegen Kriegsverbrecher der serbischen Seite – sie waren juristisch zwar vollkommen sauber belegt, aber höchst selektiv zusammengestellt. Die deutsche Regierung, die zu dieser Zeit Kroatien unterstützte, war damit sehr zufrieden; die US-amerikanische Regierung, die gerade eine militärische Intervention der NATO gegen Serbien vorbereitete, ebenfalls.

Das ist die wohl wichtigste politische Funktion solcher internationalen Kriegsverbrechertribunale, da sind sich ihre Freund:innen wie Kritiker:innen heute einig: Sie verleihen einer bestimmten Version der historischen Wahrheit Autorität. Sie adeln diese Version sozusagen mit dem Gütesiegel einer unabhängigen Rechtsprechung.

Man kann das als etwas sehr Wertvolles betrachten. Es geht um die symbolische Anerkennung und Aufarbeitung von Unrecht, und damit auch um die Bekräftigung der so grauenhaft verletzten Menschenrechte – und um einen Schutz gegen Geschichtsklitterung und Leugnung. Die psychologische Wirkung dieser Prozesse auf die (Welt-)Öffentlichkeit ist stark, der Wert auch für die Opfer von Massenverbrechen ist oft groß, eben weil es da auch um Würde, um Anerkennung für sie geht.

Bekannt ist zum Beispiel die Gruppe der »Mütter von Srebrenica«, die unermüdlich an den von serbischen Kämpfern verübten Völkermord an etwa 8 000 bosnischen Muslimen im Sommer 1995 erinnern. Von serbischen Nationalist:innen wird dieses Verbrechen bis heute geleugnet. Den Hinterbliebenen liegt deshalb sehr viel an einer klaren, offiziellen Anerkennung dieses Völkermordes[16] – einschließlich der Tatsache, dass die UN-Blauhelme die muslimischen Jungen und Männer damals nicht ausreichend vor ihrer Ermordung schützten.[17]

Deswegen setzen auch Menschenrechtsaktivist:innen immer wieder auf die internationale Strafjustiz. Der wahrscheinlich bekannteste Kämpfer gegen die Straflosigkeit in Deutschland, Wolfgang Kaleck, bemerkt dazu etwas selbstironisch:

» Das Strafrecht, ausgerechnet das Strafrecht, tritt auf den Plan, das von linken und progressiven Bewegungen in vielen historischen Momenten als Repressionsinstrument mehr oder weniger autoritärer Staaten wahrgenommen wurde.«[18]

Wolfgang Kaleck – aufgewachsen in der westdeutschen Provinz, bekannt geworden als Menschenrechtsanwalt in Berlin, wo er auch den US-amerikanischen Geheimdienst-Whistleblower Edward Snowden[19] zu seinen Mandant:innen zählt – hat dafür sogar eine eigene NGO gegründet: das European Center for Constitutional and Human Rights, kurz ECCHR. Mit seinen mittlerweile etwa 50 Mitstreiter:innen dort hat er zum Beispiel Ermittlungen gegen das syrische Assad-Regime angestoßen, das seit 2011 einen grausamen Bürgerkrieg gegen die eigene Bevölkerung führt. Sie haben zahlreiche Zeugenaussagen gesammelt, überlebende Opfer unterstützt, Kampagnen organisiert. Und sie haben dann am Ende stets dicke, mit vielen Details gespickte Strafanzeigen eingereicht. Zum Beispiel beim Internationalen Strafgerichtshof in Den Haag oder auch bei der deutschen Bundesanwaltschaft in Karlsruhe. Teils auch schon mit Erfolg.[20]

Allerdings ist damit stets auch ein Problem verbunden. Wenn es nicht mehr nur um einen einzelnen Tatort geht – so wie im »normalen«, nationalen Strafrecht –, sondern um Zehntausende Tatorte und um verschiedene Kriegsparteien, die womöglich wechselseitig Verbrechen begangen haben – dann ist es schon eine brisante Vorentscheidung, auf welche Taten die Ermittler sich zuerst konzentrieren und auf welche erst einmal nicht. Nicht alle Opfer bekommen die Chance, im Gericht aufzutreten. Dafür gibt es einfach zu viele. Jemand muss eine Auswahl treffen.[21]

Da steht die internationale Justiz vor einer anderen Herausforderung als die nationale Staatsanwaltschaft, wenn sie zum Beispiel Diebstähle, Körperverletzungen, Trunkenheitsfahrten verfolgt. Im nationalen Recht erwartet niemand, dass diese vielen kleinen Diebstahlsprozesse vor dem Amtsgericht sich zu einem großen, fairen Gesamtbild – einer Erzählung – der historischen Situation zusammenfügen.

Im internationalen Strafrecht ist das anders. Dort ist genau dieses Gesamtbild, das mittels einzelner Prozesse exemplarisch aufgezeigt werden soll, mit einzelnen Opfern, die stellvertretend auch für viele andere Gehör finden sollen, das eigentliche, entscheidende Thema. Darum geht es. Es ist unvermeidlich, dass man dabei selektiv vorgeht.[22] Und so macht zum Beispiel auch Wolfgang Kaleck kein Geheimnis aus seinem gelegentlichen Unbehagen darüber, dass das gesamte System des internationalen Strafrechts, so gut es im Einzelfall ist, (noch) kein unverzerrtes Bild des gesamten globalen Geschehens zeichnet.[23]

Im Gegenteil: Nach einer Studie des argentinischen Rechtswissenschaftlers Máximo Langer wurden Ende der 2000er-Jahre mehr als tausend Strafanzeigen von Menschen in fünf westeuropäischen Staaten eingereicht – Spanien, Belgien, Frankreich, Großbritannien und Deutschland –, wie Kaleck berichtet:

> »Doch zur Anklage und Verurteilung sind nur etwas mehr als dreißig Sachverhalte gelangt, die Verbrechen in afrikanischen Staaten, Jugoslawien oder im nationalsozialistischen Deutschland beinhalten. Das Völkerstrafrecht wird demnach, so der zutreffende Schluss Langers, dann angewandt, wenn der politische und ökonomische Schaden gering ist, also vorwiegend gegen Angehörige schwacher Staaten oder bereits aus ihrer Machtposition ausgeschiedenen Personen. [...] Im Völkerstrafrecht herrschen also Doppelstandards.«[24]

Internationale Strafjustiz als Machtinstrument

So war es schon beim Nürnberger Hauptkriegsverbrecher-Tribunal von 1945/46. Da behielten die Alliierten die Zügel fest in der Hand, sie gaben den Chefanklägern klare Anweisungen mit. Ihre Botschaft sollte sein, dass der Zweite Weltkrieg ein einseitiger Angriffskrieg Deutschlands gegen andere Staaten gewesen war. Sie nutzten ihre Macht, um sicherzustellen, dass die Sowjetunion nicht in Verlegenheit gebracht werden würde durch eine Erwähnung des Hitler-Stalin-Pakts und der darin verabredeten Aufteilung Polens.[25] Und sie ersparten es den befreiten europäischen Staaten auch, über ihre eigene Kollaboration mit den Nazis bei der Verfolgung der Jüdinnen und Juden sprechen zu müssen.

Ein halbes Jahrhundert später, 1993, wiederholte sich etwas Ähnliches, nun im Falle Ex-Jugoslawiens. Zwar konnten sich die USA mit ihrem Vorschlag, dass ein »Verwaltungsrat« aus Mitgliedern des UN-Sicherheitsrats das neue UN-Tribunal auf Schritt und Tritt überwachen sollte, nicht durchsetzen. Das wäre »mehr gewesen, als die Öffentlichkeit bereit war zu schlucken«, schreibt rückblickend der französische Völkerrechtler Frédéric Mégret.[26] Stattdessen konzentrierten sich die Machtkämpfe auf die Person des Chefanklägers.

Denn diese Person entscheidet ziemlich freihändig über die Auswahl von Fällen – und damit indirekt auch über die Blickrichtung des gesamten Tribunals, einschließlich der Möglichkeit, einfach die Augen zu verschließen. Während die Richter:innen, die letztlich über die Fälle entscheiden, von der Generalversammlung gewählt wurden, behielt sich der Sicherheitsrat daher die Auswahl der Chefanklage vor. Die als neutral ausgewählte Schweizerin Carla Del Ponte etwa, die der Anklagebehörde von 1999 bis 2007 vorstand, entschied sich gegen Ermittlungen wegen NATO-Kriegsverbrechen, etwa durch die Bombardierung eines serbischen Fernsehsenders.[27] Und auch die niederländischen UN-Blauhelme, die das Massaker von Srebrenica nicht verhindert hatten, mussten unter ihrer Ägide nur als Zeugen auftreten, nie als Beschuldigte.[28]

Bei der Schaffung eines UN-Tribunals für den Völkermord in Ruanda im Jahr 1994 sorgten die Vetomächte im UN-Sicherheitsrat sogar selbst für klare Vorgaben: Sie beschränkten das Mandat dieses Tribunals auf den Zeitraum Januar bis Dezember 1994, die exakte Dauer des Völkermords radikaler Hutu an der Bevölkerungsgruppe der Tutsi. Aus gutem Grund. Denn in der Zeit davor wäre sonst vielleicht Frankreichs Unterstützung für die Aufrüstung Ruandas zur Sprache gekommen, ein politisch sehr unangenehmes Thema. Und was die Zeit danach betraf, so wollten Großbritannien und die USA vermeiden, dass die internationale Justiz sich auch mit Racheakten befassen würde, die von den Überlebenden des Genozids begangen wurden, die nun von diesen beiden westlichen Staaten politisch unterstützt wurden.[29]

Wie schön, wenn man es in der Hand hat, vorab die Umrisse der »Wahrheit« zu bestimmen, die ans Tageslicht kommen soll.

Der globale Süden rebelliert

Gegen diese politische Einflussmöglichkeit der Vetomächte im UN-Sicherheitsrat rebellierten Mitte der 1990er-Jahre Staaten des globalen Südens und eine Reihe von wichtigen Nichtregierungsorganisationen – unter ihnen etwa Amnesty International, Human Rights Watch und die Women's Initiatives for Gender Justice. Sie forderten die Schaffung eines neuen Weltstrafgerichts, das nicht mehr vom UN-Sicherheitsrat gelenkt werden kann.

Ihr Protest hatte Erfolg. 1998 gründeten eine Reihe von europäischen und lateinamerikanischen Staaten sowie etliche afrikanische Staaten gemeinsam den Internationalen Strafgerichtshof, der für den gesamten Globus zuständig sein sollte. Über vier Wochen handelten sie in einem schmucklosen UN-Gebäude mit Blick auf das historische Rom das Regelwerk des Gerichtshofs aus; dieses Regelwerk wird daher als Rom-Statut bezeichnet. 2002 trat es schließlich in Kraft. Viele seiner Vorschriften tragen die Handschrift der zivilgesellschaftlichen Organisationen, die ebenfalls in Rom vertreten waren. Zum Beispiel den Schutz vor geschlechtsbezogenen Verbrechen konnten sie entscheidend stärken.[30]

Der Strafgerichtshof ist kein Organ der UNO, sondern eine unabhängige Institution. Es ist den Staaten überlassen, ob sie sich per Vertragsschluss freiwillig unterwerfen möchten. 60 Staaten traten gleich zu Beginn bei, 123 Staaten sind es heute. Dabei genügt es für die Zuständigkeit des Strafgerichtshofs, wenn sich der sogenannte Tatortstaat unterworfen hat, also der Staat, in dem das Verbrechen geschah. Deswegen kann auch der Strafgerichtshof im Fall der Ukraine wegen Kriegsverbrechen ermitteln, obwohl Russland kein Mitglied ist.[31]

Diese Grundentscheidung war auch ein Versuch, die alten Machtverhältnisse im internationalen Strafrecht aufzubrechen. Eine Demokratisierung. Vor dem Internationalen Strafgerichtshof sollen alle Staaten gleich sein. Der Chefankläger – derzeit der Brite Karim Ahmed Khan – wird, wie auch die Richter:innen, nicht mehr in einem kleinen, exklusiven Kreis der UN-Vetomächte ausgehandelt, sondern nun von allen Mitgliedsstaaten gemeinsam gewählt. Alle Staaten haben dasselbe Stimmrecht.

Dennoch gibt es viel Kritik an der Selektivität der Arbeit des Gerichtshofs, weil dessen Blick sich in den Anfangsjahren vor allem auf afrikanische Bürgerkriege richtete; das drücke eine neokoloniale Sichtweise aus, kritisierten manche Beobachter sogar.[32] Und: So ganz verschwunden sind die mächtigen Privilegien der fünf Vetomächte auch nicht.

Denn der UN-Sicherheitsrat hat die Macht, den Strafgerichtshof anzuweisen, in Staaten zu ermitteln, die sich dem Gericht bislang ausdrücklich nicht unterworfen haben. So steht es in Artikel 13 des Rom-Statuts. Zum Beispiel Libyen: Im Februar 2011 ermächtigte der Sicherheitsrat den Strafgerichtshof, sich die Staatsführung in diesem nordafrikanischen Bürgerkriegsland vorzunehmen – gegen Proteste aus Staaten des globalen Südens, die dies für den Versuch eines illegitimen »Regime change« hielten.

Und natürlich wird der Sicherheitsrat diese Macht auch niemals gegen die USA, Russland oder China einsetzen, die sich dem Strafgerichtshof ebenfalls nicht unterworfen haben. Davor schützt sie ihr Veto. Wer hat, der hat.[33]

Ist eine demokratischere UNO möglich?

Um dieses extreme Machtgefälle zwischen den fünf Vetomächten und allen übrigen Staaten gibt es seit Jahrzehnten Debatten. Vor allem um die »P5«, die permanenten Fünf. Hier haben die westlichen Industrienationen in Gestalt der USA, Frankreichs und Großbritanniens ein riesiges Übergewicht, während der globale Süden – zu dem der Exportriese China wohl nicht mehr zählt – überhaupt nicht repräsentiert ist. Während Europa sogar zwei Vetomächte stellt, hat der gesamte afrikanische Kontinent keinen einzigen ständigen Sitz.

Über eine mögliche Reform wird in der UN-Generalversammlung schon seit 1992 zwischen Staatenvertretern diskutiert, in einer passenderweise als »open-ended« bezeichneten Arbeitsgruppe. Zuletzt konnte man sich noch nicht einmal darauf einigen, eine Textgrundlage für die Verhandlungen zu entwerfen.[34] Dass es inzwischen immerhin zehn (und nicht mehr nur wie ursprünglich sechs) nichtständige

Mitglieder gibt, ist ein erster Erfolg der Staaten, die sich von der Kolonialherrschaft befreit hatten und auf mehr Partizipation in der UNO drängten. 1965 setzten sie die Erweiterung durch.

Aktuell aber ist die Diskussion zwischen drei Positionen festgefahren.[35] Alle halten an dem Prinzip fest, dass es UN-Mitglieder erster und zweiter Klasse geben soll. Nur streiten sie darüber, wer in diese erste Klasse aufsteigen darf:

- Die »G4« – Brasilien, Deutschland, Indien und Japan – fordern für sich und für zwei afrikanische Staaten ständige Sitze, sind aber beim Veto flexibel.
- Als Koalition »Uniting for Consensus« wollen ihre regionalen Rivalen, zum Beispiel Argentinien, Mexiko, Italien, Polen, Pakistan, Südkorea und die Türkei, mit einer Ausweitung der nichtständigen Sitze von zehn auf zwanzig den Sicherheitsrat repräsentativer machen.
- Die 54 Mitgliedstaaten der Afrikanischen Union fordern zwei ständige Sitze mit Veto und mindestens drei rotierende Sitze, haben sich aber bisher nicht festgelegt, wer die eigentlich bekommen soll – Nigeria, Südafrika, Algerien, Senegal …?

Aber die Blockade hat auch eine gute Seite: Sie hat die UN-Generalversammlung gestärkt, und die ist als Vollversammlung ohnehin demokratischer als der exklusive kleine Kreis im UN-Sicherheitsrat.

Schon 1950, als der Boykott von Seiten des sowjetischen Vertreters drohte, den Sicherheitsrat zu lähmen, hatte die Generalversammlung eine Resolution mit dem Titel »Uniting for Peace« verabschiedet, »Vereint für den Frieden«.[36] Immer wenn der Sicherheitsrat mangels Einstimmigkeit der ständigen Mitglieder seine Aufgabe, den Frieden zu sichern, nicht wahrnimmt, tritt danach »unverzüglich« die Generalversammlung zu einer Sondersitzung zusammen, um geeignete Maßnahmen zu empfehlen, »die im Falle eines Friedensbruchs oder einer Angriffshandlung erforderlichenfalls auch den Einsatz von Waffengewalt einschließen können«. Ein »weiches« UN-Mandat von der Generalversammlung also.

Als Russland im Februar 2022 die Ukraine-Resolution im Sicherheitsrat blockierte, wurde das in den 1990er-Jahren eingeschlafene

Instrument plötzlich wieder hochrelevant. Nur fünf Tage später, am 2. März 2022, verabschiedete die Generalversammlung eine Resolution.[37] 141 der 193 UN-Staaten, also eine überwältigende Mehrheit, bezeichneten darin die russische Aggression als »rechtswidrige Gewaltanwendung gegen die Ukraine« und forderten Putin dazu auf, seine Truppen sofort aus der Ukraine abzuziehen.[38]

Sollte man Krieg führen, um Völkermord zu stoppen?

Aufsehenerregende Rechtsbrüche bestimmen zwar nicht den Alltag des Völkerrechts. Der große Völkerrechtler Louis Henkin, der einst als Kind mit seiner jüdischen Familie aus dem heutigen Belarus in die USA geflohen war, formulierte es so: »Fast alle Nationen beachten fast alle Prinzipien des Völkerrechts und fast alle ihre Verpflichtungen fast die ganze Zeit.«[39] Aber wenn die mächtigen Staaten es einfach missachten können, wenn es drauf ankommt – ist es dann überhaupt Recht? Oder entscheidet am Ende doch einfach militärische Macht, wer was darf?

Am 24. März 1999 begannen die NATO-Staaten, Luftangriffe gegen das frühere Jugoslawien zu fliegen. Mit dabei war auch die deutsche Bundeswehr, mit Tornado-Kampfjets zur Luftaufklärung und zur Bekämpfung der Luftabwehr. Es war ihr erster Kampfeinsatz seit ihrer Gründung – obwohl es sich nicht um einen Verteidigungseinsatz handelte. Hierfür hatte das Bundesverfassungsgericht erst kurz zuvor, im Jahr 1994, den Weg geebnet, damals war es um eine Flugverbotszone über Bosnien-Herzegowina gegangen.[40] Ermöglicht worden war dies durch einen Beschluss des rot-grünen Bundeskabinetts; entsprechend groß waren die Auseinandersetzungen unter den damals noch pazifistischen Grünen.

Der damalige grüne Außenminister Joschka Fischer argumentierte seinerzeit: »Auschwitz ist unvergleichbar. Aber ich stehe auf zwei Grundsätzen, nie wieder Krieg, nie wieder Auschwitz, nie wieder Völkermord, nie wieder Faschismus. Beides gehört bei mir zusammen.«[41] Seine Rede hielt er mit blutrot verschmiertem Jackett; ein Delegierter hatte aus Protest einen Farbbeutel auf ihn geworfen. Auch für diesen Vergleich, der keiner sein sollte, wurde er massiv angegriffen.

Dabei lösten sich die vermeintlichen Beweise für den Völkermord im Nachhinein weitgehend in Luft auf; weder gab es die vom SPD-Verteidigungsminister Rudolf Scharping zitierten »Konzentrationslager«, noch waren die auf dem von ihm präsentierten Foto in Račak erschossenen Menschen Zivilisten, noch gab es Beweise für den von ihm nach Beginn der Angriffe behaupteten »Hufeisen-Plan« zur Vertreibung der Kosovo-Albaner.[42] Doch gibt es einen entscheidenden Unterschied zum russischen Angriff auf die Ukraine: Der serbische Präsident Slobodan Milošević betrieb im Kosovo tatsächlich eine »ethnische Säuberung«, und im Kosovo wurden tatsächlich Kriegsverbrechen und Verbrechen gegen die Menschlichkeit begangen (allerdings auch von Seiten der kosovarischen UÇK).

Trotzdem: Das Missbrauchspotential einer solchen »humanitären Intervention« ist groß. Das beweist nicht zuletzt der russische Überfall auf die Ukraine unter dem fadenscheinigen Vorwand eines vermeintlichen Völkermords. Würde ein solcher Rechtfertigungsgrund akzeptiert, könnte er rasch als Deckmäntelchen für alle möglichen kriegerischen Unternehmungen dienen.

Daher gab es zwar keine Sanktionen, aber durchaus klare Reaktionen: Die Kritik am »pre-emptive strike«, der vorbeugenden Selbstverteidigung also, und an der humanitären Intervention überwog. Hätten die Staaten »humanitäre Interventionen« mehrheitlich für legal erklärt, hätte sich das Völkerrecht verändert. Zu den beiden anerkannten Rechtfertigungsgründen für militärische Gewalt – Selbstverteidigung und UN-Mandat – wären weitere hinzugekommen. Denn Völkerrecht entsteht nicht nur durch Verträge. Es entsteht auch, wenn Staaten anfangen, eine bestimmte tatsächliche Praxis für rechtlich verbindlich zu betrachten. Dann wird sie zu Völkergewohnheitsrecht. Das kann auch relativ schnell geschehen, wenn der Rückhalt entsprechend groß ist. Dann werden nach dem Konsensprinzip alle Staaten gebunden, die dem neuen Völkergewohnheitsrecht nicht explizit und beharrlich widersprechen: Wer schweigt, stimmt zu.[43]

Auf den Widerspruch gegen illegale Praktiken kommt es damit an. Wird viel Protest laut – gerade auch aus der Zivilbevölkerung –, kann sich die Praxis nicht durchsetzen. Denn für Staaten sprechen Regierungen, und die können es sich – jedenfalls in Demokratien – nicht leisten, massiven Protest zu ignorieren. So war es auch mit dem »preemptive strike«, der vermeintlichen Vorwärtsverteidigung der USA im Irak-Krieg.

Wenn Millionen auf die Straße gehen, schützen sie damit also auch das Völkerrecht.

»Third World Approaches to International Law«

Als die Ukraine-Resolution im UN-Sicherheitsrat am 25. Februar 2022 diskutiert wird, ergreift der kenianische Vertreter, Martin Kimani, das Wort. Der 1971 in Mombasa geborene Diplomat im dunkelblauen Nadelstreifenanzug kennt sich mit Völkermord aus: Er hat seine Dissertation in London zum ruandischen Genozid geschrieben.

Martin Kimani spricht ruhig und ernst, er nimmt sich Zeit, damit seine Worte auch wirklich ankommen bei den anderen Delegierten. »Diese Situation ist ein Echo unserer eigenen Geschichte«, beginnt er. Kenia sei, wie fast jedes afrikanische Land, aus dem Ende imperialer Herrschaft geboren.

> »Unsere Grenzen wurden nicht von uns gezogen. Sie wurden in den fernen kolonialen Metropolen von London, Paris und Lissabon gezogen, ohne Rücksicht auf die uralten Nationen, die sie zerteilten.« Er könne jeden verstehen, der nach Einheit strebe. Aber: »Hätten wir uns bei der Unabhängigkeit entschieden, Staaten auf Basis ethnischer, rassischer oder religiöser Homogenität zu verfolgen, würden wir immer noch blutige Kriege führen«. Kenia habe nach vorn statt zurück geschaut, »weil wir etwas friedlich geschmiedetes, größeres wollten«. »Wir müssen«, so appelliert er schließlich, »unsere Auferstehung aus der Asche toter Imperien in einer Weise vollenden, die uns nicht wieder in neue Formen von Beherrschung und Unterdrückung stürzt.«[44]

Wer auf Landkarten des afrikanischen Kontinents blickt, findet dort Grenzen, die aussehen, als seien sie mit dem Lineal gezogen worden. Das ist kein Zufall: Sie wurden tatsächlich mit dem Lineal gezogen. Zum Beispiel auf der Kongo-Konferenz 1884/85, wo im Reichskanzler-Palais in der Berliner Wilhelmstraße 77 vierzehn weiße Herren mit imposanten Bärten um eine fünf Meter hohe Landkarte herumstanden und daran arbeiteten, den Kontinent unter sich aufzuteilen.[45] Mit der Dekolonisierung blieben diese Grenzen bestehen: *uti possidetis, ita possideatis*, heißt der völkerrechtliche Grundsatz, wie ihr besitzt, so sollt ihr besitzen.

Weil die deutschen Kolonien nach dem Ersten Weltkrieg als Mandatsgebiete an die Siegermächte gingen, wird hierzulande gern vergessen, dass Deutschland im 19. Jahrhundert der Fläche nach die drittgrößte, der Bevölkerung nach die viertgrößte Kolonialmacht war. Die früheren Kolonialgebiete umfassten die heutigen Staaten Namibia (Deutsch-Südwestafrika), Kamerun und Togo und gehören heute zu Burundi, Ruanda und Tansania (Deutsch-Ostafrika), China, Papua-Neuguinea, Westsamoa und Mikronesien. Auch die Art und Weise, wie deutsche Truppen wüteten, war nicht milder als anderswo. Im Gegenteil – doch dazu gleich.

Die Kolonialmächte schufen auf der Kongo-Konferenz und in den Jahren davor und danach das Völkerrecht, das ihren Interessen diente. Als Souveräne respektierten sie nur einander, nicht aber afrikanische Völker oder Königreiche (schlossen aber, wenn es ihnen passte, trotzdem Verträge mit ihnen). Das von ihnen kolonisierte Land definierten sie als Niemandsland. Und sie sahen sich gegenüber den vermeintlich »unzivilisierten Völkern« nicht an die damals bereits geltenden Prinzipien des humanitären Völkerrechts gebunden. Das Siegel der »Zivilisiertheit« wurde dabei nach Gutdünken vergeben: So galt das Osmanische Reich nach dem Krimkrieg 1856 in dem Moment als »zivilisiert«, da die Deutschen mit ihm eine Partnerschaft eingehen wollten. Japan verweigerte man derweil lange die volle Anerkennung, um westliche Gesandtschaften nicht der japanischen Jurisdiktion auszusetzen.[46]

Dieser koloniale Geist hat viele Spuren hinterlassen im Völkerrecht. Das hat beispielsweise der aus Australien stammende Völkerrechtler Antony Anghie gezeigt. Er ist einer der bekanntesten Vertreter der postkolonialen Völkerrechtswissenschaft und der »Third World Approaches to International Law« (TWAIL). Der Geist des Kolonialismus steckt in der Idee, dass souveräne Staaten überall Territorium erwerben können, wo es noch keinen anderen Staat gibt. Er ist festgeschrieben in dem Prinzip, dass nur Staaten – und nicht etwa Völker – souverän sein und auf der internationalen Ebene mitreden können. Und er wirkt darin nach, dass die dekolonisierten Staaten weder ihre kolonialen Grenzen noch die fortwirkende wirtschaftliche Abhängigkeit von der Kolonialmacht abschütteln können – denn Enteignungen verbietet das Völkerrecht, das ebendiese Kolonialmächte geschaffen haben. Ohne ihre damaligen Kolonien. Soviel zum Konsensprinzip:

> »Aus der Sicht der Gesellschaften der Dritten Welt«, resümiert Antony Anghie, »wurde der Kolonialismus […] durch den Neokolonialismus ersetzt.«[47]

Der koloniale Geist findet sich sogar im Statut des Internationalen Gerichtshofs, wo von Rechtsprinzipien die Rede ist, die von den »zivilisierten Völkern« anerkannt sind.[48] Und er findet sich in Artikel 56 der Europäischen Menschenrechtskonvention, wonach es optional ist, die vermeintlich universellen Menschenrechte auch in den Kolonien anzuwenden. Es gibt immer noch einige Überseegebiete, in denen die Konvention nicht gilt, z. B. unbewohnte Arktis-Inseln, die zu Norwegen gehören, aber auch das »British Indian Ocean Territory« (BIOT), das insbesondere die Chagos-Inseln umfasst.

Die Chagos-Inseln liegen im Indischen Ozean. Der Archipel gehörte einmal zur britischen Kolonie Mauritius. Doch kurz bevor Mauritius 1968 unabhängig wurde, gliederte die Kolonialmacht die Inseln als »Britisches Territorium im Indischen Ozean« aus – und behielt sie einfach, um sie an die USA für eine US-Militärbasis zu verpachten. Die dort lebenden Menschen wurden kurzerhand zwangsumgesiedelt. Ihre Klage vor dem Europäischen Gerichtshof für Menschenrechte im französischen Straßburg scheiterte: Mit der Ausgliederung aus Mauritius endete auch die optionale Anwendung der Menschenrechtskonvention.[49]

»Die letzte Kolonie« nennt der Völkerrechtsanwalt und Schriftsteller Philippe Sands die Chagos-Inseln.[50] Er erzählt, wie die Chagossianerin Liseby Elysé schließlich 2019 vor dem Internationalen Gerichtshof vom Trauma ihrer Vertreibung erzählen kann. In seinem von der UN-Generalversammlung angeforderten Gutachten stellt der Gerichtshof fest, dass »der Prozess der Dekolonisierung von Mauritius nicht rechtmäßig vollendet wurde, als dieses Land die Unabhängigkeit erlangte«, und dass »das Vereinigte Königreich verpflichtet ist, seine Verwaltung des Chagos-Archipels so schnell wie möglich zu beenden«.[51] 2021 schließt sich der Internationale Seegerichtshof an und bestätigt, dass der Archipel weiterhin zum inzwischen unabhängigen Staat Mauritius gehört.[52] Doch erst im November 2022 kündigt der britische Außenminister James Cleverley an, mit Mauritius Verhandlungen führen zu wollen. Natürlich ohne die Chagossianer:innen einzubeziehen; sie haben daher weitere Klagen angekündigt.[53]

Der Kampf um Gerechtigkeit für deutsche Kolonialverbrechen

Derweil sind die Kolonialverbrechen der Vergangenheit abgeschirmt gegen die neueren Entwicklungen des Völkerrechts. Weder die Völkermord-Konvention aus dem Jahr 1948 noch das Römische Statut des Internationalen Strafgerichtshofs sind anwendbar auf den Genozid des belgischen Königs Leopold II. im Kongo. Und auch nicht auf die systematische deutsche Vernichtungspolitik gegen die aufständischen Ovaherero und Nama in den Jahren 1904–1908 im heutigen Namibia, dem damaligen Deutsch-Südwestafrika.

Bis zu 100 000 Menschen kamen dort um. Generalleutnant Lothar von Trotha schlug nicht nur den Aufstand nieder, er riegelte auch die Omaheke-Wüste, in die die Überlebenden geflohen waren, ab und drohte ihnen mit sofortiger Erschießung. Zehntausende verdursteten. Weitere starben später als Gefangene in Konzentrationslagern an Zwangsarbeit und Seuchen. Von Trotha schrieb dazu an Generalstabschef Alfred von Schlieffen, während einige der altgedienten Offiziere »die Nation der Herero als notwendiges Arbeitsmaterial für die zukünftige Verwendung des Landes« sähen, sei er grundsätzlich anderer Ansicht: »Ich glaube, dass die Nation als solche vernichtet werden muß.« Graf von Schlieffen sah dies genauso: »Der entbrannte Rassenkampf ist nur durch Vernichtung […] der einen Partei abzuschliessen.«[54]

Die Vernichtung der Ovaherero und Nama gilt als der erste Genozid des 20. Jahrhunderts. Doch ihre Forderungen nach Wiedergutmachung hat die Bundesregierung deswegen stets zurückgewiesen, denn nach damaligem Recht sei das halt kein Völkermord gewesen.[55]

Auf solche Feinsinnigkeiten ließen sich die über 300 afrikanischen und afrikanischstämmigen Teilnehmenden einer Konferenz, die im Februar 2010 in Berlin zusammenkamen, nicht ein; in einem symbolischen Tribunal verurteilten sie die Aufteilung Afrikas als »Verbrechen gegen die Menschlichkeit« und forderten Wiedergutmachung.[56]

So ein symbolisches Urteil ist natürlich nicht verbindlich. Aber es macht Druck. Genauso wie die Klagen der Nachfahren der ermordeten Ovaherero und Nama.

Ein Gesetz von 1789, der Alien Tort Claims Act (ATCA), ermöglicht es ausländischen Staatsangehörigen, vor US-amerikanischen Zivilgerichten Schadensersatz für Völkerrechtsverletzungen einzuklagen, selbst wenn die Verletzung im Ausland begangen wurde. Möglich sind damit prinzipiell auch Klagen von namibischen Ovaherero gegen Deutschland. Aber leicht ist das keineswegs.

Und so scheiterte auch die Sammelklage des ehemaligen namibischen Generalstaatsanwalts und Paramount Chief der Ovaherero, Vekuii Rukoro, und des Nama-Chiefs David Frederick.

Denn souveräne Staaten können vor ausländischen Gerichten nur in ganz begrenzten Ausnahmefällen verklagt werden. Wann immer es um politische und nicht rein wirtschaftliche Fragen geht, genießen sie Immunität. Entsprechend restriktiv ist der US Supreme Court beim Alien Tort Claims Act. Außerdem fordert er inzwischen einen wirtschaftlichen Bezug zu den USA.[57]

Die Klage der beiden Chiefs Rukoro und Frederick gegen die Bundesrepublik Deutschland konzentrierte sich deswegen auf Vermögensfragen. »Neben dem schrecklichen Mord an zahlreichen Menschen wurden Land, Vieh und der Besitz der Menschen enteignet«, argumentierte ihr Anwalt Kenneth McCallion auf der Pressekonferenz der Kläger in New York.[58] Mit dem Geld habe Deutschland unter anderem in New York Immobilien erworben. Die Chiefs forderten daher Schadensersatz und die Einrichtung eines Fonds. Außerdem verlangten sie die Feststellung, dass der Ausschluss der Ovaherero und Nama aus den Wiedergutmachungs-Verhandlungen zwischen Namibia und Deutschland ihre Rechte als indigene Völker verletzt.

Als sie am 31. Juli 2018 ihre Argumente vor der US-Bundesrichterin Laura Taylor Swain vortragen, in einem Gerichtssaal in einem imposanten Säulenbau im Süden von Manhattan, zwischen Chinatown, der Brooklyn Bridge und der Wall Street, ist eine Delegation von fünfzig Ovaherero und Nama gekommen. Sie fordern Gerechtigkeit, erklärt die in die USA ausgewanderte Ngondi Kamatuka: »Alles, was wir wollen, ist eine Jury, die die Beweislage prüft.«[59] Doch dazu kommt es auch diesmal nicht. Am 11. März 2019 lehnt die Richterin ihre Klage ab. Die Berufung scheitert im September 2020 ebenfalls. Nicht zuständig. Denn es sei den Klägern nicht gelungen zu zeigen, dass das damals geraubte Vermögen heute als Vermögen der Bundesrepublik in New York präsent ist und dort rein wirtschaftlich genutzt wird. Deswegen bleibe die Bundesrepublik immun.[60]

Es ist zum Haareraufen.

Aber auch Klagen, die rein symbolisch sind oder scheitern, können Erfolg haben: In einer gemeinsamen Erklärung mit Namibia hat die Bundesregierung im Mai 2021 endlich ihre Kolonialverbrechen gegen die Ovaherero und Nama als Genozid anerkannt – als »Gräueltaten, die aus heutiger Sicht als Völkermord bezeichnet werden« – und eine Entschuldigung und Entschädigungszahlungen in Höhe von 1,1 Milliarden Euro versprochen.[61]

Trotzdem gab es Kritik – auch von Vekuii Rukoro. Der Chief, der stets in einer imposanten roten Uniform auftrat, erlag am 18. Juni 2021 einer Covid-Infektion. Doch er blieb bis zuletzt kämpferisch: Denn die Auszahlung soll nicht nur über dreißig Jahre gestreckt werden. Das Geld soll auch an die namibische Regierung gehen und nicht direkt an die Ovaherero und Nama. Genau wie die Entwicklungshilfe, die auch bisher schon nicht bei ihnen ankommt.[62]

Wie schon bei den Chagossianer:innen sind auch diese Verhandlungen über die Köpfe der Betroffenen hinweg geführt worden.[63]

»We ›cannot not want‹ human rights. Rights are radical tools for those who have never had them. [...] Yet, it is also important to confront the ›dark side‹ of this project.«

*Ratna Kapur**

* Die indische Rechtswissenschaftlerin ist ehemalige Direktorin des Center for Feminist Legal Research in Neu-Delhi. In ihrem Aufsatz »Human Rights in the 21st Century: Take a Walk on the Dark Side« in der *Sydney Law Review* (2006) wendet sie sich der »dunklen Seite« der Menschenrechte zu und zeigt, wie diese manchmal auch zur Rechtfertigung von Gewalt und kolonialen Hierarchien missbraucht werden.

MENSCHENRECHTE

Wie verteidigen wir einander weltweit?

Im November 2001 wird ein junger Bremer festgenommen, fernab seiner Heimat, in Pakistan. Sein Name ist Murat Kurnaz. Nur zwei Monate zuvor haben neunzehn Al-Qaida-Terroristen Flugzeuge in die beiden Türme des World Trade Centers in New York und in das Pentagon in Washington geflogen. 2 996 Menschen sind gestorben. Überall wird seitdem nach echten und vermeintlichen Terroristen gefahndet. Auch ein Bekannter von Murat Kurnaz, Selçuk Bilgin, ist unter Terrorverdacht geraten.[1]

Murat Kurnaz wird in Pakistan bei einer Routinekontrolle aufgegriffen und gegen Kopfgeld an die US-Streitkräfte im afghanischen Kandahar ausgeliefert. Die bringen den damals Zwanzigjährigen in das neu errichtete Gefangenenlager auf der US-Militärbasis in Guantánamo, Kuba. Dort bleibt er fünf Jahre lang. Ohne Anklage, ohne Gerichtsverfahren und ohne die Möglichkeit, vor einem US-Gericht gegen seine Inhaftierung zu klagen. Erst seine Mutter schafft es, dass er einen Anwalt sehen kann – doch dazu später.

Was Murat Kurnaz in Kandahar und Guantánamo angetan wird, ist eindeutig Folter. Erniedrigungen, Schläge, Schlafentzug, Waterboarding – gegen solche Praktiken gibt es seit 1984 die UN-Antifolterkonvention. Die Vereinigten Staaten haben sie 1988 unterzeichnet und 1994 ratifiziert. Die Konvention formuliert aus, was bereits in der Allgemeinen Erklärung der Menschenrechte von 1948 steht und sogar auch schon – etwas umständlicher formuliert – in der französischen Erklärung der Menschen- und Bürgerrechte von 1789.[2]

Das Verbot hat so eine lange Tradition, weil Folter darauf angelegt ist, einen Menschen als Menschen zu zerstören. Ihn seines Willens und seiner Selbstkontrolle zu berauben. Die Folter funktioniert über physische Misshandlung, aber mindestens genauso sehr über die Psyche. Der erste Schritt der Folter, so heißt es, ist daher das Zeigen der Instrumente. Von dem Menschen, seinem Geist, seiner Autonomie sollen nur noch Schmerz und Angst übrigbleiben, ein zitterndes, gebrochenes Etwas, das mit einem Menschen nur noch die äußere Form gemeinsam hat. Kein Subjekt mehr, sondern nur noch Objekt der Ermittlung, aus dem Informationen gezogen werden sollen.

Ein »schwarzes Loch« namens Guantánamo

Die ganze Idee der Menschenrechte basiert aber darauf, dass Menschen *als Menschen* bestimmte Rechte haben, die ihnen niemand nehmen darf. Dass der Schutz des Menschseins verlangt, dass es bestimmte Grenzen gibt, die keine Regierung überschreiten darf. Damit ist die Anwendung von Folter ganz grundlegend unvereinbar.

Auf diese Rechte kann sich jeder Mensch berufen, auch Murat Kurnaz. Deswegen heißt es ja: Menschenrechte. Doch in Guantánamo werden sogar die Hunde besser behandelt als die Gefangenen, so sagt es ein Mithäftling. Der Hund im Zwinger neben ihm habe eine richtige Hundehütte mit Klimaanlage und echtem Gras gehabt. Er habe zu den Wächtern gesagt: »Ich will nur die gleichen Rechte wie er«; die Antwort: »Dieser Hund ist Mitglied der US-Streitkräfte.«[3] Die Häftlinge befinden sich dagegen, wie es ein britischer Lord-Richter, Stephen Philipps, einmal in einem Urteil formuliert, in einem »rechtlichen schwarzen Loch«.[4]

Die Menschenrechte stehen zwar auf dem Papier. Aber was ist das wert, wenn sie derart unverfroren verletzt werden können? Wenn es offenbar Orte gibt, an denen diese Rechte, oder überhaupt das Recht, keine Geltung mehr haben?

Genau solche schwarzen Löcher soll es eigentlich nicht mehr geben. Denn genau auf diese Erfahrung der Rechtlosigkeit sollten die Menschenrechte nach dem Zweiten Weltkrieg antworten.

Die scharfzüngige, kettenrauchende Philosophin Hannah Arendt, von der schon die Rede war, hat schon Mitte des 20. Jahrhunderts im New Yorker Exil auf den Punkt gebracht, wie wenig die Idee der Menschenrechte den Ausgestoßenen, Verfolgten nutzte. Man habe, so schrieb sie, bei der Abfassung der französischen Menschenrechtserklärung 1789 gemeint, dass diese Menschenrechte »von allen Regierungen in jedem Menschen respektiert werden« müssten.[5] Doch so war es nicht. Wer von seinem Heimatstaat im Stich gelassen wurde, konnte auch nirgendwo sonst Rechte geltend machen.

Und so standen die staatenlos gemachten Jüdinnen und Juden im Ausland weitgehend rechtlos da – wenn sie überhaupt dorthin gelangen konnten. Sie hatten nur die Rechte, die man bereit war, ihnen zuzugestehen. Denn, so Arendt:

> »Es stellte sich plötzlich heraus, dass in dem Augenblick, in dem Menschen sich nicht mehr des Schutzes einer Regierung erfreuen [...] und daher auf das Minimum an Recht verwiesen sind, das ihnen angeblich eingeboren ist, es niemanden gab, der ihnen dies Recht garantieren konnte, und keine staatliche oder zwischenstaatliche Autorität bereit war, es zu beschützen.«[6]

Als es also darauf ankam, waren die vermeintlichen Menschenrechte nichts wert. Wen der Staat nicht als eigenen Bürger zu schützen bereit war, wer also auf sein bloßes Menschsein reduziert war, der konnte daraus allein plötzlich doch keine Rechte ableiten. Inzwischen gibt es verbindliche Menschenrechtsverträge – und trotzdem machte Murat Kurnaz die Erfahrung einer totalen Rechtlosigkeit.

Im November 2014 wandte er sich an den Antifolterausschuss der UNO, acht Jahre nach seiner Freilassung aus Guantánamo[7] und genau dreißig Jahre nachdem die Antifolterkonvention verabschiedet wurde.

Zehn Mitglieder hat dieser UN-Ausschuss, sie stammen aus allen Regionen der Welt. Sie haben eigentlich andere Berufe, aber dreimal pro Jahr kommen sie für drei- bis vierwöchige Arbeitssitzungen im Palais Wilson am Genfer See zusammen, dessen schmuckvolle rote Fassade noch seine Vergangenheit als Schweizer Luxushotel verrät (allerdings lief das Hotel so schlecht, dass der Besitzer schon vor seiner Fertigstellung aus dem Fenster sprang[8]). Sie sitzen dann in einem schlichten Sitzungsraum, der nichts von dem Prunk eines früheren Hotels hat, und hören sich Berichte von Staaten oder Beschwerden von Einzelpersonen an. Funktionale Holztische mit schwarzen Mikrofonen stehen gedrängt in einer doppelten Hufeisenform, um möglichst viele Sitzplätze zu schaffen. An den kurzen Enden des Raumes befinden sich Dolmetscherkabinen, in denen in die sechs UN-Sprachen übersetzt wird: Englisch, Französisch, Russisch, Chinesisch, Arabisch und Spanisch. Immer hat jemand im Raum Kopfhörer auf, um den vielen Sprachen zu folgen.

Am 12. und 13. November 2014 widmen sich die zehn Expert:innen dem Staatenbericht der USA, den die Regierung im Jahr zuvor eingereicht hat. Einen Tag vorher, am 11. November, hören sie sich aber erst einmal an, was die zivilgesellschaftlichen Gruppen über die Einhaltung der Antifolterkonvention durch die USA zu berichten haben.

Dass Nichtregierungsorganisationen (NGOs) überhaupt in Genf auftreten, ist eigentlich ungewöhnlich. Vorgesehen sind nur Berichte der Staaten selbst. Aber die berichten natürlich nur, was sie selbst für berichtenswert halten, und zwar in einer Weise, die möglichst günstig für sie ist. Der Ausschuss, der während seiner Arbeitssitzungen eine ganze Reihe von Staatenberichten hört – im November 2014 etwa von Australien, Burundi, Kroatien, Kasachstan, Schweden, der Ukraine, den USA und Venezuela – und dazu noch eigene thematische Stellungnahmen erarbeitet, hat aber kaum Zeit, selbst Ermittlungen anzustellen, ob in den Regierungsberichten vielleicht etwas ausgelassen oder geschönt wurde.

Also ist es den Expert:innen höchst willkommen, wenn NGOs ihnen vorab sogenannte Schattenberichte (auch: Parallelberichte) zum Staatenbericht schicken. Denn dann wissen sie, wo sie nachbohren sollten. Auch wenn dadurch noch mehr zu lesen ist – über sechzig Berichte allein zu den USA für die Sitzung im November 2014. Fünf davon sind vom Center for Constitutional Rights in New York, das unter anderem Murat Kurnaz unterstützt.[9]

Die Atmosphäre ist hochkonzentriert, wenn die Delegierten der NGOs im Palais Wilson vortragen. Hier sind nur Menschen im Raum, die für die Menschenrechte brennen, die sie verteidigen und schützen wollen. Sie haben sich minutiös vorbereitet, um alles herauszuholen aus der Sitzung, haben Dutzende, Hunderte Seiten Material aufbereitet, die sie nun auf ihren Laptops und in Stapeln von

Papier dabei haben. Diese Sitzungen sind nicht öffentlich, um die zivilgesellschaftlichen Gruppen vor Repressalien zu schützen. Nicht alle NGOs können Delegierte schicken, und nicht alle, die da sind, können auch sprechen, es würde zu lang dauern. Die NGOs machen also regelmäßig unter sich aus, wer von der knappen Redezeit Gebrauch machen darf. Der Rest der Zeit ist für Fragen der Ausschussmitglieder reserviert.

»Ich wurde wie ein Tier behandelt«

Am Nachmittag des 11. November 2014 überlassen die anwesenden NGO-Delegierten Murat Kurnaz das Wort, damit er sich direkt an den Ausschuss wenden kann. Kurnaz hat die Figur eines Boxers; ohne den rotbraunen Rauschebart und mit kurzen Haaren wirkt er jünger als bei seiner Freilassung. Wenn er Englisch spricht, hat er einen leichten deutschen Akzent.

Er stellt sich kurz vor und berichtet dann in knappen, klaren Worten, was ihm von Seiten des US-Militärs widerfahren ist. Elektroschocks, schmerzhafte Stresspositionen, simuliertes Ertrinken (das sogenannte Waterboarding), endlose Schläge schon im afghanischen Kandahar, in Guantánamo kam dann noch psychische Folter hinzu.

> »Mir wurde meine Menschlichkeit genommen, ich wurde wie ein Tier behandelt, vom Rest der Welt isoliert, und wusste nicht, ob ich je freigelassen würde«, berichtet er. »Obwohl meine Anwälte bewiesen haben, dass die USA ab 2002 von meiner Unschuld wussten, wurde ich erst 2006 freigelassen. Ich habe fünf Jahre meines Lebens in Guantánamo verloren. Acht Jahre später kann ich nicht glauben, dass Guantánamo immer noch offen ist und dass dort fast 150 Männer auf unbestimmte Zeit inhaftiert sind. [...]
>
> Meines Wissens wurden internationale Menschenrechtsgesetze wie die Konvention gegen Folter geschaffen, damit die Menschen, die Folter begehen, bestraft werden. Ist es das nicht, wie wir Folter in der Welt beenden können? Warum ist dann bisher kein US-Beamter für die bru-

talen Praktiken und die Folter in Guantánamo und anderen US-Gefängnissen zur Verantwortung gezogen worden?

Ich werde fünf Jahre meines Lebens nie zurückbekommen, aber für mich und andere ist es wichtig, dass der Ausschuss die Vereinigten Staaten mit ihren Handlungen in Guantánamo und anderen Gefängnissen konfrontiert. Danke.«[10]

Die Sitzungen mit den NGOs werden nicht protokolliert, wir wissen also nicht, was der Ausschuss gefragt hat. Was wir wissen, ist, dass der US-amerikanische Botschafter Keith Harper am nächsten Tag in seinem Eingangsstatement Folter für unvereinbar mit den Gründungsdokumenten seines Landes und den Grundwerten des amerikanischen Volkes erklärt. Daher hätten die USA eine Führungsrolle bei der Aushandlung der Antifolterkonvention übernommen. Es sei für ihn eine Ehre gewesen, am 30. Jahrestag der Konvention teilzunehmen. Aber keine Nation sei perfekt, und so hoffe man auf einen konstruktiven Dialog.[11] So weit, so generisch.

Doch dann schlägt der Botschafter einen ungewohnten Ton an: Er sei selbst aus der Zivilgesellschaft in den öffentlichen Dienst gekommen – Harper gehört der Cherokee Nation an und arbeitete elf Jahre lang für den Native American Rights Fund. Er wisse daher aus erster Hand, wie wichtig deren Rolle bei der Verbesserung des Menschenrechtsschutzes im eigenen Land sei.[12]

Von der Antifolterkonvention bis zur UN-Antirassismuskonvention: Neue Instrumente

Als nach dem Zweiten Weltkrieg die UNO gegründet wurde und ein verbindlicher, internationaler Menschenrechtsvertrag erarbeitet werden sollte, wurde die Federführung der US-Delegierten Eleanor Roosevelt übertragen – einer Aktivistin und ehemaligen First Lady mit erheblichem Renommee.[13] Der erste Schritt, die noch unverbindliche Allgemeine Erklärung der Menschenrechte von 1948, ging vergleichsweise schnell. Der zweite Schritt, der zur Rechtsverbindlichkeit, dauerte dann aber bis 1966 – denn die Staaten konnte sich nicht über die zu schützenden Menschenrechte einigen.

So argumentierte etwa der britische Vertreter in der UN-Menschenrechtskommission damals, die Rede-, Versammlungs- und Meinungsfreiheit müssten zuerst gesichert werden, die Welt brauche »freie Menschen und nicht wohlgenährte Sklaven«; der sowjetische Vertreter konterte, es nütze nichts, wenn »Menschen frei sind, aber an Hunger sterben«.[14]

Noch umstrittener war, *wie* solche sozialen Rechte gesichert werden sollten, die ja den aktiven Einsatz von Ressourcen verlangen. Eine hochpolitische Frage! Also wurden es am Ende nicht einer, sondern zwei Pakte: einer für die bürgerlichen und politischen Rechte und einer für die wirtschaftlichen, sozialen und kulturellen Rechte. Verbindlich sind sie beide. Aber die sozialen Rechte müssen von einem Vertragsstaat erst »nach und nach« voll verwirklicht werden, so steht es dort im Artikel 2, Absatz 1 des Textes – immerhin »unter Ausschöpfung aller seiner Möglichkeiten«.[15]

Seit den beiden Pakten sind immer mehr Menschenrechtsinstrumente verabschiedet worden, die inzwischen fast alle typischen Gefährdungslagen erfassen.[16] Neben der Antifolterkonvention sind das zum Beispiel die UN-Antirassismuskonvention und die UN-Behindertenrechtskonvention, die Inter-Amerikanische Konvention gegen das Verschwindenlassen von Menschen[17], die sogenannte Istanbul-Konvention des Europarats zu Gewalt gegen Frauen[18] oder die Afrikanische Charta über die Rechte und das Wohl des Kindes[19]. Der Europarat hat Konventionen für so spezialisierte Themen wie Regional- und Minderheitensprachen, biomedizinische Forschung oder den Handel mit menschlichen Organen verabschiedet.[20] Zu den Rechten indigener Völker gibt es immerhin eine Erklärung.[21]

Es gibt auch eine Vielzahl von Institutionen, die über die Einhaltung dieser verbrieften Menschenrechte wachen. Dazu gehören die nationalen Gerichte und in drei Weltregionen sogar Menschenrechts-Gerichtshöfe: der Europäische Gerichtshof für Menschenrechte (EGMR) in Straßburg, der Inter-Amerikanische Gerichtshof für Menschenrechte in der Stadt San José, im Karibikstaat Costa Rica, und der Afrikanische

Gerichtshof für Menschenrechte und die Rechte der Völker in Arusha, Tansania. Für die UN-Verträge, auch für die Antifolterkonvention, gibt es Ausschüsse, an die die Vertragsstaaten regelmäßig berichten und von denen sie sich unangenehme Fragen stellen lassen müssen. Viele dieser Ausschüsse, auch der UN-Antifolterausschuss, können außerdem Beschwerden von Einzelpersonen wegen Menschenrechtsverletzungen prüfen.

Aber dennoch, darauf hat Murat Kurnaz in seiner Rede vor den UN-Expert:innen in Genf hingewiesen, und darauf hat auch US-Botschafter Keith Harper angespielt: Menschenrechte eignen sich zwar gut für Sonntagsreden und feierliche Proklamationen, aber eingehalten werden sie deswegen noch lange nicht. Das muss immer wieder neu erkämpft werden.

Menschenrechtsanwält:innen gegen rechtsfreie Räume

Aus erster Hand wissen das auch die Delegierten vom Center for Constitutional Rights, die mit Murat Kurnaz gemeinsam nach Genf gekommen sind. Sie haben schließlich überhaupt erst erkämpft, dass der Anspruch auf gerichtliche Kontrolle von Inhaftierungen auch für Häftlinge in Guantánamo gilt.

Die US-Militärbasis in Guantánamo Bay liegt nämlich auf kubanischem Territorium. Sie umfasst 117 Quadratkilometer und wurde von den USA im Jahre 1903 unbefristet von Kuba gepachtet, damals zum Preis von 2 000 Dollar in Gold pro Jahr (seit 1974 sind es 4 085 Dollar, die Kuba seit der Revolution aber nicht mehr abruft[22]). Im Pachtvertrag heißt es, dass Kuba die Souveränität über das Gebiet behält, jegliche Hoheitsgewalt und Kontrolle aber von den USA ausgeübt wird.[23]

Die US-Regierung unter George W. Bush, die am 11. Januar 2002 das Internierungslager eröffnete, stellte sich daher auf den Standpunkt, dass dort die üblichen rechtlichen Garantien – zum Beispiel das Recht, ein Gericht anzurufen, um die Rechtmäßigkeit der Haft prüfen zu lassen – gar nicht gelten würden.[24] Auch ein Recht auf anwaltliche Vertretung sollten die Internierten nicht haben, kein Recht auf Besuch oder Briefe, eigentlich überhaupt keine Rechte. Stattdessen wurden sie isoliert, erniedrigt und gequält, um aus ihnen Informationen über das Al-Qaida-Terrornetzwerk herauszupressen, mit dem viele von ihnen in Wahrheit wenig oder sogar nichts zu tun hatten.

Im Februar 2002 wandte sich das Center for Constitutional Rights an die US-amerikanischen Gerichte, im Namen von zwei Briten, Shafik Rasul und Asif Iqbal, und zwei Australiern, David Hicks und Mamdouh Habib. Das Bezirksgericht für Washington D.C. wies ihre Klage ab – gestützt auf zwei Präzedenzfälle aus der Nachkriegszeit: Im ersten Fall hatte sich das Gericht für unzuständig erklärt, weil die 120 deutschen Kläger 1948 als »feindliche Ausländer« auf Ellis Island und damit außerhalb des Gerichtsbezirks festgehalten wurden.[25] Und Guantánamo liege eben im Ausland. Im zweiten Fall konnte das US-Gericht nicht über die Rechtmäßigkeit der Inhaftierung deutscher Kriegsverbrecher in US-verwalteten deutschen Gefängnissen entscheiden, weil die USA dort keine Souveränität hätten.[26] Und nach dem Pachtvertrag unterliege Guantánamo eben der kubanischen Souveränität.

Ein rechtsfreier Raum also – denn wo man nicht klagen kann, kann man seine Rechte nicht durchsetzen. Und dann sind die nicht mehr wert als das Papier, auf dem sie stehen. Man hat sie nur, wenn die Regierung sie einem auch zugestehen will.

Hiergegen zieht das Center for Constitutional Rights für seine Mandanten vor den US Supreme Court. In der mündlichen Verhandlung greift einer der Richter ein ähnliches Argument auf wie Murat Kurnaz' Mithäftling, der auf die Hunde in Guantánamo verwies: Sogar die Iguanas stünden dort unter dem Schutz des US-amerikanischen Rechts, so der Richter[27] – wie kann es dann sein, sagt er damit, dass die Häftlinge rechtlos sind?

Und so stellt der Supreme Court im April 2004 klar: Auch in Guantánamo gibt es das Recht auf richterliche Kontrolle.[28] Hier ist kein rechtsfreier Raum. Vier Jahre später, als der US-Kongress versucht, dieses Recht durch Sonderregelungen zu beschneiden, gibt der Gerichtshof der NGO erneut recht.[29]

Der Europäische Gerichtshof für Menschenrechte entscheidet später im Fall von Häftlingen des britischen Militärs im Irak ganz ähnlich:

Wo immer staatliche Behörden »effektive Kontrolle« über eine Person ausüben, ob auf dem eigenen Territorium oder im Ausland (also: exterritorial), sind sie auch an die Menschenrechte gebunden. Und das bedeutet, sie dürfen dort niemanden an die irakischen Behörden übergeben, wenn sie ihn damit der Gefahr der Folter oder der unmenschlichen Behandlung aussetzen.[30] Sogar auf Hoher See, stellt er schließlich klar, gibt es keine »schwarzen Löcher«.[31]

Als das Bundesverfassungsgericht dieses Prinzip im Jahr 2020 im BND-Fall ebenfalls bestätigte, hat es sich dafür auch darauf gestützt, dass das Grundgesetz sich zu den »unverletzlichen und unveräußerlichen Menschenrechten als Grundlage jeder menschlichen Gemeinschaft« bekennt:

> »Die Grundrechte des Grundgesetzes«, so das Gericht, »werden so in den Zusammenhang internationaler Menschenrechtsgewährleistungen gestellt, die über die Staatsgrenzen hinweg auf einen Schutz abzielen, der dem Menschen als Menschen gilt.«[32]

Und Menschen gibt es eben nicht nur im Inland.

Ein Recht auf richterliche Kontrolle, das klingt nicht nach viel. Ein Recht auf Freilassung zum Beispiel ist das nicht. Aber das Urteil des US Supreme Court heißt, dass endlich auch Anwält:innen Zugang zur Militärbasis erhalten müssen;[33] das »schwarze Loch« wird ausgeleuchtet.

Murat Kurnaz ist einer der ersten drei Guantánamo-Häftlinge, die im Oktober 2004 Besuch von einem Anwalt bekommen dürfen. Das verdankt er seiner durchsetzungsstarken Mutter Rabiye – deren Kampf um die Freilassung ihres Sohnes im Zentrum des wunderbaren Spielfilms *Rabiye Kurnaz gegen George W. Bush* steht.[34] Sie hat in Bremen mit Bernhard Docke einen norddeutsch wortkargen, aber hartnäckigen Rechtsanwalt engagiert, der Kontakt zum Center for Constitutional Rights herstellt.[35] Das Center schickt den Juristen Baher Azmy, einen Professor für Verfassungsrecht im US-Bundesstaat New Jersey, der ein studentisches Rechtsberatungsprojekt leitet.[36] Dass er wirklich ein Anwalt ist, glaubt Murat Kurnaz ihm erst, als Azmy einen handgeschriebenen Brief von Kurnaz' Mutter Rabiye vorlegt. Azmy vertritt Kurnaz bis zu seiner Freilassung 2006.

Als der UN-Antifolterausschuss im November 2014 in dem vollgestellten Genfer Sitzungsraum den Bericht der USA prüft, nimmt er die Verbesserung der Menschenrechtsbilanz der USA erfreut zur Kenntnis.[37] Eine Verbesserung, die von einer zivilgesellschaftlichen Organisation, deren Anwält:innen die Militärbasis noch nicht einmal betreten durften, gegen den expliziten Willen der Regierung vor Gericht erstritten werden musste. Aber eine Verbesserung.

Dies ist jedoch wieder nur die halbe Geschichte – der Rest steht zum Beispiel im Schattenbericht des Center for Constitutional Rights:[38] In Guantánamo sitzen 2014 noch immer fast 150 Männer, die meisten ohne Anklage, obwohl für die Hälfte von ihnen ein Transfer längst bewilligt ist.[39] Diese Unsicherheit, so die NGO, wirke zersetzend. Um endlich Aufmerksamkeit zu erzielen, seien die Häftlinge in den bisher größten und längsten Hungerstreik getreten. Nun müssten sie auch noch eine schmerzhafte, erniedrigende Zwangsernährung und Isolationshaft über sich ergehen lassen. Sie schlägt dem Ausschuss daher scharfe Fragen vor und fordert klare Empfehlungen an ihre Regierung.

Diese Vorarbeit zeigt Wirkung. Der Ausschuss lobt die US-Regierung nicht nur, sondern fordert von ihr, dass sie die unbefristete Haft ohne Anklage und Prozess ebenso beendet wie die Zwangsernährung der Häftlinge.

Auch Murat Kurnaz' Appell nehmen die Expert:innen auf: Sie fordern außerdem, dass die für die Folter Verantwortlichen zur Rechenschaft gezogen werden und die Praxis eingehend und transparent untersucht wird.[40]

Ein kleiner Sieg. Eine offizielle Feststellung, dass es so nicht geht, dass die Menschenrechte diese Praxis verbieten. Damit kann man weiterarbeiten.

Menschenrechte werden auch von deutschen Behörden verletzt

Auch die deutschen Behörden haben sich an diesen Menschenrechtsverletzungen beteiligt, in Guantánamo, aber auch in CIA-Gefängnissen in Damaskus, Beirut und im Nordirak. So haben im September 2002 Mitarbeiter des deutschen Auslandsgeheimdienstes BND und des Verfassungsschutzes in Guantánamo Murat Kurnaz und seinen Mithäftling Ould Slahi befragt – obwohl sie wussten, dass diese Häftlinge dort gefoltert wurden. Das kam 2006 im NSA-Untersuchungsausschuss des Bundestages ans Licht.[41] Im Bericht der Bundesregierung vom September 2002 an den UN-Ausschuss findet sich von Plänen in diese Richtung nichts, und auch in der Anhörung 2004 erwähnt sie diese inzwischen mehrfach ausgeübte Praxis mit keinem Wort.[42] Erst nach Einstellung der Praxis kommt sie daher auch in Genf zur Sprache, an dem hufeisenförmigen Tisch in dem früheren Luxushotel.[43]

Für die Freilassung von Murat Kurnaz setzte sich die Bundesregierung übrigens auch nicht besonders vehement ein[44] – obwohl sich die Geheimdienste schnell einig waren, dass er sich offensichtlich einfach nur »zur falschen Zeit am falschen Ort« befunden hatte.[45] Trotzdem wollte man den »Bremer Talib« lieber nicht wieder einreisen lassen. Da der gebürtige Bremer die türkische Staatsbürgerschaft hatte, ließ der damalige SPD-Bundesinnenminister Otto Schily die Sache durch den Leiter der »Projektgruppe Zuwanderung« in seinem Ministerium prüfen, den späteren Verfassungsschutzpräsidenten Hans-Georg Maaßen. Der argumentierte, Kurnaz' Aufenthaltserlaubnis sei erloschen, weil er sich seit mehr als sechs Monaten außer Landes befinde, ohne sich bei den zuständigen Behörden gemeldet zu haben.[46] Ein zynischer Befund bei jemandem, der gegen seinen Willen nach Guantánamo verschleppt wurde und einer Kontaktsperre unterliegt.[47] Erst 2006 konnte Kurnaz nach Hause zurückkehren.

Die grundlegenden Menschenrechte werden aber keineswegs nur an Orten wie Guantánamo verletzt, sondern durchaus auch in deutschen Polizeistuben oder Krankenhäusern.

Ein wiederkehrendes Thema ist beispielsweise Polizeigewalt. 2004 musste sich die Bundesregierung vom UN-Antifolterausschuss dafür kritisieren lassen, dass der Sudanese Amir Ageeb auf seinem Abschiebeflug qualvoll erstickte, weil die Grenzschutzbeamten ihm während des Starts den Kopf in den Schoß drückten, und dass der kamerunische Asylbewerber Achidi John im Universitätskrankenhaus Eppendorf in Hamburg an einem zwangsweise verabreichten Brechmittel starb, das Drogen zutage fördern sollte.[48] 2018 kritisierte der Ausschuss erneut unzureichende Ermittlungen gegen Polizeibeamte.[49] Der UN-Antirassismusausschuss forderte 2015 effektive Ermittlungen zur Verstrickung staatlicher Stellen in die rassistischen Morde des sogenannten »Nationalsozialistischen Untergrunds« (NSU) und effektive Maßnahmen gegen *racial profiling*, also die Praxis polizeilicher Maßnahmen anhand rassifizierender äußerlicher Kriterien.[50]

Auch die Behandlung intergeschlechtlicher (oder inter*) Kinder ist immer wieder Thema in Genf. Als intergeschlechtlich gelten Menschen, die biologisch nicht klar als männlich oder weiblich eingeordnet werden können, etwa weil sie nicht XX- oder XY-Chromosomen haben, sondern beispielsweise XXY oder X, oder weil ihre äußeren Geschlechtsmerkmale nicht die typischen Ausformungen haben. Kleinkinder, die als intergeschlechtlich eingeordnet werden, werden teils bis heute medizinisch nicht notwendigen geschlechtsvereindeutigenden Operationen unterworfen und bekommen die sogenannten Keimzellen entfernt, die die Geschlechtshormone produzieren. Beides hat oft lebenslange negative psychische und gesundheitliche Folgen. Hierzu hat beispielsweise die NGO Intersexuelle Menschen e. V. mit Unterstützung von Studierenden der Humboldt Law Clinic Grund- und Menschenrechte 2011 einen Parallelbericht beim UN-Antifolterausschuss eingereicht – mit dem Erfolg, dass dieser Ausschuss eine Abschaffung der Praxis forderte,[51] ebenso wie der UN-Ausschuss für soziale, wirtschaftliche und kulturelle Rechte[52].

Studierende sind in den Genfer Ausschusssitzungen inzwischen übrigens keine Seltenheit mehr. Die Frankfurter Jurastudentin Rabia Küçükşahin beispielsweise hat während ihres Praktikums bei der Berliner NGO »Büro zur Umsetzung von Gleichbehandlung« (BUG e. V.) einen Parallelbericht an den UN-Frauenrechtsausschuss zur Diskriminierung von muslimischen Frauen mit Kopftuch verfasst, den sie in Genf mündlich vorstellen konnte und der vom Ausschuss in seinen Empfehlungen aufgegriffen wurde.[53]

Auch damit ist das Problem natürlich nicht gelöst. Aber es ist ein weiterer Baustein. Die Menschenrechte sind eine Sprache für Kritik. Sie ermöglichen es denen, die ausgegrenzt und entmenschlicht werden sollen, das Wort zu ergreifen und verbindliche Ansprüche auf Anerkennung und Gleichbehandlung zu formulieren – Ansprüche, denen sich auch mächtige Staaten nicht einfach so entziehen können, wenn sie nicht offen die gesamte Idee der Menschenrechte in Frage stellen wollen.

ANMERKUNGEN

Klimaschutzrecht

1 Siehe https://fridaysforfuture.de/klimacamps/.

2 Vgl. https://rebellion.global/de/.

3 Die – ziemlich lebhafte – Diskussion auf dem Verfassungsblog, z. B. zwischen Samira Akbarian und Klaus Ferdinand Gärditz, lässt sich nachlesen in Maxim Bönnemann (Hrsg.), *Kleben und Haften: Ziviler Ungehorsam in der Klimakrise* (Verfassungsbooks 2023), frei abrufbar unter https://verfassungsblog.de/books/.

4 Amtsgericht Flensburg, Urteil vom 6. Dezember 2022, Aktenzeichen 440 Cs 107 Js 7252/22. Auch in anderen Bundesländern gab es zunächst vereinzelt Freisprüche mit solchen Argumenten. Siehe Francesca Mascha Klein, Die Rechtfertigung von Straftaten angesichts der Klimakrise, *Verfassungsblog* vom 4. März 2022.

5 Oberlandesgericht Schleswig, Urteil vom 9. August 2023, Aktenzeichen 1 ORs 4 Ss 7/23.

6 Der Aufsatz von Habermas findet sich neben anderen, ebenfalls sehr lesenswerten Aufsätzen gesammelt in: Peter Glotz (Hrsg.), *Ziviler Ungehorsam im Rechtsstaat* (Suhrkamp 1983). Die Verfassungsrechtlerin Samira Akbarian verarbeitet die Debatte um Ethik, Politik und Rechtsstaatlichkeit in ihrem Buch *Ziviler Ungehorsam als Verfassungsinterpretation* (Mohr Siebeck 2023).

7 Katrin Höffler, Die »Letzte Generation« vor Gericht. Wie politischer Protest kriminalisiert wird, in: Nele Austermann u. a. (Hrsg.), *Recht gegen rechts. Report 2024* (S. Fischer), S. 65–74, hier S. 67 f.

8 Ebenda, S. 70.

9 Infos dazu gibt es auf der Website von Germanwatch: https://www.germanwatch.org/de/verfassungsbeschwerde.

10 Der europäische »Grüne Deal« – auch »Fit für 55« – umfasst allerlei Vorgaben, um in den verschiedenen Sektoren (Gebäude, Verkehr, Industrie usw.) bis 2030 die Treibhausgasemissionen um mindestens 55 Prozent zu senken. Ein Überblick findet sich hier: https://www.consilium.europa.eu/de/policies/green-deal/fit-for-55-the-eu-plan-for-a-green-transition/.

11 Nachzulesen ab der Randnummer 16 der Entscheidung: Bundesverfassungsgericht, Beschluss vom 24. März 2021, Aktenzeichen 1 BvR 2656/18 u. a. – *Klimabeschluss*, abrufbar auf der Website des Gerichts, www.bundesverfassungsgericht.de.

12 Ebenda, Leitsatz 4.

13 Die weltweite Prozessführung lässt sich in dieser Datenbank der Columbia Law School in New York recherchieren: http://climatecasechart.com/non-us-climate-change-litigation/.

14 Hoge Raad, Urteil vom 20. Dezember 2019 – 19/00135 – *Urgenda.*

15 Interamerikanischer Gerichtshof für Menschenrechte, *Indigenous Communities of the Lhaka Honhat (Our Land) Association v. Argentina*, Urteil vom 6. Februar 2020, abrufbar unter https://www.corteidh.or.cr/docs/casos/articulos/seriec_400_ing.pdf.

16 UN-Menschenrechtsausschuss, *Billy et al. v. Australia*, Entscheidung vom 23. September 2022, UN Doc. CCPR/C/135/D/3624/2019.

17 Petra Sußner, Ida Westphal und Eva Pentz, »Klimaklagen liefern strukturell perfekte Fragen für Verfassungsgerichte«: Interview mit Verena Madner (Vizepräsidentin des österreichischen Verfassungsgerichtshofs) und Susanne Baer (Richterin des deutschen Bundesverfassungsgerichts) zur Rolle der Gerichte in der Klimakrise, *juridikum* 1/2022, S. 69–82, hier S. 80.

18 Ebenda, S. 82.

19 Ebenda, S. 69.

20 *Duarte Agostinho and Others v. Portugal and 32 Other States*, Beschwerde Nr. 39371/20, eingereicht am 7. September 2020. Siehe dazu die Website der NGO »Global Legal Action Network« (GLAN) zum Fall: https://youth4climatejustice.org/.

21 *Verein KlimaSeniorinnen Schweiz u. a. v. Switzerland,* Beschwerde Nr. 53600/20, eingereicht am 26. November 2020. Dazu siehe hier: https://www.klimaseniorinnen.ch/.

22 Eine Erläuterung zum Begriff von Maria Reyes und Adriana Calderón ist hier nachzulesen: https://fridaysforfuture.org/newsletter/edition-no-1-what-is-mapa-and-why-should-we-pay-attention-to-it/.

23 Elinor Ostroms Buch *Governing the Commons* (Cambridge University Press 2015) ist auf Deutsch vergriffen, aber bei Reclam ist als Kurzfassung ein Essay von ihr über das Potential des gemeinsamen Handelns *Jenseits von Staat und Markt* (2022) erschienen. Das englische Original ist hier abrufbar: https://wtf.tw/ref/ostrom_1990.pdf. Der Begriff »tragedy of the commons« stammt aus einem Aufsatz von Garrett Hardin in der Zeitschrift *Science* von 1968.

24 Elinor Ostrom, *Governing the Commons* (Anmerkung 23), S. 6 (eigene Übersetzung).

25 Statistisches Bundesamt, Treibhausgase: G20 verursachen 81 % der globalen CO_2-Emissionen, Datenstand: 3. November 2022, abrufbar auf www.destatis.de.

26 Roda Verheyen hat mit Alexandra Endres ein Buch darüber geschrieben, wie man das Recht und die Gerichte für den Klimaschutz mobilisieren kann: *Wir haben alle ein Recht auf Zukunft. Eine Ermutigung* (dtv 2023).

27 Die Vorschrift lautet: »(1) Wird das Eigentum in anderer Weise als durch Entziehung oder Vorenthaltung des Besitzes beeinträchtigt, so kann der Eigentümer von dem Störer die Beseitigung der Beeinträchtigung verlangen. Sind weitere Beeinträchtigungen zu besorgen, so kann der Eigentümer auf Unterlassung klagen. (2) Der Anspruch ist ausgeschlossen, wenn der Eigentümer zur Duldung verpflichtet ist.« Das Hammer Gericht ist zuständig, weil der Gerichtsstand sich allgemein danach richtet, wo der Beklagte ansässig ist; das bestimmt Paragraf 12 der Zivilprozessordnung.

28 Siehe dazu die Website der NGO Germanwatch zum Fall: https://rwe.climatecase.org/de.

29 Rechtbank Den Haag, Urteil vom 26. Mai 2021, Aktenzeichen C/09/571932 / HA ZA 19-379 – *Milieudefensie et al. v. Royal Dutch Shell.* Siehe dazu beispielsweise Julius E. O.

Fintelmann, Jetzt gibt's 'ne Shelle, *Fluter* vom 22. November 2022, abrufbar unter https://www.fluter.de/klimaklagen-ngo-vs-unternehmen.

30 UN-Menschenrechtsausschuss, *Ioane Teitiota v. New Zealand*, Entscheidung vom 7. Januar 2020, UN Doc. CCPR/C/127/D/2728/2016. Die Entscheidungen des Ausschusses sind rechtlich nicht bindend.

31 Ebenda.

32 Die Definition und ausführliche Erläuterungen dazu finden sich hier: https://www.stopecocide.earth/legal-definition.

33 Philippe Sands, *Rückkehr nach Lemberg. Über die Ursprünge von Genozid und Verbrechen gegen die Menschlichkeit. Eine persönliche Geschichte* (S. Fischer 2018). Mehr zum internationalen Strafrecht gibt es im Kapitel »Völkerrecht« zu lesen.

34 Justine Batura, Philipp Eschenhagen und Raphael Oidtmann, Defining Ecocide: An interview with Philippe Sands, *Völkerrechtsblog* vom 24. April 2021 (eigene Übersetzung). Sands und die senegalesische UN-Juristin Dior Fall Sow haben der Expertenkommission für die rechtliche Definition des Ökozids vorgesessen, das Ergebnis findet sich hier: https://www.stopecocide.earth/expert-drafting-panel.

35 Alexandra Kemmerer, Gericht halten über uns selbst: Klimaklagen als Court Room Drama und juristische Intervention, *juridikum* 1/2022, S. 131–135.

36 »Wir haben gelernt, Szenarien für die Zukunft zu entwerfen«: Alexandra Kemmerer über die Mitwirkung des Max-Planck-Instituts für Völkerrecht am Drehbuch für »Ökozid«, Interview vom 16. November 2020, abrufbar auf https://www.mpg.de/16033730/interview-voelkerrecht-oekozid.

37 »Wie absurd«, *Der Spiegel* 37/1988, 11. September 1988.

38 Corte Constitucional de Ecuador, Sentencia No. 1149-19-JP/21 vom 10. November 2021.

39 Corte Constitucional de Ecuador, Sentencia No. 253-20-JH/22 (Derechos de la Naturaleza y animales como sujetos de derechos) – Caso »Mona Estrellita« vom 27. Januar 2022.

40 Hierzu schreibt beispielsweise Andreas Fischer-Lescano, Natur als Rechtsperson Konstellationen der Stellvertretung im Recht, in: *Zeitschrift für Umweltrecht* 2018, S. 205–216.

41 Christopher D. Stone, Should Trees Have Standing? – Towards Legal Rights for Natural Objects, in: *Southern California Law Review*, Band 45 (1972), S. 450–501. Auf Deutsch als Buch unter dem Titel *Haben Bäume Rechte?* (think oya 2014) veröffentlicht.

42 Christopher D. Stone, Should Trees Have Standing? (Anmerkung 41), S. 455 f. (eigene Übersetzung).

Grundrechte

1 Der BND präsentiert sein Gebäude stolz in einem »Drohnenflug«-Video: https://www.bnd.bund.de/DE/Der_BND/Unsere-Standorte/standorte-node.html.

2 Die CIA (Central Intelligence Agency) ist der nichtmilitärische Auslandsgeheimdienst der USA. »MI6« steht für Military Intelligence, Section 6; offiziell heißt der Dienst, geläufig auch durch die Roman- und Filmfigur James Bond, aber Secret Intelligence Service (SIS). Sowohl CIA als auch MI6 dürfen, anders als der deutsche BND, nicht nur Informationen sammeln, sondern auch polizeiliche Maßnahmen anwenden, z. B. Menschen festnehmen, sie verhören oder ihre Wohnungen durchsuchen. In Deutschland müssen die Befugnisse von Geheimdienst und Polizei getrennt bleiben – aufgrund der historischen Erfahrung mit der übermächtigen Gestapo, der Geheimen Staatspolizei der Nazis.

3 SIGINT steht für »signal intelligence«, also für Telekommunikationsaufklärung: Abhören und Datenanalyse. Der Gegenbegriff ist HUMINT, also »human intelligence«, die Informationsbeschaffung aus menschlichen Quellen.

4 Glenn Greenwald, Edward Snowden: the whistleblower behind the NSA surveillance revelations, *The Guardian* vom 11. Juni 2013, abrufbar unter https://www.theguardian.com/world/2013/jun/09/edward-snowden-nsa-whistleblower-surveillance. Die *Washington Post* hatte bereits die Watergate-Affäre aufgedeckt, dokumentiert in dem sehenswerten Spielfilm *Die Unbestechlichen* (1976) mit Robert Redford und Dustin Hoffman; der Abhörskandal kostete Präsident Nixon schließlich sein Amt.

5 Susanne Meinl und Bodo Hechelhammer, *Geheimobjekt Pullach. Von der NS-Mustersiedlung zur Zentrale des BND* (Ch. Links 2014), S. 181 ff. Faszinierende Nachtaufnahmen der Anlage und ihrer Innenräume gibt es in einem Fotoband von Martin Schlüter: *Nachts schlafen die Spione. Letzte Ansichten des BND in Pullach* (Sieveking 2014).

6 DE-CIX (sprich: De-Kicks) steht für den Deutschen Commercial Internet Exchange. Die gleichnamige Firma betreibt Knotenpunkte für den Datenverkehr im Internet, wo verschiedene kommerzielle Internetanbieter Daten zwischen ihren Netzen austauschen können. Der größte deutsche »CIX« befindet sich in Frankfurt am Main.

7 Laura Poitras, Marcel Rosenbach und Holger Stark, NSA überwacht 500 Millionen Verbindungen in Deutschland, *Der Spiegel* vom 30. Juni 2013, abrufbar unter https://www.spiegel.de/netzwelt/netzpolitik/nsa-ueberwacht-500-millionen-verbindungen-in-deutschland-a-908517.html.

8 Siehe den Abschlussbericht des 1. Untersuchungsausschusses des 18. Deutschen Bundestags (»NSA-Untersuchungsausschuss«) vom 23. Juni 2017, Bundestags-Drucksache 18/12850, S. 291 ff.

9 Die MAC-Adresse ist dem Gerät fest zugeordnet und dient dazu, es in einem lokalen Netzwerk eindeutig zu identifizieren. Die IP-Adresse oder »Internet Protocol«-Adresse ist dagegen veränderlich und hat die Funktion, das Gerät im Internetverkehr zu identifizieren.

10 Claudia Niesen, Alles Wichtige zur NSA-Affäre, *Der Spiegel* vom 16. Februar 2017, abrufbar unter https://www.spiegel.de/politik/deutschland/nsa-affaere-worum-geht-es-a-1134779.html.

11 Einsetzungsbeschluss vom 18. März 2014, Bundestags-Drucksache 18/843. Der Ausschuss tagte insgesamt 581 Stunden und 21 Minuten lang, befragte 89 Zeug:innen und 32 Sachverständige und arbeitete 2 401 Aktenbände durch; siehe https://www.bundestag.de/dokumente/textarchiv/2017/kw26-de-ua-nsa-bericht-511680. Sein Abschlussbericht (siehe Anmerkung 8) hat über 1 900 Seiten. Für *Netzpolitik.org* begleiteten Andre Meister und Anna Biselli die öffentlichen Sitzungen des Untersuchungsausschusses mit einem Live-Blog. Dazu sprach Biselli im Podcast *Dicke Bretter* mit der langjährigen Aktivistin des Chaos Computer Clubs, Constanze Kurz: »Wie parlamentarische Untersuchungsausschüsse arbeiten«, abrufbar unter https://chaosradio.de/cr282-dicke-bretter-diesmal-mit-einblicken-in-das-absurde-geheimdienst-theater, gekürzte Transkription unter https://netzpolitik.org/2023/wie-arbeiten-untersuchungsausschuesse-einhundert-kekse-im-geheimdienst-untersuchungsausschuss/.

12 Siehe Michael Götschenberg, Ausspähen unter Freunden – das geht, *Deutschlandfunk* vom 11. November 2015, abrufbar unter https://www.deutschlandfunk.de/spionageaf

faere-ausspaehen-unter-freunden-das-geht-100.html; Constanze Kurz, Abhören unter Freunden, *FAZ* vom 9. Juli 2018, abrufbar unter https://www.faz.net/aktuell/feuilleton/aus-dem-maschinenraum/der-bnd-hoert-auslaendische-unternehmen-ab-und-deutsche-15680960-p2.html.

13 Maik Baumgärtner, Hubert Gude, Marcel Rosenbach und Jörg Schindler, Neue Spionageaffäre erschüttert den BND, *Der Spiegel* vom 23. April 2015, abrufbar unter https://www.spiegel.de/politik/deutschland/ueberwachung-neue-spionageaffaere-erschuettert-bnd-a-1030191.html.

14 Der Untersuchungsauftrag des NSA-Untersuchungsausschusses wurde deshalb 2016 ausgeweitet: Bundestags-Drucksachen 18/7565 (Antrag) und 18/8683 (Beschluss).

15 Bericht des NSA-Untersuchungsausschusses (siehe Anmerkung 8), S. 1340. Schindler musste 2016 zurücktreten – und bekam an seinem letzten Arbeitstag noch einen Orden von der NSA: »Es gab kein Unrechtsbewusstsein«, *Süddeutsche Zeitung* vom 25. Mai 2018, abrufbar unter https://www.sueddeutsche.de/politik/massenueberwachung-durch-bnd-es-gab-kein-unrechtsbewusstsein-1 3991872.

16 So steht es in Paragraf 1 des BND-Gesetzes, das inzwischen bereits zweimal reformiert wurde – doch dazu später.

17 Dagegen waren die Grundrechte der Weimarer Reichsverfassung mehrheitlich als bloßes »Arbeitsprogramm« für die Gesetzgebung verstanden worden. Das heißt, die Grundrechte besaßen für die Gesetzgebung keine Verbindlichkeit, und Verwaltungshandeln wurde nur auf seine Gesetzmäßigkeit hin geprüft.

18 BVerfGE 6, 32 (1957). Der Fall ist spannend nachzulesen bei Thomas Darnstädt, *Verschlusssache Karlsruhe* (C. H. Beck 2018), Kapitel 3, S. 129–160. In diesem Buch werden erstmals Verfahrensakten des Gerichts ausgewertet, die bis vor kurzem noch unter Verschluss waren. Man lernt daraus viel darüber, wie das Gericht in seinen ersten Jahren gearbeitet hat, als es seine Rolle ganz neu erfinden musste.

19 Außerdem gibt es eine inhaltliche Prüfung. Die Allgemeine Handlungsfreiheit reicht nach Artikel 2 Absatz 1 GG nämlich nur so weit, wie man nicht gegen die »verfassungsmäßige Ordnung« verstößt; das Bundesverfassungsgericht entnahm dem, dass ein Gesetz allein nicht reicht, sondern es auch selbst verfassungsmäßig sein muss. Am Ende ließ es das Passgesetz – und seine Anwendung – im Fall Elfes allerdings durchgehen; heute würde das sicher nicht mehr so entschieden.

20 Die Diskussion um diese Rechtsauffassung des BND, der dazu 2013 ein Kurzgutachten verfasste, wird im Abschlussbericht des NSA-Untersuchungsausschusses (siehe Anmerkung 8) auf S. 856 ff. nachgezeichnet.

21 Peter Schilling, »Major Tom (Völlig losgelöst)«, Album *Fehler im System* (1982). Der Song führte wochenlang die westdeutschen Charts an. Die Figur des Astronauten Major Tom taucht bereits in David Bowies Song »Space Oddity« (1969) auf, den er unter dem Eindruck des Stanley-Kubrick-Films *2001: A Space Odyssey* (1968) geschrieben hatte und der nach der Apollo-Mondlandung rasch als Single veröffentlicht wurde. Auch Schillings englische Version »Major Tom (Coming home)« war extrem erfolgreich.

22 Der spöttisch klingende Begriff wird im Abschlussbericht des NSA-Untersuchungsausschusses (siehe Anmerkung 8) aufgegriffen: S. 523, 759 f., 856 ff.

23 Siehe den Live-Blog von *Netzpolitik.org* aus dem Geheimdienst-Untersuchungsausschuss vom 17. Juni 2015, abrufbar unter https://netzpolitik.org/2015/live-blog-aus-

dem-geheimdienst-untersuchungsausschuss-bnd-praesident-gerhard-schindler-und-w-o/.

24 Entwurf eines Gesetzes zur Ausland-Ausland-Fernmeldeaufklärung des BND, Bundestags-Drucksache 18/9041 vom 4. Juli 2016.

25 Der Verfassungsrechtler Amadeus Wolff, seit Februar 2022 selbst Verfassungsrichter, warnte, der fehlende Rekurs auf die Grundrechte sei wegen des Gebots, eingeschränkte Grundrechte im Gesetz selbst zu zitieren (Artikel 19 Absatz 2 Grundgesetz), »verfassungsprozessualer Suizid«; Wortprotokoll der Öffentlichen Anhörung von Sachverständigen im Innenausschuss des Bundestages am 26. September 2016, Protokoll-Nr. 18/89, S. 27. Er sollte recht bekommen.

26 Immerhin hatte das Bundesverfassungsgericht bereits 1999 im *Rasterfahndung-Beschluss* klargestellt: »Der räumliche Schutzumfang des Fernmeldegeheimnisses ist nicht auf das Inland beschränkt« (BVerfGE 100, 313, Leitsatz 2).

27 In der Bundestagsdebatte am 21. Oktober 2016 wendet sich beispielsweise der Abgeordnete Clemens Binninger (CDU) gegen die Vorstellung, »in einer Krisenregion wie Rakka, wo der IS herrscht«, gelte »unser Fernmeldegeheimnis«. Dort müsse der BND Datenströme vielmehr umfassend analysieren können: »Wie wollen wir denn Terrorverdächtige entdecken, wenn nicht so?« Plenarprotokoll 18/197, S. 19632.

28 Der bis zur letzten Seite packende Roman ist 2019 unter dem Titel *Der Würfel* bei Atrium erschienen. George Orwells dystopischer Zukunftsroman *1984*, bei dem die totale Überwachung noch analog funktioniert, erschien schon 1949.

29 Vorbilder gibt es vor allem in den USA, die 1909 gegründete National Association for the Advancement of Colored People (NAACP) und die 1920 gegründete American Civil Liberties Union (ACLU) haben immer wieder Rechtsgeschichte geschrieben. In Deutschland gibt es seit 2007 das European Center for Constitutional and Human Rights (ECCHR), das sich auf die Verantwortlichen für Folter, Kriegsverbrechen, sexualisierte Gewalt, wirtschaftliche Ausbeutung und abgeschottete Grenzen konzentriert, siehe https://www.ecchr.eu/ueber-uns/. Mehr zum ECCHR im Kapitel »Menschenrechte«.

30 Mehr dazu unter https://freiheitsrechte.org/themen/freiheit-im-digitalen/de-g10.

31 Die fünf Organisationen sind: Reporter ohne Grenzen Deutschland, der Deutsche Journalisten-Verband, die Deutsche Journalistinnen und Journalisten Union dju in ver.di, das Recherchenetzwerk n-ost sowie das »netzwerk recherche«.

32 Maik Baumgärtner, Martin Knobbe und Jörg Schindler, Neue Dimension: Der Bundesnachrichtendienst überwachte offenbar weltweit zahlreiche Journalisten und Redaktionen – darunter die BBC und Reuters, *Der Spiegel* vom 24. Februar 2017, abrufbar unter https://www.spiegel.de/politik/neue-dimension-a-bde76db4-0002-0001-0000-000149766099. Übrigens war das keineswegs das erste Mal, siehe Lutz Kinkel, BND-Bespitzelung: »Ich war geschockt«, *Stern* vom 12. Mai 2006, abrufbar unter https://www.stern.de/politik/deutschland/bnd-bespitzelung--ich-war-geschockt--3594950.html; »BND überwachte SPIEGEL-Redakteurin«, *Der Spiegel* vom 19. April 2008, abrufbar unter https://www.spiegel.de/politik/deutschland/nachrichtendienste-bnd-ueberwachte-spiegel-redakteurin-a-548450.html.

33 Der erste Vizepräsident des Bundesverfassungsgerichts, Rudolf Katz, war davon übrigens wenig begeistert; er bezeichnete die Verfassungsbeschwerde als Rechtsbehelf

»notorischer Querulanten und Geisteskranker«. Dieses Zitat ist in dem bereits erwähnten Buch *Verschlusssache Karlsruhe* (siehe Anmerkung 18) auf S. 16 nachzulesen; Katz bezog sich dabei allerdings nur auf vier Fünftel der bis dahin in Karlsruhe eingegangenen Verfassungsbeschwerden.

34 Bei Verfassungsbeschwerden direkt gegen Gesetze – die nur in Ausnahmefällen zulässig sind – beträgt die Beschwerdefrist ein Jahr, sonst einen Monat; das steht in Paragraf 93 Absatz 3 Bundesverfassungsgerichtsgesetz.

35 Beschwerdeschrift vom 19. Dezember 2017 (um die Adressdaten bereinigte Fassung), S. 17, abrufbar auf der Fallseite zum BND-Gesetz unter https://freiheitsrechte.org/uploads/documents/Freiheit-im-digitalen-Zeitalter/BND-Gesetz/Verfassungsbeschwerdeschrift-Gesellschaft_fuer_Freiheitsrechte-2017-BND_Gesetz-Freiheit_im_digitalen_Zeitalter.pdf.

36 Video mit Khadija Ismayilova auf der Website »No Trust, No News« der Gesellschaft für Freiheitsrechte: https://www.notrustnonews.org/khadija-ismajilova/ (eigene Übersetzung).

37 Aus Sorge vor einer noch größeren Flut von Einsendungen werden elektronische Lösungen kompliziert bleiben: Annelie Kaufmann, Elektronische Verfassungsbeschwerde – aber nicht per E-Mail, *Legal Tribune Online* vom 15. Juni 2023, abrufbar unter https://www.lto.de/recht/justiz/j/bverfg-verfassungsbeschwerde-email-digital-einreichen-elektronischer-rechtsverkehr-bea/.

38 GFF, Pressemitteilung vom 3. Dezember 2019, abrufbar unter https://freiheitsrechte.org/ueber-die-gff/presse/pressemitteilungen-der-gesellschaft-fur-freiheitsrechte/pm-bndg-bverfg-verhandlung.

39 Die Statistiken des Bundesverfassungsgerichts sind auf seiner Website zu finden: https://www.bundesverfassungsgericht.de/DE/Verfahren/Jahresstatistiken/jahresstatistiken_node.html. Jeder der beiden Senate lädt in der Regel drei- bis viermal, manchmal fünfmal im Jahr zur mündlichen Verhandlung, nur sehr selten öfter.

40 Einen spannenden Blick hinter die Kulissen gewähren die (anonymisierten) Richter:innen-Interviews in: Uwe Kranenpohl, *Hinter dem Schleier des Beratungsgeheimnisses. Der Willensbildungs- und Entscheidungsprozess des Bundesverfassungsgerichts* (VS Verlag 2010).

41 Mehr dazu im Kapitel »Klimaschutzrecht«.

42 Bundesverfassungsgericht, Beschluss vom 24. März 2021, BVerfGE 157, 30 – *Klimaschutz*; Urteil vom 26. Februar 2020, BVerfGE 163, 182 – *Suizidbeihilfe*; Urteil vom 3. Juni 2003, BVerfGE 108, 282 – *Kopftuch I*; Urteil vom 4. Mai 2011, BVerfGE 128, 326 – *Sicherungsverwahrung*.

43 Anna Biselli, Die Angst des Geheimdiensts vor dem Gericht, *Netzpolitik.org* vom 16. Januar 2020, abrufbar unter https://netzpolitik.org/2020/die-angst-des-geheimdiensts-vor-dem-gericht/.

44 Ebenda.

45 Die Urteilsverkündung ist auf YouTube unter dem Titel »Urteil des BVerfG: BND-Auslandsüberwachung ist verfassungswidrig« abrufbar: https://www.youtube.com/watch?v=iFh3uMGvlVk.

46 @BackerMatthias am 20. Mai 2020, https://x.com/BackerMatthias/status/1262686485884686337?s=20.

47 Dirk Banse und Michael Behrendt, Fesselspiele vor Deutschlands höchstem Gericht, *Die Welt* vom 6. Mai 2020, abrufbar unter https://www.welt.de/politik/deutschland/article207783987/Was-darf-der-BND-Fesselspiele-vor-Deutschlands-hoechstem-Gericht.html.

48 Am 29. Dezember 2022 hat Matthias Bäcker mit der GFF auch gegen die neuste Fassung des BND-Gesetzes Verfassungsbeschwerde erhoben: GFF, https://freiheitsrechte.org/themen/freiheit-im-digitalen/vb_bndg_2. Denn die, so Bijan Moini, hat sich nicht nur über einige der Vorgaben aus Karlsruhe hinweggesetzt, sondern dem BND sogar neue grundrechtswidrige Befugnisse eingeräumt. Wer Grundrechte verteidigt, braucht einen langen Atem.

Demokratie

1 Maximilian Steinbeis, Ein Volkskanzler, *Süddeutsche Zeitung* vom 6. September 2019 und *Verfassungsblog* vom 9. September 2019. Ein Video dazu ist hier abrufbar: https://www.bpb.de/mediathek/video/339916/ein-volkskanzler/.

2 Ebenda.

3 Steven Levitsky und Daniel Ziblatt, *Wie Demokratien sterben. Und was wir dagegen tun können* (DVA 2018).

4 Mit den Parlamentswahlen im Oktober 2023 kam es in Polen zu einem Machtwechsel. Doch den Demokratieabbau rückgängig zu machen, wird schwierig, schreibt Meret Baumann: Ein Sieg der Demokratie in Polen – aber der Rückbau der illiberalen Reformen ist schwieriges Neuland, *Neue Zürcher Zeitung* vom 16. Oktober 2023, abrufbar unter https://www.nzz.ch/meinung/wahl-in-polen-tusk-steht-beim-rueckbau-der-illiberalen-reformen-vor-hohen-huerden-ld 1760954.

5 »Hunderttausende protestieren gegen polnische Regierung«, *Tagesschau.de* vom 4. Juni 2023, https://www.tagesschau.de/ausland/europa/polen-protest-pis-100.html.

6 »Polen: Richter und Bürger demonstrieren gegen neuen Teil der Justizreform«, *Der Spiegel* vom 12. Januar 2020, abrufbar unter https://www.spiegel.de/ausland/polen-richter-und-buerger-demonstrieren-gegen-neuen-teil-der-justizreform-a-8650407b-9ddc-46cc-9647-53da6ddd2b14.

7 Der Europäische Gerichtshof (EuGH) hat bereits die Zwangspensionierung der Richter:innen und die veränderte Besetzung des Landesjustizrats, der die neuen Richter:innen auswählt, als Verstoß gegen Unionsrecht gegeißelt, ebenso die neue Disziplinarkammer des Obersten Gerichts, die den Inhalt von unliebsamen Gerichtsentscheidungen und sogar die Vorlage eines Rechtsstreits an den EuGH selbst als Disziplinarvergehen einstufen kann. Siehe EuGH, Beschluss vom 24. Juni 2019, Rechtssache C-619/18, *Kommission/Polen (Unabhängigkeit des Obersten Gerichtshofs);* Urteil vom 2. März 2021, Rechtssache C-824/18, *A. B. u. a. (Ernennung von Richtern am Obersten Gericht – Rechtsbehelf)*; Urteil vom 15. Juli 2021, Rechtssache C-791/19, und Urteil vom 5. Juni 2023, Rechtssache C-204/21, *Kommission/Polen (Unabhängigkeit und Privatleben von Richtern).* Die Disziplinarkammer hat Polen 2022 wieder abgeschafft, aber durch einen neuen Mechanismus ersetzt, die Kammer für berufliche Verantwortung.

8 Der Mechanismus ist in Artikel 7 des Vertrags über die Europäische Union (EUV) festgeschrieben und ermöglicht es, bei einer schweren und andauernden Verletzung der Werte der EU die Rechte eines Mitgliedstaats vorübergehend zu suspendieren.

9 Mariusz Jałoszewski, Scandalous repression of former Supreme Court President Gersdorf, *Rule of Law Blog* vom 8. Dezember 2022, https://ruleoflaw.pl/repression-gersdorf-supreme-court/. Die »Kammer für berufliche Verantwortung«, die das Verfahren initiierte, ist genauso wenig unabhängig wie die vorige Disziplinarkammer, die 2021 und 2023 vom EuGH für rechtsstaatswidrig befunden wurde (siehe Anmerkung 7).

10 Über diese Entwicklung hat Steinbeis seit 2011 kontinuierlich berichtet, verfassungsrechtlich fundiert und zugleich in gut lesbarem Blog-Stil. Seinem ersten Beitrag dazu – »Verfassungsbarbarei in Budapest«, erschienen auf www.verfassungsblog.de am 20. Januar 2011 – sind viele weitere gefolgt, auch von internationalen Autor:innen.

11 Maximilian Steinbeis, Ein Volkskanzler (Anmerkung 1).

12 Joseph Goebbels, Was wollen wir im Reichstag?, in: *Völkischer Beobachter* vom 30. April 1928.

13 Zum Beispiel konnte der Reichspräsident nach Artikel 48 Absatz 2 der Weimarer Reichsverfassung (WRV) bei erheblichen Gefahren »die zur Wiederherstellung der öffentlichen Sicherheit und Ordnung nötigen Maßnahmen treffen, erforderlichenfalls mit Hilfe der bewaffneten Macht einschreiten« und auch einzelne Grundrechte außer Kraft setzen. Allerdings setzte Reichspräsident Hindenburg dieses Instrument nicht zum Schutze der Republik ein, sondern nutzte es in autoritärer Manier und ernannte schließlich Adolf Hitler zum Reichskanzler. Artikel 124 WRV erlaubte das Verbot von Vereinigungen, die den Strafgesetzen zuwider laufen; hierzu gehörten nach dem Republikschutzgesetz auch geheime und staatsfeindlich handelnde Verbindungen. Solche Verbote wurden aber fast ausschließlich gegen linke Vereinigungen ausgesprochen und nicht gegen erstarkende Nazi-Gruppierungen. Eine ausführliche Würdigung findet sich bei Christoph Gusy, *Weimar – die wehrlose Republik? Verfassungsschutzrecht und Verfassungsschutz in der Weimarer Republik* (Mohr Siebeck 1991).

14 Karl Loewenstein, Militant Democracy and Fundamental Rights, in: *American Political Science Review* 31/1937, S. 417–433 und S. 638–658. Der frisch habilitierte Löwenstein (der in den USA die Schreibweise seines Namens änderte) wurde 1933 aus dem Staatsdienst entfernt, weil seine Familie jüdisch war. Nach dem Zweiten Weltkrieg veranlasste er als Berater der amerikanischen Besatzer unter anderem die Verhaftung des Staatsrechtlers Carl Schmitt, eines der intellektuellen Wegbereiter (»Kronjuristen«) der Nazis. Zur Wiedergutmachung berief die Münchner Universität Loewenstein im Jahr 1956 zum Professor für Politische Wissenschaften und Rechtspolitik, aber nur wenn er sich sogleich beurlauben und dann emeritieren lasse. Er verstarb 1973 in Heidelberg. Siehe Karl Loewenstein, *Des Lebens Überfluß. Erinnerungen eines ausgewanderten Juristen.* Herausgegeben von Oliver Lepsius, Robert Chr. van Ooyen und Frank Schale (Mohr Siebeck 2023).

15 Maximilian Steinbeis, Ein Volkskanzler (Anmerkung 1).

16 Das mit der Zweidrittelmehrheit steht in den Paragrafen 6 und 7 Bundesverfassungsgerichtsgesetz.

17 Der Begriff wurde geprägt von dem Politikwissenschaftler George Tsebelis, *Veto Players. How Political Institutions Work* (Princeton University Press 2002).

18 Zu den Urteilen des Europäischen Gerichtshofs zur polnischen Justizreform (siehe Anmerkung 7).

19 Jeff Guo, Welcome to America's Most Gerrymandered District, *The New Republic* vom 8. November 2012, abrufbar unter https://newrepublic.com/article/109938/marylands-3rd-district-americas-most-gerrymandered-congressional-district.

20 Es gibt von dem Supreme-Court-Podcast *More Perfect*, der ohnehin sehr hörenswert ist, eine großartige Folge dazu mit dem schönen Titel »Who is Gerry and why is he so bad at drawing maps?«. Sie ist abrufbar unter https://www.wnycstudios.org/podcasts/radiolabmoreperfect/episodes/whos-gerry-and-why-he-so-bad-drawing-maps sowie auf den gängigen Podcast-Plattformen.

21 Die Wahlrechtsgrundsätze stehen in Artikel 38 Absatz 1 Satz Grundgesetz. Danach muss die Wahl allgemein, unmittelbar, frei, gleich und geheim sein.

22 Auch dieses Beispiel stammt aus dem Essay von Max Steinbeis (siehe Anmerkung 1). Ausgleichsmandate gibt es, wenn eine Partei mehr Direktmandate erringt, als ihr nach dem prozentualen Wahlergebnis an Sitzen zustehen. Die anderen Parteien bekommen diese Mandate dazu, damit es prozentual wieder stimmt. Dadurch ist der Bundestag zuletzt immer größer geworden. Die neuste Reform hat die reguläre Zahl der Sitze erhöht und zugleich dadurch begrenzt, dass nun nicht mehr alle direkt Gewählten einen Anspruch auf einen Sitz im Bundestag haben. Nur deswegen braucht es nun keine Ausgleichsmandate mehr.

23 Eine Umstellung auf Mehrheits- oder auch Grabenwahl (Hälfte nach Mehrheits-, Hälfte nach Verhältniswahlrecht) wäre durchaus möglich, setzt aber voraus, dass die Wahlrechtsgrundsätze gewahrt sind. Daher müssten beispielsweise bei einer Umstellung auf das Mehrheitswahlsystem die Wahlkreise ungefähr gleich groß sein, damit die abgegebenen Stimmen überall gleich viel zählen. Siehe z. B. Butzer, in: Epping/Hillgruber (Hrsg.), *Beck-OnlineKommentar Grundgesetz*, 55. Edition, Stand: 15. Mai 2023, Art. 38 Rn. 57a.

24 »DJV: AfD-Fernsehsender wäre gesetzeswidrig«, *Deutschlandfunk* vom 26. Juli 2023, abrufbar unter https://www.deutschlandfunk.de/djv-afd-fernsehsender-waere-gesetzes widrig-106.html.

25 Bundesverfassungsgericht, Beschluss vom 20. Juli 2021, BVerfGE 158, 389 – *Staatsvertrag Rundfunkfinanzierung*.

26 »Gebot der Vielfaltsicherung« heißt das; siehe zum Beispiel Bundesverfassungsgericht, Urteil vom 25. März 2014, BVerfGE 136, 9, Randnummer 25.

27 Nachzulesen in Ronen Steinke, *Verfassungsschutz. Wie der Geheimdienst Politik macht* (Piper 2023), S. 55–58.

28 Nele Austermann u. a. (Hrsg.), *Recht gegen rechts. Report 2023* (S. Fischer 2023).

29 Öffentliche Anhörung zum Thema Beschleunigung von Disziplinarverfahren in der Bundesverwaltung im Bundestags-Ausschuss für Inneres und Heimat, 12. Juni 2023. Das Video (Wirth ab Minute 59) und das Wortprotokoll der Sitzung (Protokoll-Nr. 20/41, Zitat auf S. 18) sind hier abrufbar: https://www.bundestag.de/dokumente/text archiv/2023/kw24-pa-inneres-disziplinarverfahren-951624.

30 Mark Röhlig, Auf National-Treffen der AfD: Björn Höcke spricht von Wölfen und Schafen – wie Goebbels, in: *Der Spiegel* vom 24. Juni 2018, abrufbar unter https://www.spiegel.de/politik/deutschland/afd-bjoern-hoecke-nutzt-goebbels-anspielung-beim-kyffhaeusertreffen-in-sachsen-anhalt-a-00000000-0003-0001-0000-000002539482. Höcke ist von Beruf Geschichtslehrer.

Polizeirecht

1 Eilanträge spielen im Versammlungsrecht eine große Rolle, weil meist keine Zeit ist, den Ausgang eines normalen Gerichtsverfahrens abzuwarten – die Versammlung ist dann in der Regel längst vorbei. Gegen ein Demo-Verbot (oder auch gegen Auflagen der Versammlungsbehörde, zum Beispiel ein Verbot von Transparenten einer bestimmten Größe) kann man deswegen mit einem Eilantrag vor das zuständige Verwaltungsgericht ziehen, das dann in der Regel innerhalb von wenigen Stunden entscheidet. Das Gericht prüft, wie wahrscheinlich es ist, dass die behördliche Entscheidung sich bei ausführlicher Prüfung im »richtigen« Gerichtsverfahren später als rechtswidrig erweisen wird, und wägt gegebenenfalls ab, wie schlimm es wäre, wenn die Demo stattfindet, obwohl sie zu Recht verboten wurde, und umgekehrt. Auch vor dem Bundesverfassungsgericht gibt es in diesen Fragen immer wieder Eilentscheidungen.

2 In Deutschland muss man Demos nicht »genehmigen« lassen, aber 48 Stunden vorher anmelden, also den Behörden Bescheid sagen, damit diese z. B. ausreichend Einsatzkräfte einplanen und Straßen sperren können. Bei besonderer Eile (»Spontanversammlung«) darf man eine Demonstration aber auch kurzfristiger oder gar nicht anmelden.

3 Die Befugnisse des Bundeskriminalamts und der Bundespolizei – die für die Grenzsicherung, die Luftsicherheit und die Bahn zuständig ist, aber auch zum Beispiel das Bundesverfassungsgericht oder den Bundespräsidenten schützt – gelten bundesweit.

4 Die Länder können seit 2006 eigene Versammlungsgesetze erlassen, das haben aber nicht alle getan; dort gilt dann weiter das Versammlungsgesetz des Bundes. Die Einzelheiten der »Sperrwirkung« des Versammlungsrechts gegen das Polizeirecht – z. B. welche Kontrollen darf es auf dem Weg zur Demo geben? darf die Polizei die Demo filmen? – sind immer wieder umstritten.

5 Bundesverfassungsgericht, Beschluss vom 14. Mai 1985, BVerfGE 69, 315 (344) – *Brokdorf.*

6 Ebenda, S. 345 f.

7 Mehr dazu gibt es im Kapitel »Grundrechte« nachzulesen.

8 Bundesverfassungsgericht, Urteil vom 22. Februar 2011, BVerfGE 128, 226 (253) – *Fraport.*

9 Ebenda, S. 251 f.

10 Ebenda, S. 266.

11 Maximilian Steinbeis, Fraport-Urteil des Bundesverfassungsgerichts: Öffentlicher Raum, *Verfassungsblog* vom 22. Februar 2011, abrufbar unter www.verfassungsblog.de. Ausführlicher die Frankfurter Verfassungsrechtlerin Samira Akbarian: Soziale Bewegungen und der öffentliche Raum. Die Versammlungsfreiheit zwischen Privatisierung, Digitalisierung und sozialem Druck, in: *Kritische Justiz* 2020, S. 225–239 (230).

12 Die Laudatio von Herbert Leuninger ist abrufbar unter proasyl.de.

13 »Klobürste wird zum Dauerbrenner«, *taz* vom 24. Januar 2014, abrufbar unter www.taz.de.

14 Ebenda.

15 So stand es in Paragraf 4, Absatz 2, Satz 1 des Gesetzes über die Datenverarbeitung der Polizei (PolDVG). Das Hamburgische Oberverwaltungsgericht erklärte die Vorschrift aber im Jahr 2015 für verfassungswidrig.

16 Die Polizei hilft außerdem der Staatsanwaltschaft bei Ermittlungen wegen bereits begangener Straftaten; beim eigentlichen Polizeirecht geht es aber nur um Gefahrenabwehr (Prävention), nicht um Strafverfolgung (Repression).

17 Tim Wihl, Racial Profiling. Das Bundesverwaltungsgericht duldet rassistische Personenkontrollen, in: Nele Austermann u.a. (Hrsg.), *Recht gegen rechts. Report 2020* (Fischer 2020), S. 125–132 (127 f.).

18 Das Gesetz für die Bundespolizei zum Beispiel erlaubt in seinen Paragrafen 22 und 23 die sogenannte »Schleierfahndung«, das heißt, dass die Beamt:innen im Gebiet der deutschen Grenzen in einer 30-Kilometer-Zone »anlasslos« jede:n kontrollieren dürfen, um eine »unerlaubte Einreise« zu unterbinden. Auch in Zügen und Bahnhöfen oder auf Flughäfen dürfen sie ohne Begründung den Ausweis verlangen und in das Gepäck hineinschauen. Manche Landespolizeigesetze erlauben »verdachtsunabhängige« Kontrollen an sogenannten »gefährlichen Orten«, wo beispielsweise regelmäßig Drogen verkauft werden. Und im bayerischen Polizeiaufgabengesetz – kurz BayPAG – gibt es Personenkontrollen, die schon bei einer bloß »drohenden«, also (noch) gar nicht existenten Gefahr zulässig sind.

19 So erzählt Kılıç es in dem halbstündigen Dokumentarfilm *ID without colours* von Riccardo Valsecchi, produziert von der Kampagne für die Opfer rassistischer Polizeigewalt und dem Migrationsrat Berlin-Brandenburg.

20 Burak Yilmaz, Peinliche Panne beim Racial Profiling: »Ich bin Dozent an der Polizeihochschule!«, Blog *Ruhrbarone* vom 25. Juni 2019 (abrufbar unter ruhrbarone.de).

21 So ist es nachzulesen bei: Mediendienst Integration, *Polizist*innen mit Migrationshintergrund* (Juli 2022), abrufbar unter mediendienst-intergation.de.

22 In einem Interview mit der *taz* schilderte Thilo Cablitz, der damalige Sprecher der Berliner Polizei, wie es ihm – als Sohn eines Sudanesen – teils auch selbst ergehe, wenn er in privater Kleidung unterwegs sei: »Auf Anhieb fällt mir folgende Situation ein: Das war 2015, ich war schon lange bei der Polizei Berlin und gerade im Aufstieg in den höheren Dienst. Mit einem Freund, der auch Polizist ist, habe ich eine Altstadt besichtigt. Wir waren beide in Zivil. Als wir durch die Straßen spazierten, begegneten uns drei Fußstreifen der Polizei. […] Alle haben mich gemustert, verfolgt und beobachtet. Ich habe mich nicht beirren lassen, ich kenne das Spiel schon – aus Kaufhäusern und Geschäften und so weiter.« »Wir nehmen keine Hautfarbe fest«, *taz* vom 4. Juli 2020, abrufbar unter www.taz.de.

23 Der Berliner Streifenbeamte Oliver von Dobrowolski, der mit anderen kritischen Beamt:innen erst den Verein »PolizeiGrün« gegründet hat, dann den Verein »BetterPolice«, schreibt dazu: »Ob in Personenzügen der Deutschen Bahn oder an öffentlichen Orten wie Parks: Meist wehren sich die betroffenen Menschen gegen solche fragwürdigen Kontrollen nicht juristisch. Teils haben sie sich leidvoll daran gewöhnt und möchten zusätzlichen Ärger vermeiden, mitunter scheint ihnen aber auch die Hürde der vermeintlich dafür erforderlichen Beweislast gegenüber den beamteten Einsatzkräften einfach unüberwindbar, um erfolgreich gegen eine Stigmatisierung vorzugehen.« Oliver von Dobrowolski, »Ihren Ausweis bitte«. Verdachtsunabhängige Polizeikontrollen als Einfallstor für Racial Profiling, in: Nele Austermann u. a. (Hrsg.), *Recht gegen rechts. Report 2023* (S. Fischer 2023), S. 145–151 (145f.).

24 Vanessa Eileen Thompson, »Racial Profiling«, institutioneller Rassismus und Interventionsmöglichkeiten, *Bundeszentrale für politische Bildung* vom 27. April, abrufbar unter www.bpb.de.

25 Hamburgisches Oberverwaltungsgericht, Urteil vom 13. Mai 2015. Aktenzeichen 4 Bf 226/12.

26 So steht es seit 2016 in Paragraf 13, Nummer 2 des Hamburgischen Gesetzes über die Datenverarbeitung der Polizei. Die Rede ist nun von »gefährlichen Orten« statt von »Gefahrengebiet« (was das Problem nur leicht entschärft). Siehe Hamburgisches Oberverwaltungsgericht, Urteil vom 31. Januar 2022, Aktenzeichen 4 Bf 10/21.

27 Viele dieser Klagen hat die NGO »Büro zur Umsetzung von Gleichbehandlung e. V.« unterstützt. Deren stellvertretender Vorsitzender, Alexander Tischbirek, inzwischen Juniorprofessor für Öffentliches Recht an der Universität Regensburg, hat schon 2013 mit Tim Wihl über das Thema geschrieben: Verfassungswidrigkeit des »Racial Profiling«: Zugleich ein Beitrag zur Systematik des Art. 3 GG, in: *JuristenZeitung* 2013, S. 219–224. In jüngerer Zeit hat er das Thema noch einmal breiter untersucht: Alexander Tischbirek, Diskriminierungsschutz in der Gefahrenabwehr, in: Anna Katharina Mangold und Mehrdad Payandeh (Hrsg.), *Handbuch Antidiskriminierungsrecht. Strukturen, Rechtsfiguren und Konzepte* (Mohr Siebeck 2022), S. 1057–1089.

28 Verwaltungsgericht München, Urteil vom 27. Juli 2016, Aktenzeichen M 7 K 14.1468. Der Fall endete damit, dass die Polizei in der nächsten Instanz nachgab: Verwaltungsgerichtshof München, Urteil vom 8. April 2019, Aktenzeichen 10 B 18.483. Über den Fall berichtet Tim Wihl (Anmerkung 17), S. 131.

29 Das Verwaltungsgericht Dresden befand in seinem Urteil vom 18. Januar 2022 (Aktenzeichen 6 K 438/19) zur Kontrolle eines Mannes aus Guinea im Chemnitzer Hauptbahnhof, »dass die Hautfarbe des Klägers für den Entschluss, ihn einer Befragung und Kontrolle zu unterziehen, zumindest mitursächlich gewesen ist und nicht festgestellt werden kann, dass die Maßnahme auch ohne diesen Aspekt in gleicher Weise durchgeführt worden wäre« – und deshalb sei dies ein rechtswidriger Verstoß gegen das Gleichbehandlungsgebot des Artikel 3 des Grundgesetzes. Das Hamburgische Oberverwaltungsgericht hat in seinem Urteil vom 31. Januar 2022 (Aktenzeichen 4 Bf 10/21) klargestellt, dass anlasslose Personenkontrollen an »gefährlichen Orten« im Einzelfall unverhältnismäßig seien, wenn Betroffene offenkundig keinen Bezug zur Gefährlichkeit des Ortes haben.

30 Europäischer Gerichtshof für Menschenrechte, *Basu v. Germany*, Urteil vom 18. Oktober 2022, Aktenzeichen 215/19. Über diese Entscheidung schreibt Cengiz Barskanmaz, Ein Familienausflug nach Tschechien – was kann schon schiefgehen? Europäischer Gerichtshof für Menschenrechte attestiert Deutschland Fehlverhalten bei Racial-Profiling-Kontrolle, in: Nele Austermann u. a. (Hrsg.), *Recht gegen rechts. Report 2024* (S. Fischer 2024), S. 161–167.

31 Im Land Berlin sind solche Klagen im Jahr 2020 auch gesetzlich etwas erleichtert worden – durch ein neues Landesantidiskriminierungsgesetz. Es enthält in Paragraf 7 eine sogenannte Beweiserleichterung: Weil Diskriminierung so schwer zu beweisen ist, wird von Betroffenen nur verlangt, dass sie die Diskriminierung »glaubhaft« machen. Gelingt ihnen das, wird vermutet, dass sie recht haben – es sei denn, die öffentliche Stelle kann das widerlegen. Die Beweislast kehrt sich also um: Es ist dann die Sache der Polizei zu beweisen, dass sie keine rassistischen Kriterien benutzt hat.

32 Der Lokaljournalist Stefan Harter hat in einem Tweet vom 6. Juni 2020 eine kleine Filmaufnahme geteilt, abrufbar unter https://x.com/Stefan_Harter/status/1269265668987392002?s=20.

33 »Black Lives Matter« heißt übersetzt etwa: »die Leben von Schwarzen zählen«. Die Bewegung wurde im Jahr 2013 von drei schwarzen Frauen ins Leben gerufen, zunächst mit einem Hashtag, dann auch mit Demonstrationen. Die historisch schwarze Howard University hat hierzu Material zusammengestellt: https://library.law.howard.edu/civilrightshistory/BLM.

34 20 Jahre nach dieser Tat hat der Politologe Bernd Mesovic, der bei der Organisation Pro Asyl in Frankfurt am Main jahrelang den Bereich Rechtspolitik leitete, sehr lesenswert die Frage gestellt: Lessons learned oder auf dem Weg zur alten Härte? So lautete 2019 der Titel eines »Hintergrunds«, also eines analytischen Artikels zur Praxis der Fesselungen bei Abschiebeflügen auf der Webseite www.proasyl.de.

35 Oberlandesgericht Frankfurt am Main, Urteil vom 11. Oktober 1996, Aktenzeichen 1 Ss 28/96.

36 Europäischer Gerichtshof für Menschenrechte, Jalloh v. Deutschland, Urteil vom 11. Juli 2006, Beschwerde-Nr. 54810/00. Dieses Urteil erging in einem weiteren Fall, in dem der Betroffene glücklicherweise überlebt hatte und so die Situation selbst schildern konnte.

37 Schlussbericht des Parlamentarischen Untersuchungsausschusses III (»Kleve«) zu dem Auftrag des Landtags Nordrhein-Westfalen vom 20. November 2018, Drucksache 17/4293, 5. April 2022.

38 Wie viele Menschen bei Polizeieinsätzen in Deutschland getötet werden, das dokumentiert sehr verdienstvoll jedes Jahr die Zeitschrift *Cilip*. Das ist kurz für: *Civil liberties and police*, also Bürgerrechte und Polizei. Es sind demnach etwa zehn bis 15 Getötete pro Jahr, und diese Größenordnung schwankt von Jahr zu Jahr nur gering, nachdem sie in den Nullerjahren mal eine Zeitlang deutlich abgesunken war. Auf der Webseite www.cilip.de findet man nicht nur Informationen zu jedem dieser einzelnen Fälle, sondern auch viele kritische, aktuelle Analysen zum Thema Polizei und Recht. Das Besondere: Es gibt wohl kaum eine Fachzeitschrift im juristischen Bereich, die so gut lesbar zu lesen ist. Sie bringt auf diese Weise auch Soziolog:innen und Politikwissenschaftler:innen mit Jurist:innen ins Gespräch. Artikel, die älter sind als zwei Jahre, stehen online kostenlos zur Verfügung, jüngere Artikel nur teilweise.

39 Dass der Fall von George Floyd überhaupt so breite Aufmerksamkeit erhalten hat und am Ende auch von der US-amerikanischen Strafjustiz so ernstgenommen wurde – der Polizist, der als Haupttäter identifiziert wurde, erhielt 43,5 Jahre Gefängnis –, liegt auch daran, dass dieser Fall von Passant:innen mit der Handykamera gefilmt wurde. Ausnahmsweise.

Nicht nur dort, auch hierzulande ist es immer wieder ein Problem, dass die Polizei versucht, Bürger:innen am Filmen zu hindern. Eigentlich hat sie dabei das Recht nicht auf ihrer Seite: Das Bundesverfassungsgericht hat im Jahr 2015 klargestellt, dass Privatpersonen grundsätzlich Polizeieinsätze filmen dürfen, nur die spätere Veröffentlichung ist nicht ohne Weiteres erlaubt: Beschluss vom 24. Juli 2015 – Aktenzeichen 1 BvR 2501/13. Aber manchmal lassen die Beamt:innen trotzdem die Aufnahmen löschen – indem sie zum Beispiel unterstellen, dass diese Videoaufnahmen sonst im Internet landen werden. Oder indem sie gar behaupten, ihr Polizeieinsatz sei »nicht öffentlich« gewesen – weswegen schon das bloße Filmen der Beamt:innen angeblich eine Straftat sei. Denn Paragraf 201 des Strafgesetzbuchs verbietet es, das »nicht öffentlich gesprochene Wort eines anderen« aufzunehmen. Einige Gerichte lassen diese Polizei-Argumentation durchaus gelten, andere Gerichte halten dagegen.

Anschaulich beschreibt das der Jurist und Journalist Markus Sehl: Wann Filmaufnahmen von Polizeieinsätzen strafbar sind, *Legal Tribune Online* vom 15. August 2022 (abrufbar unter lto.de). Zum Nachhören gibt es diese gute Erläuterung, auf etwas älterem Stand, auch im ARD-Podcast *Die Justizreporter*innen* in der Folge »Kamera aus! Darf man die Polizei beim Einsatz filmen?« vom 27. Januar 2022, abrufbar unter www.swr.de. Eine filmfreundliche Entscheidung des Landgerichts Osnabrück analysiert der Düsseldorfer Rechtsanwalt Jasper Prigge: Zum Filmen polizeilicher Maßnahmen. Zugleich Besprechung von LG Osnabrück, Beschluss vom 24.9 2021 – 10 Qs 49/21, in: *Kritische Justiz* 2022, S. 114–117.

40 Von den verschiedenen denkbaren Möglichkeiten handelt das Heft »Kontrolle der Polizei« der Zeitschrift *Cilip* (Dezember 2022), abrufbar unter www.cilip.de. Die parlamentarischen Polizeibeauftragten, die gelegentlich in Bundesländern eingerichtet werden, haben demnach bei Lichte betrachtet sehr unterschiedlich starke Befugnisse. Interessanter sind dagegen die zivilgesellschaftlichen Polizeikontrollen in Großbritannien, von denen in diesem Heft Genevieve Lennon berichtet.

41 Benjamin Derin und Tobias Singelnstein, *Die Polizei. Helfer, Gegner, Staatsgewalt. Inspektion einer mächtigen Institution* (Econ 2022), S. 362.

42 Ebenda, S. 358 f.

43 Der Haupteinwand bei allen polizeibezogenen Debatten, die aus den USA herüberschwappen, ist oft: Inwieweit ist die Situation dort, mit schärferen sozialen Gegensätzen, weniger sozialer Infrastruktur (Sozialstaat, Jugend-, Familienhilfe und so weiter) und schlechter geschulten Polizist:innen sowie sehr viel mehr Schusswaffen im Umlauf, auf die hiesigen Verhältnisse übertragbar? So ist es in den USA seit Langem ein bekanntes Problem, dass die Polizei in einer zu breiten »Allzuständigkeit« oft andere, fachnähere Einrichtungen/Dienste ersetzt, die dort (im Vergleich zu Europa) allzu häufig fehlen. Insofern ist die Forderung, diese spezielleren Dienste in den Kommunen zu etablieren und zu stärken, dort gar nicht einmal umstritten – auch die Polizei selbst oder auch radikale Law-and-Order-Politiker:innen stimmen hier zu. Eine andere Frage ist, ob dies auf Kosten der Polizeietats gehen sollte. Das ist der Ansatz, der unter dem Slogan »Defund the police« vorgeschlagen wird, und da beginnt dann der politische Streit.

44 Derin und Singelnstein (Anmerkung 41), S. 362.

45 Samira Akbarian, Politische Ästhetik als juristisches Argument, *Verfassungsblog* vom 19. Juli 2020, abrufbar unter www.verfassungsblog.de.

46 Derin und Singelnstein (Anmerkung 41), S. 364.

47 Ebenda, S. 362.

48 Ebenda, S. 365. Eine mehr langfristige Perspektive formulieren Daniel Loick und Vanessa E. Thompson in der Einleitung zu ihrem Sammelband zum Abolitionismus: Es gehe »nicht einfach um einen Austausch von Polizei und Sozialarbeiter:innen oder den Ausbau von psychiatrischen Einrichtungen, denn auch diese Institutionen haben eine lange Geschichte der Unterdrückung und Kriminalisierung, sondern um die Herstellung von sozialer Gerechtigkeit sowie die Entindividualisierung von gesellschaftlichen Problemlagen und die Anerkennung der Selbstbestimmung betroffener Personen.« *Abolitionismus. Ein Reader* (Suhrkamp 2022), S. 30.

1 »Ich bin der Herr, dein Gott«, *Der Spiegel* Nr. 27/1987.

2 Paul Johann Anselm Ritter von Feuerbach (Begr.)/Carl Joseph Anton Mittermaier (Hrsg.), *Lehrbuch des gemeinen in Deutschland gültigen peinlichen Rechts* (14. Auflage 1847), S. 445, § 268.

3 Bundesgerichtshof, Urteil vom 2. November 1966, Aktenzeichen IV ZR 239/65.

4 Es war letztlich nicht die Justiz, die ihre Überzeugung von einer solchen »ehelichen Pflicht« zum Sex aufgab, sondern es war erst eine Gesetzesänderung durch den Bundestag, die das Thema im Jahr 1977 abräumte. Bis dahin hatte nämlich im Gesetz das Prinzip gegolten, dass die Familiengerichte bei einer Scheidung stets nach der »Schuld« eines Partners suchen mussten (also nach Verstößen gegen eheliche Pflichten). Dieses Prinzip gab der Bundestag dann komplett auf.

Heute spielt die »Hingabe«, die ein Ehepartner dem anderen im Bett schenkt, zwar für die Zulässigkeit der Scheidung keine Rolle mehr. Ein Verstoß dagegen kann aber unter Umständen nach Paragraf 1579 Nr. 7 des Bürgerlichen Gesetzbuchs unterhaltsrechtliche Konsequenzen haben (!), wie man bei Reinhard Voppel im Gesetzeskommentar zum BGB von Julius von Staudinger nachlesen kann, 17. Auflage 2018, § 1353 BGB, Randnummer 35, 36. Mehr zum Eherecht gibt es im Kapitel »Familienrecht« zu lesen.

5 So lautete der Vergewaltigungsparagraf 177 wörtlich: »Wer eine Frau mit Gewalt oder durch Drohung mit gegenwärtiger Gefahr für Leib und Leben zum außerehelichen Beischlaf mit ihm oder einem Dritten nötigt, wird mit Freiheitsstrafe nicht unter zwei Jahren bestraft.« Als Opfer kamen nach dem Paragrafen nur Frauen in Betracht. Das wurde erst 1997 geändert.

6 Man kann dafür durchaus auch gute Gründe finden. Viele Frauen haben einfach schon sexualisierte Gewalt erfahren oder kennen Menschen, die das erfahren haben, es kann somit wirklich traumatisierend sein, sich damit befassen zu müssen. Wer zum Beispiel in unserem Buch dieses Kapitel liest, ist jederzeit frei, mit der Lektüre fortzufahren oder sie zu beenden – aber das Tatbestandsmerkmal des »Eindringens« in den Körper im Rahmen von Vergewaltigung zu prüfen, wäre an der Universität unausweichlich, wenn es Pflichtstoff wäre. Auf der anderen Seite kann man sich fragen: Wäre ein sensibler, aufklärender Unterricht zu dem Thema – wie es ihn im Rahmen des Strafrechts ja auch zu anderen grausigen Themen gibt – nicht auch vorstellbar? Und wäre es für die Gesellschaft nicht insgesamt ein Gewinn, wenn mehr Menschen sich damit einmal wissenschaftlich befasst hätten neben all den – teils kruden – Alltagstheorien, die in diesem Zusammenhang kursieren?

7 Christina Clemm, *AktenEinsicht. Geschichten von Frauen und Gewalt* (Antje Kunstmann 2020) und *Gegen Frauenhass* (Hanser 2023).

8 Ebenda, S. 11–44. Clemm ist als Opferanwältin auf sexualisierte Gewalt spezialisiert. In ihrem Buch schildert sie acht Fälle von Gewalt gegen Frauen, die zwar nicht genau so passiert sind, aber nach ihrer jahrzehntelangen Erfahrung ständig ähnlich passieren. Zwischendurch schiebt sie, in kleinerer Schriftgröße, immer wieder ein paar Absätze mit wissenschaftlichen Hintergrundinformationen und Quellen ein, zum Beispiel Statistiken zum Anzeigeverhalten von Opfern.

9 Clemm, *AktenEinsicht* (Anmerkung 7), S. 14.

10 Ebenda, S. 16.

11 Ebenda, S. 34 f.

12 Deutscher Juristinnenbund, Bericht des djb zur Umsetzung der Istanbul-Konvention in Deutschland, Stellungnahme 20–31 vom 25. November 2020, S. 50, Fußnote 156 verweist auf die Beschlüsse des Bundesgerichtshofs vom 19. Juli 2007 – Aktenzeichen 4 StR 262/07, vom 21. Januar 2003 – 4 StR 414/02, und vom 10. September 2009 – 4 StR 366/09.

13 Clemm, *AktenEinsicht* (Anmerkung 7), S. 8.

14 GREVIO, (Baseline) Evaluation Report on legislative and other measures giving effect to the provisions of the Council of Europe Convention on Preventing and Combating Violence against Women and Domestic Violence (Istanbul Convention), 7. Oktober 2022, GREVIO/Inf(2022)21, S. 76, Randnummer 276.

15 1995 legte die damalige Bundesfamilienministerin Claudia Nolte (CDU) eine Studie vor, wonach gut drei Viertel aller Vergewaltigungen in Deutschland in der eigenen Wohnung stattfänden: Peter Wetzels und Christian Pfeiffer, Sexuelle Gewalt gegen Frauen im öffentlichen und privaten Raum, Kriminologisches Forschungsinstitut Niedersachsen e. V., Forschungsberichte Nr. 37, 1995. Die Ministerin drängte darauf, dass sich die Politik damit nicht länger abfinden dürfe. Die Männer in der damaligen Koalition aus Union und FDP, angeführt von Bundeskanzler Helmut Kohl (CDU), zogen nur widerwillig mit. »Mit uns nie«, hatte CSU-Unterhändler Edmund Stoiber noch 1990 bei den Koalitionsverhandlungen erklärt, als FDP-Politiker vorgeschlagen hatten, die »Notzucht« im Ehebett genauso zu kriminalisieren wie andernorts. Vgl. »Körperlich wirksam«, *Der Spiegel* Nr. 49/1991, abrufbar unter https://www.spiegel.de/politik/koerperlich-wirksam-a-e7792b0f-0002-0001-0000-000013490882?context=issue. Nun schlugen sie vor, dass man, wenn es denn unbedingt sein müsse, im Vergewaltigungsparagrafen 177 zwar das Wörtchen »außerehelich« streichen könne. Allerdings sollte nach der sogenannten Widerspruchslösung die Strafverfolgung stets gestoppt werden, wenn die Ehefrau ihre Anzeige zurückziehen würde – selbst wenn sie dafür unter Druck gesetzt worden wäre.

16 Die Diskussion über diese Grundfrage geht allerdings immer noch weiter, eine gute Übersicht dazu findet man zum Beispiel bei Urs Kindhäuser und Frank Saliger in ihrem mit Hans-Ullrich Paeffgen und Frank Saliger herausgegebenen *Kommentar zum Strafgesetzbuch* (Nomos, 6. Auflage 2023), vor Paragraf 1 Randnummer 108 ff.

17 Elisabeth Holzleithner, Sexuelle Selbstbestimmung als Individualrecht und als Rechtsgut. Überlegungen zu Regulierungen des Intimen als Einschränkung sexueller Autonomie, in: Ulrike Lembke (Hrsg.), *Regulierungen des Intimen. Sexualität und Recht im modernen Staat* (Springer 2017), S. 31–50 (36).

18 Ebenda, S. 37.

19 In der DDR setzte derselbe Wandel schon einige Jahre früher ein: Schon 1968 ersetzte man dort die »Sittlichkeitsdelikte« im Strafgesetzbuch durch »Straftaten gegen die Freiheit und Würde des Menschen« und legalisierte in diesem Zuge zum Beispiel auch bereits die Homosexualität unter (erwachsenen) Männern. Andererseits blieb die Vergewaltigung in der Ehe in der DDR – genauso wie in Westdeutschland – noch lange ein blinder Fleck, denn als eine Ursache von »ernsthaften Störungen im sozialistischen Gemeinschaftsleben« galt allein der unbekannte Vergewaltiger hinterm Busch, nicht der übergriffige Partner.

20 Eine ausführliche Darstellung dieser Strafverfolgungspraxis und auch der juristischen Kämpfe dagegen steht zum Beispiel in: Ronen Steinke, *Fritz Bauer – oder: Auschwitz vor Gericht* (Piper 2013), in Kapitel 9.

21 Das Bundesverfassungsgericht war hierbei übrigens keine Hilfe. Als sich der Koch Günther R. und der Kaufmann Oskar T. gegen den Homosexuellenparagrafen auf ihr Grundrecht auf freie Entfaltung der Persönlichkeit (Artikel 2, Absatz 1 des Grundgesetzes) beriefen, verwies das Gericht darauf, dieses Grundrecht finde seine Grenzen im Sittengesetz. Als Inhalt des – ungeschriebenen – Sittengesetzes formulierte das Gericht die »gesunde und natürliche Lebensordnung im Volke«, konkret: »die beiden großen christlichen Konfessionen«. Urteil vom 10. Mai 1957 – 1 BvR 550/52, BVerfGE 6, 389, 435.

22 Wichtige Ausnahmen existieren weiterhin. Die Behauptung, dass schon eine »Gefahr für die Volksgesundheit« ausreiche, um Menschen mit Polizei, Staatsanwaltschaft und Strafvollzug zu bedrängen, ist zum Beispiel weiterhin hochrelevant beim Thema Drogen. Dazu schrieb das Bundesverfassungsgericht in einer viel kritisierten Grundsatzentscheidung, man müsse letztlich »die menschliche Gesundheit sowohl des Einzelnen wie der Bevölkerung im Ganzen vor den von Betäubungsmitteln ausgehenden Gefahren« schützen (Beschluss vom 9. März 1994 – 2 BvL 43/92, Randnummer 125).

23 Dana-Sophia Valentiner, *Das Grundrecht auf sexuelle Selbstbestimmung: Zugleich eine gewährleistungsdogmatische Rekonstruktion des Rechts auf die freie Entfaltung der Persönlichkeit* (Nomos 2021), S. 411 ff.

24 Ebenda, S. 388f. Im Jahr 2016 gab es bereits eine Reform des Sexualstrafrechts. Danach ist es für eine Strafbarkeit der sexuellen Nötigung jetzt nicht mehr erforderlich, dass dem oder der Beschuldigten eine Gewaltanwendung oder Drohung nachgewiesen wird, es reicht, dass fehlender Konsens nachgewiesen wird: »Nein heißt nein«.

25 Manon Garcia, *Das Gespräch der Geschlechter: Eine Philosophie der Zustimmung* (Suhrkamp 2023), S. 13.

26 Ebenda, S. 24 f.

27 Ebenda.

28 Während manche einen »enthusiastischen Konsens« verlangen und andernfalls von Vergewaltigung sprechen möchten und diese, ihre Forderung unter der rechtspolitischen Überschrift »Nur Ja heißt Ja« zusammenfassen – zum Beispiel Jaclyn Friedman und Jessica Valenti, *Yes Means Yes. Visions of Female Sexual Power and a World Without Rape* (Seal Press 2008) –, plädiert zum Beispiel Elisabeth Holzleithner für einen weniger strengen Einsatz des Sexualstrafrechts. Sie betont, sexuelle Begegnungen hätten immer mit Macht zu tun. Die Macht, einem anderen Menschen Lust zu bereiten, die Macht, ihm den Kopf zu verdrehen, die Macht, die damit einhergeht, begehrt zu werden. »Die Macht, die hier ausgelebt wird, ist, so wie die bewussten ›Spiele mit Macht‹, die das Sexuelle (auch) charakterisieren, nicht unproblematisch, geht sie doch nur zu oft eine prekäre Verbindung mit diskriminierenden Strukturen ein, die auf sexistischer, rassistischer und klassenspezifischer Ausbeutung beruhen. Darauf mit einem Konzept des Sexuellen zu antworten, das darin immer nur eine Reproduktion gewalttätiger Strukturen sieht, wäre aber eine ebenso eingeschränkte Sicht wie das Postulat einer von aller Macht gereinigten Sexualität. Wenn ›alles‹ Manipulation und Zwang ist, wie soll dann noch unterschieden werden zwischen Erfahrungen, welche die eige-

ne Persönlichkeit positiv befördern, und solchen, die eine Verletzung darstellen? Gerade ein queer_feministischer Standpunkt darf diese Differenzierung nicht als solche aufgeben, wenn emanzipatorische Impulse überhaupt möglich sein sollen.« Elisabeth Holzleithner, Sexuelle Selbstbestimmung als Individualrecht und als Rechtsgut (Anmerkung 17), S. 44.

29 Lara Fritzsche, Christian Gschwendtner und Kristiana Ludwig, Bauchgefühl, *SZ-Magazin* vom 6. Juli 2018, S. 8 ff., abrufbar unter www.sueddeutsche.de.

30 Statistisches Bundesamt, Pressemitteilung Nr. 120 vom 27. März 2023, abrufbar unter https://www.destatis.de/DE/Presse/Pressemitteilungen/2023/03/PD23_120_233.html.

31 Eine Organisation, die diesen Zustand in Deutschland beklagt und darüber informiert, ist zum Beispiel »Doctors for Choice«. Auf deren Homepage sind die wichtigsten Forderungen gut zusammengefasst: https://doctorsforchoice.de/ueber/forderungen/.

32 »Viele Kollegen haben Frauen sterben sehen«, *Der Spiegel* vom 12. Februar 2022, S. 48.

33 Das ist eine juristische Härte, auf der vor vielen Jahren ausgerechnet das Bundesverfassungsgericht bestanden hat: Die Richterinnen und Richter meinten, das Grundgesetz verlange grundsätzlich, dass Abtreibung strafbar sein müsse, um das ungeborene Leben zu schützen, also den Embryo. Der Gesetzgeber müsse Schwangeren die strafrechtlich sanktionierte Rechtspflicht auferlegen, ein Kind auszutragen, und das müsse ihnen auch in Beratungen klargemacht werden. Ausnahmen könne es nur bei Unzumutbarkeit der Schwangerschaft geben. Es müsse aber auch dann klar sein, dass die Abtreibung rechtswidrig bleibe. Urteil des Bundesverfassungsgerichts vom 28. Mai 1993, 2 BvF 2/90, BVerfGE 88, 203. Eine Pflicht, den eigenen Körper in den Dienst eines anderen zu stellen, gibt es sonst eigentlich nirgends im Recht. Niemand ist verpflichtet, auch nur eine Niere zu spenden, selbst wenn dies die einzige Rettung für einen Sterbenden wäre. Über ärztliche Eingriffe am eigenen Körper entscheiden Menschen normalerweise autonom und im Gespräch mit ihrem Arzt oder ihrer Ärztin. Nicht so, wenn es um Frauen geht, die eine Schwangerschaft beenden wollen.

34 Die Zahlen zu den verschiedenen Kategorien veröffentlicht das Statistische Bundesamt, zum Beispiel in der Pressemitteilung Nr. 120 vom 27. März 2023, abrufbar unter https://www.destatis.de/DE/Presse/Pressemitteilungen/2023/03/PD23_120_233.html.

35 So kann man es zum Beispiel nachlesen in der frei zugänglichen Studie von Christiane Bomert, Soziale Unterstützung und Informationsaneignung von ungewollt Schwangeren. Erste Ergebnisse eines partizipativen Praxisforschungsprojekts, in: *Soziale Passagen* 14 (2022), S. 503–519, hier S. 508.

36 Eine Ausnahme besteht immer dann, wenn man unter der »Bedürftigkeitsgrenze« nach Paragraf 19 Absatz 1 des Schwangerschaftskonfliktgesetzes liegt. Die liegt momentan bei circa 1 325 Euro Monatseinkommen. Hier müssen jedoch einige bürokratische Hürden überwunden werden.

37 Zu den Fallzahlen beispielsweise: djb, Stellungnahme st-18-08 vom 26. Juni 2018, abrufbar unter https://www.djb.de/fileadmin/user_upload/presse/stellungnahmen/st18-09_219a.pdf.

38 Einen empfehlenswerten Überblick gibt hier zum Beispiel der Bericht von Miriam Lenz von der Rechercheplattform *correctiv.org*, Öffentliche Kliniken sind in der Pflicht, 17. März 2022, abrufbar unter https://correctiv.org/aktuelles/gesundheit/2022/03/17/oeffentliche-kliniken-sind-in-der-pflicht/.

39 Das Strafmaß, das die Richterin verhängte, belief sich auf 40 »Tagessätze« zu jeweils 150 Euro. Ein Tagessatz ist das Einkommen, das eine verurteilte Straftäterin durchschnittlich an einem Tag hat, und zwar netto, also nach Abzug von Steuern und Abgaben. Das heißt, 30 Tagessätze entsprächen einem Netto-Monatseinkommen. Neben Hänel wurden im selben Zeitraum unter anderem die folgenden Ärzt:innen verurteilt: Nora Szász, Eva Waldschütz, Bettina Gaber, Detlef Merchel, Natascha Nicklaus. Sie alle setzten sich für eine Streichung von Paragraf 219a StGB ein.

40 Paulien Schmid, Eine versäumte Staatsaufgabe, in: *Kritische Justiz* 2023, 29–33.

41 »Viele Kollegen haben Frauen sterben sehen«, *Der Spiegel* vom 12. Februar 2022, S. 48, abrufbar unter www.spiegel.de. Gegner einer Streichung hatten argumentiert, Paragraf 219a schütze die Gesellschaft vor einem »Klima«, das Abtreibungen verharmlosen würde, so zum Beispiel der BGH-Richter Ralf Eschelbach in: Wolff Heintschel von Heinegg (Hrsg.), Beck'scher Online-Kommentar zum Strafgesetzbuch, 53. Auflage, 1. Mai 2022, § 219a Randnummer 2 f. Bald könnten, so wurde gewarnt, Werbeplakate für Abtreibungen in Bus und Bahn hängen, oder es könnten Spots im Fernsehen laufen. Werbung für medizinische Eingriffe ist in Deutschland aber schon durch das Heilmittelwerbegesetz verboten.

42 djb, Policy Paper: Neues Regelungsmodell für den Schwangerschaftsabbruch, 8. Dezember 2021, abrufbar unter https://www.djb.de/fileadmin/user_upload/presse/stellungnahmen/st22-26_Policy_Paper_Schwangerschaftsabbruch.pdf, S. 3; so auch Gilda Sedgh u. a., Induced abortion: incidence and trends worldwide from 1995–2008, in: *The Lancet*, Band 379 (2012), S. 625–632. Siehe auch: pro familia, Positionierung und Forderungen zur menschenrechtsbasierten Neuregelung des Schwangerschaftsabbruchs – Für sexuelle und reproduktive Gesundheit und Rechte, abrufbar unter https://www.profamilia.de/fileadmin/profamilia/verband/Neuregelung_SchwA_BV_07.05 2023.pdf.

43 Weltgesundheitsorganisation (WHO), *Abortion Care Guideline* (2022), abrufbar unter https://www.who.int/publications/i/item/9789240039483, Abschnitt 2.2.1; dort findet sich im Anhang auch ein Überblick zu den Standards der Menschenrechtsausschüsse: Web Annex A. Key International Human Rights Standards on Abortion, 2022, S. 3 ff., abrufbar unter https://apps.who.int/iris/bitstream/handle/10665/349317/9789240039506-eng.pdf.

44 Eingehend zum Stand der Diskussion schreibt zum Beispiel Valentina Chiofalo, Mutterschaft als Norm?, in: *Kritische Justiz* 2023, S. 18–28.

45 »Viele Kollegen haben Frauen sterben sehen«, *Der Spiegel* vom 12. Februar 2022, S. 48.

Eigentum

1 Wassily Kandinsky, »Ohne Titel«, 1.4 1928. Der expressionistische Maler war einer der Wegbereiter der abstrakten Kunst und lebte meist in Deutschland und Frankreich. Der Braunschweiger Sammler Ralfs war in den 1920er-Jahren mit vielen Künstlern befreundet, die später als »entartet« galten.

2 Die Geschichte erzählt und analysiert der Bonner Zivilrechtsprofessor Matthias Weller, Wem gehört der versteigerte Kandinsky?, *Legal Tribune Online* vom 28. Dezember 2022, abrufbar unter https://www.lto.de/recht/hintergruende/h/auktionshaus-grisebach-versteigerung-kandinsky-gutglaeubiger-erwerb-polen-diebstahl/.

3 Nur sein Gästebuch mit vielen Künstlereinträgen gibt es noch. Nach dem Zweiten Weltkrieg gründete Ralfs eine Galerie, die er bis zu seinem Unfalltod 1955 führte.

4 Diese Person kann vom Verkäufer Schadensersatz verlangen, weil er ihr ja ein Fahrrad verkauft hat, ihr aber gar kein Eigentum daran verschaffen konnte. Dass der im Zweifel über alle Berge ist, ist dann allerdings ihr Problem und nicht das des Opfers.

5 Jürgen Lillteicher und Constantin Goschler, *Arisierung und Restitution. Die Rückerstattung jüdischen Eigentums in Deutschland und Österreich nach 1945 und 1989* (Wallstein 2002).

6 Liebmanns Vermögen wurde konfisziert, er starb 1942, seine beiden Töchter wurden deportiert und ermordet. 2021 gelang es einer studentischen Initiative, dass der »Palandt« in »Liebmann« umbenannt wurde – wenn auch nur kurzzeitig im Rahmen einer Guerilla-Aktion. Sie druckte einfach neue Buchumschläge, die in immer mehr juristischen Bibliotheken auftauchten. Als der Beck-Verlag schließlich nachgab und den »Palandt« umbenannte, entschied er sich aber für »Grüneberg«, den Namen des heutigen BGH-Richters, der die Arbeit daran koordiniert. Zur Initiative siehe https://palandtumbenennen.de. Ob Liebmann seinen Verlag unter Wert verkaufte, ist umstritten; davon überzeugt ist Stefan Rebenich, *C.H. Beck 1763–2013. Der kulturwissenschaftliche Verlag und seine Geschichte* (C.H. Beck 2013), dagegen argumentiert Uwe Wesel, *250 Jahre rechtswissenschaftlicher Verlag C.H. Beck 1763–2013* (C.H. Beck 2013).

7 Der Vermögensverfall trat ab November 1941 »mit der Verlegung des gewöhnlichen Aufenthalts ins Ausland« ein; dazu gehörte auch die Deportation in ein Konzentrationslager. Grundlage war die Elfte Verordnung zum Reichsbürgergesetz vom 25. November 1941. Als »Aktion 3« bezeichnet wurde die verwaltungsmäßig abgewickelte Verwertung des Vermögens der Deportierten, die etwa zeitgleich begann. Sie ist dokumentiert in dem Ausstellungsband *Betrifft: Aktion 3. Deutsche verwerten jüdische Nachbarn. Dokumente zur Arisierung* von Wolfgang Dreßen (Aufbau-Verlag 1998). Ein historischer Überblick findet sich hier: https://kulturgutverluste.de/kontexte/ns-raubgut.

8 Jochen Böhler, Traumatische Erinnerungen hier – vergessene Taten dort. Überfall und Besatzung in Polen 1939–1945, in: Dieter Bingen und Simon Lengemann (Hrsg.), *Deutsche Besatzungspolitik in Polen 1939–1945. Eine Leerstelle deutscher Erinnerung?* (bpb 2019), S. 16–34, hier S. 25; frei abrufbar auf www.bpb.de.

9 Der von Michael B. Jordan gespielte Bösewicht Erik Killmonger (auch: N'Jakanda) ist ein Gegenspieler des Königreichs Wakanda, der hinter dem seltenen Edelmetall her ist, aus dem die ausgestellte Waffe gefertigt ist.

10 Diese zehn Jahre beginnen immer wieder von vorne, wenn eine neue Person die Sache gekauft hat.

11 So steht es in Paragraf 197 BGB.

12 Benjamin Lahusen, *»Der Dienstbetrieb ist nicht gestört.« Die Deutschen und ihre Justiz 1943–1948* (C.H. Beck 2022).

13 So steht es in Paragraf 935, Absatz 2, das ist das sogenannte »Versteigerungsprivileg«. Wer etwas gutgläubig ersteigert, kann sich darauf verlassen, dass er sofort Eigentümer wird. Der Mainzer Rechtsprofessor Jürgen Oechsler erläutert im *Münchner Kommentar zum BGB*, 9. Auflage 2023, Paragraf 935, Randnummer 17: »Die Ausnahme im Fall der öffentlichen Versteigerung beruht historisch auf dem Institut der Verschweigung.

Nutzt der Eigentümer die Öffentlichkeit der Versteigerung nicht, um gegen die Veräußerung Einspruch zu erheben, sondern schweigt er, hat er nach dieser Vorstellung sein Recht verloren, verschwiegen. Diese Rechtsfolge erinnert an die Verwirkung; der zugrunde liegende Rechtsgedanke erscheint allerdings angesichts der Vielzahl von Versteigerungen heute nicht mehr plausibel.«

14 Angesichts der Lage hebelten die Alliierten weite Teile der zivilrechtlichen Eigentumsordnung aus: Es gab keinen Schutz des guten Glaubens. Stattdessen musste NS-Verfolgten alles zurückgegeben werden, was sie verfolgungsbedingt verloren hatten. Behalten durfte die jeweilige Sache nur, wer nachweisen konnte, dass er dafür einen angemessenen Preis bezahlt hatte und dass die jüdische Person, die sie verkauft hatte, über das Geld auch frei verfügen konnte. Für die Zeit nach dem Inkrafttreten der judenfeindlichen Nürnberger Gesetze von 1935 kam es außerdem darauf an, ob der Käufer beim Kauf die Vermögensinteressen der jüdischen Person gewahrt hatte, zum Beispiel durch Auslandstransfer des Geldes. Wer Raubgut von NS-Verfolgten versteckt hielt, machte sich strafbar. Grundlage war das US-Militärregierungsgesetz Nr. 59 zur »Rückerstattung feststellbarer Vermögensgegenstände an Opfer der nationalsozialistischen Unterdrückungsmaßnahmen« von 1947.

15 Benjamin Lahusen, Vom *hard law* zum *soft law* und wieder zurück? Die Rückerstattung nationalsozialistischer Raubkunst seit 1945, in: *myops* 46/2022, S. 4–21, hier S. 5. Der Text stammt aus seiner Antrittsvorlesung in Frankfurt/Oder.

16 Die Ansprüche auf Rückgabe (»Restitution«) mussten innerhalb eines guten Jahres, bis Ende 1948, angemeldet werden, was natürlich in vielen Fällen nicht möglich war. Auch galten die Regeln nur für »identifizierbares« Vermögen. Das heißt: Jene Gegenstände, die in keinem Register und keinem Protokoll des NS-Staates erfasst, sondern einfach wild geraubt worden waren, konnten nicht auf diese Weise zurückverlangt werden. Schon 1949, mit Gründung der Bundesrepublik, hörte man generell auch mit dieser Rückgabepolitik auf und stellte stattdessen auf Geldersatz um, wobei die Höhe beschränkt blieb. Vor den bundesdeutschen Gerichten trafen die jüdischen Überlebenden nun nicht selten auf Altnazis in Robe, die die Regeln sehr eng und zu ihren Lasten interpretierten und die meisten ihrer Anträge ablehnten. Dies berichtet Benjamin Lahusen in seinem bereits erwähnten *myops*-Artikel (siehe Anmerkung 15), dort S. 7. Mitte der 1960er-Jahre waren die Anträge abgearbeitet, und man betrachtete das Thema seitdem als erledigt. In der DDR engagierte sich der Staat sogar noch weniger für die Rückgabe von Beute. Erst kurz vor der Wiedervereinigung, am 29. September 1990, verabschiedete die DDR-Volkskammer ein Restitutionsgesetz, das NS- und DDR-Unrecht zusammen behandelte, wieder mit kurzer Frist: Anträge mussten bis 1993 gestellt werden.

17 Diesen Satz nahm die *FAZ*, die die Rede am 10. Juli 2007 abdruckte, als Überschrift. Sie übernahm außerdem Schultz' Formulierung »skrupellose, ausgebuffte Restitutionsanwälte in den Vereinigten Staaten«, die klassische antisemitische Motive aufgreift. Es ging um die Rückgabe des expressionistischen Gemäldes »Berliner Straßenszene« von Ernst-Ludwig Kirchner an Anita Halpin, die Enkelin des jüdischen Sammlers Alfred Hess. Das Bild hatte bisher im Berliner Brücke-Museum gehangen. Halpin versteigerte es für 30 Millionen Dollar, es hängt nun in der Neuen Galerie in New York: https://www.neuegalerie.org/content/berlin-street-scene-0.

18 Ebenda.

19 Interview mit Katharina Pistor im Magazin *Jacobin* vom 18. Januar 2021, abrufbar unter www.jacobin.de.

20 Katharina Pistor, *Der Code des Kapitals. Wie das Recht Reichtum und Ungleichheit schafft* (Suhrkamp 2020).

21 Nach dem Wortlaut des Gesetzes gilt diese Sonderregel zwar nur, wenn bloß ein »Teil« der Wohnung vermietet wird. Aber wegen des »engen Sachzusammenhangs« interpretieren die meisten Jurist:innen auch den allgemeinen Paragrafen 540 so sozial, dass es dort auf die Frage nach einem »berechtigten Interesse«, wie in Paragraf 553 erwähnt, ankommen sollte.

22 Nach Paragraf 540 Absatz 2 BGB haftet der Mieter für vom Untermieter verschuldete Schäden, selbst wenn der Vermieter die Untervermietung erlaubt hat.

23 BGH, Urteil vom 3. Oktober 1984, BGHZ 92, 213.

24 BGH, Urteil vom 11. Juni 2014, Aktenzeichen VIII ZR 349/13, abgedruckt in *Neue Juristische Wochenschrift* 2014, S. 2717.

25 Landgericht Berlin, Urteil vom 8. Februar 2017, Aktenzeichen 65 S 433/16.

26 Darüber schreibt der Berliner Richter Hans-Jürgen Bieber im *Münchner Kommentar zum BGB* (C. H. Beck, 9. Auflage 2023), Paragraf 540, Randnummer 13.

27 So steht es im Paragrafen 19, Absatz 5 des AGG.

28 Im »Bündnis AGG Reform Jetzt!« fordern 100 Organisationen unter anderem hier Verbesserungen: https://agg-reform.jetzt/. Auch die Antidiskriminierungsbeauftragte des Bundes, Ferda Ataman, forderte im Juli 2023 eine Streichung dieser Klausel: siehe Pressemitteilung vom 19. Juli 2023, abrufbar unter https://www.antidiskriminierungsstelle.de/SharedDocs/pressemitteilungen/DE/2023/20230719_grundlagenpapier_agg_reform.html.

29 Als Argument führte das Amtsgericht an, dass nicht jedes beliebige Interesse des Mieters schon ausreichen könne, um eine Untervermietung aus »berechtigtem Interesse« zu verlangen – da sonst das Recht des Eigentümers, Nein zu sagen, letztlich »inhaltlich entleert« würde und dies nicht mehr mit den geschützten Interessen des Vermieters aus Artikel 14 des Grundgesetzes vereinbar sei. Urteil des Amtsgerichts Wedding vom 30. Januar 2023 – 7 C 451/22, abrufbar unter https://gesetze.berlin.de/bsbe/document/JURE235007936. Diese Ansicht hat zuvor ähnlich auch schon das Amtsgericht München vertreten; Urteil vom 20. Oktober 2022, Az. 411 C 10539/22, abrufbar unter https://openjur.de/u/2459676.html. Auch die Mietrechtlerin und Richterin Beate Flatow bestärkt diese Auslegung in einem von ihr mitherausgegebenen Mietrechtskommentar: »Zu den Interessen eines Mieters kann zwar noch die sittliche Pflicht gehören, einem Verwandten in einer Notlage zu helfen. Allgemeine humanitäre oder sonst öffentliche Interessen, die der Mieter lediglich fördern möchte, reichen aber nicht mehr aus. […] Danach besteht kein berechtigtes Interesse etwa für die Aufnahme von Personen aus Kriegsgebieten und in vergleichbaren Fällen.« Schmidt-Futterer/Flatow, *Mietrecht* (15. Auflage 2022), § 553 Randnummer 4. Ähnlich auch Volker Emmerich in: J. Staudinger (Begr.), *Bürgerliches Gesetzbuch* (De Gruyter 2021), § 553 Randnummer 4a.

30 Ein kleiner Bericht ist abrufbar auf der *LinkedIn*-Seite der GFF unter https://de.linkedin.com/posts/freiheitsrechte_mieterin-ukraine-vermieter-activity-7089968690955202561-08rs?trk=public_profile_like_view.

31 Landgericht Berlin, Urteil vom 6. Juni 2023, Az. 65 S 39/23, nachlesbar unter https://gesetze.berlin.de/perma?d=JURE235007936. Siehe auch »Mieterin darf an Geflüchtete untervermieten«, *Legal Tribune Online* vom 7. August 2023, abrufbar unter https://www.lto.de/recht/nachrichten/n/lg-berlin-65s3923-untervermietung-ukraine-gefluechtete-vermieter-berechtiges-interesse-zustimmung/.

32 Dass die Grundrechte nicht nur Abwehrrechte gegen den Staat sind, sondern auch bei der Auslegung des Zivilrechts – also zwischen Privaten – eine Rolle spielen, hat das Bundesverfassungsgericht erstmals im Fall eines Boykottaufrufs des Hamburger Politikers Erich Lüth entschieden. Er richtete sich gegen den NS-Filmemacher Veit Harlan, der u.a. eine üble antisemitische Propagandaverfilmung des Romans *Jud Süß* von Lion Feuchtwanger auf dem Gewissen hatte. Harlans Filmverleih sah darin eine sittenwidrige Schädigung nach Paragraf 826 BGB, doch Lüth bekam recht – weil er sein Grundrecht auf Meinungsfreiheit ausgeübt hatte; Beschluss vom 15. Januar 1958, BVerfGE 7, 198 – *Lüth*.

33 So lautet Paragraf 7 des Urheberrechtsgesetzes.

34 An das Urheberrecht an einem Werk knüpfen sich verschiedene Verwertungsrechte. Der Urheber oder die Urheberin kann anderen daran Nutzungsrechte einräumen, muss es aber nicht; hierfür kann er oder sie außerdem einen Preis bestimmen. Das steht in den Paragrafen 15, 31 und 32 des Urheberrechtsgesetzes. Der Berliner DJ Paul van Dyk hat beispielsweise der AfD untersagt, auf ihrem Parteitag seinen Song »Wir sind wir« abzuspielen, berichtete *Der Spiegel* am 17. Februar 2016, abrufbar unter https://www.spiegel.de/kultur/musik/paul-van-dyk-verbietet-afd-nutzung-seines-songs-a-1077855.html.

35 Das ist das »Tonträgerhersteller-Verwertungsrecht«, Paragraf 85 Urhebergesetz.

36 Am Beispiel des geistigen Eigentums an Medizinpatenten macht der Stanford-Professor Lawrence Lessig dies besonders anschaulich: »Indem die amerikanische Regierung [in den 1990er-Jahren durch ihr Beharren auf Patentschutz, Anm. d. Verf.] den Fluss von Aids-Medikamenten nach Afrika stoppte, rettete sie nicht etwa Medikamente für ihre eigenen Bürgerinnen und Bürger. Das ist nicht wie bei Weizen – wenn sie es essen, können wir es nicht essen –, sondern der Fluss, den die USA stoppten, war effektiv ein Zufluss von Wissen: Informationen darüber, wie man Chemikalien, die bereits in Afrika vorhanden waren, in Medikamente verwandeln könnte, die 15 bis 30 Millionen Leben retten könnten.« Lawrence Lessig, *Free Culture. How Big Media uses Technology and the Law to Lock Down Culture and Control Creativity* (Penguin 2004), S. 259 (eigene Übersetzung).

Der Aufsatz »Theories of Intellectual Property« des Harvard-Professors William Fisher in: Stephen Munzer (Hrsg.), *New Essays in the Legal and Political Theory of Property* (Cambridge University Press, 2001), S. 168–197, gibt einen guten Überblick über die entsprechenden Theorien und ihre Schwächen. Er ist im Netz frei verfügbar. Ein anderer Text von Michael Grünberger und Katharina de la Durantaye ist deutlich jünger, kürzer und stellt konkrete Forderungen auf: Copyright Law 2030 – A Memorandum on the Future of the Creative Ecosystem in Europe, in: *Gewerblicher Rechtsschutz und Urheberrecht (GRUR)* 2021, S. 380.

37 »Metall auf Metall« erschien auf Kraftwerks Album *Trans-Europe Express* (1977). Die höchstrichterlichen Entscheidungen zum Fall »Metall auf Metall« werden – wie üblich – mit römischen Ziffern durchnummeriert. Die jüngste stammt vom Bundesge-

richtshof: Beschluss vom 14. September 2023, Aktenzeichen I ZR 74/22 – *Metall auf Metall V*. Darin spielt der BGH den Ball schon zum zweiten Mal an den EuGH, um zu fragen, ob es sich vielleicht um ein erlaubtes »Pastiche« handelt. Der Fall ist in vielerlei Hinsicht kompliziert, unter anderem weil Kraftwerk sowohl als Label (»Kling Klang«), als auch – hilfsweise – als ausübende Künstler und – auch hilfsweise – als Urheber klagen und weil sich die Rechtslage im betreffenden Zeitraum mehrfach geändert hat, unter anderem durch europäische Richtlinien.

38 Lawrence Lessig, *Free Culture* (Anmerkung 36), S. 276 (eigene Übersetzung).

39 Im Projekt »OpenRewi« erarbeiten beispielsweise jüngere Jurist:innen frei zugängliche Lehr- und Lernmaterialien. Das von Lisa Hahn, Maximilian Petras, Dana-Sophia Valentiner und Nora Wienfort herausgegebene Lehrbuch *Grundrechte* (2022), das in einem gemeinsamen Schreibprozess von 23 Autor:innen entstand, hat 2023 den Open-Access-Preis der Berliner Humboldt-Universität erhalten. Es gibt viele Wege, dabei mitzumachen: https://openrewi.org/#Mitmachen. Auch Zeitschriften beginnen, auf »Open Access« umzustellen; ein Vorreiter ist das *German Law Journal*. Die Datenbank *openjur.de*, ein nonkommerzielles Projekt von Freiwilligen, stellt Gerichtsurteile frei zur Verfügung.

40 Lawrence Lessig, *Free Culture* (Anmerkung 36), S. 306 (eigene Übersetzung).

Familienrecht

1 Gesa hat aus genau diesem Grund vor der Geburt eine Sorgerechtsverfügung hinterlegt, in der sie ihre Ehefrau Verena als die Person nennt, der im Todesfall die Vormundschaft für Paula übertragen werden soll. Das Gericht muss eine solche Verfügung berücksichtigen, ist daran aber nicht gebunden, wenn es zu dem Schluss kommt, dass die dort benannte Person sich nicht als Vormund eignet; das steht in den Paragrafen 1782 und 1783 des Bürgerlichen Gesetzbuches (BGB).

2 So erzählt es Verena Akkermann: Thorsten Schmitz, Mutter, Mutter, Kind, *Süddeutsche Zeitung* vom 3. Februar 2021, abrufbar unter https://www.sueddeutsche.de/panorama/lgbtq-lesbische-ehe-kinder-familienrecht-1 5194887.

3 Seit dem 1. Oktober 2017 heißt es in Paragraf 1353 BGB: »Die Ehe wird von zwei Personen verschiedenen oder gleichen Geschlechts auf Lebenszeit geschlossen.«

4 Gesetz über die eingetragene Lebenspartnerschaft (LPartG) vom 16. Februar 2001.

5 Das Bundesverfassungsgericht hat nach und nach immer mehr von diesen Ungleichbehandlungen aufgehoben, bis davon kaum noch etwas übrig war: BVerfGE 124, 199 – *Hinterbliebenenversorgung* (2009); BVerfGE 126, 400 – *Erbschafts- und Schenkungssteuer* (2010); BVerfGE 131, 239 – *Familienzuschlag* (2012); BVerfGE 132, 179 – *Grunderwerbssteuer* (2012); BVerfGE 133, 59 – *Sukzessivadoption* (2013); BVerfGE 133, 377 – *Ehegattensplitting* (2013). Diese Entscheidungen mussten von Betroffenen erkämpft werden, unterstützt unter anderem von dem Berliner Rechtsanwalt Dirk Siegfried und der Tutzinger Rechtsanwältin Maria Sabine Augstein.

6 Statistisches Bundesamt, Lebendgeborene: Deutschland, Jahre, Familienstand der Eltern, Tabelle 12612-0004, abrufbar auf https://www-genesis.destatis.de/genesis/online.

7 Ein paar Beispiele zu den aufgeworfenen Fragen: Nichteheliche Kinder dürfen nach Artikel 6 Absatz 5 Grundgesetz nicht mehr schlechter behandelt werden als eheliche Kinder. Eine Ehe kann seit 1977 geschieden werden, wenn sie gescheitert ist;

das wird nach Paragraf 1566 BGB vermutet, wenn die Ehegatten seit mehr als einem Jahr getrennt leben und beide geschieden werden wollen (sonst gilt eine unwiderlegbare Vermutung erst nach drei Jahren). Vorher durfte sie nur geschieden werden, wenn ein Ehegatte sich schuldhaft verhalten hatte, mit nachteiligen Folgen für den Unterhalt und Vermögensrechte im weiteren Sinne. Heute schuldet man dem anderen unabhängig vom Scheidungsgrund Unterhalt, wenn er – meist ist es allerdings eine »sie« – für den eigenen Lebenshalt nicht selbst aufkommen kann, zum Beispiel wegen Kinderbetreuung; wie lange, das hat sich über die Zeit auch stark geändert. Bis 1974 waren Männer in Westdeutschland grundsätzlich erst mit 21 ehemündig, Frauen aber schon mit 16 (in der DDR galt schon seit 1955 einheitlich 18 als das Ehemündigkeitsalter). Seitdem konnte man dort schon mit 16 heiraten, aber nur einen Partner des anderen Geschlechts. Seit 2017 ist die Ehe für alle Geschlechtskombinationen geöffnet, ehemündig wird man aber erst mit 18. Den väterlichen »Stichentscheid«, wonach der Mann in Erziehungsfragen das letzte Wort hatte, erklärte das Bundesverfassungsgericht am 29. Juli 1959 für verfassungswidrig; Erna Scheffler, die einzige weibliche Richterin im Gericht, verkündete das Urteil »mit einem Lächeln«, berichtete die *FAZ* am nächsten Tag. Seit 1998 haben Kinder ein Recht auf gewaltfreie Erziehung (Paragraf 1631 Absatz 2 BGB). Adoptieren dürfen Ehepaare normalerweise nur gemeinsam, nicht Verheiratete grundsätzlich nur alleine; den Ausschluss gleichgeschlechtlicher Lebenspartner von der anschließenden Sukzessivadoption hat das Bundesverfassungsgericht 2013 für verfassungswidrig erklärt (BVerfGE 133, 59). Nachlesen lässt sich das zum Beispiel im hervorragend geschriebenen Studienbuch *Feministische Rechtswissenschaft*, das von Ulrike Lembke und Lena Foljanty herausgegeben worden ist (2. Auflage, Nomos 2012).

8 Thorsten Schmitz, »Mutter, Mutter, Kind« (Anmerkung 2).

9 Das ist Nummer 1 der Vorschrift; die anderen beiden Möglichkeiten sind die Anerkennung der Vaterschaft (mit Zustimmung der Mutter) oder die gerichtliche Feststellung der Vaterschaft. Auch diese beiden Möglichkeiten sind nur für Männer geregelt.

10 Das steht in Paragraf 1592 Nummer 2 und Paragraf 1593 und 1594 BGB.

11 @schwarzblond, Tweet vom 21. Juli 2022, https://x.com/schwarzblond/status/1550031539249074177?s=20.

12 Für eine solche Vaterschaftserklärung – und auch für die Vaterschaft qua Ehe – ist die Biologie egal. Solange zwischen dem Kind und seinem rechtlichen Vater eine sozial-familiäre Beziehung besteht, ist außerdem die Anfechtung der Vaterschaft für einen Mann, der auf seine biologische Verwandtschaft pocht, gesperrt. Das regelt Paragraf 1600 BGB. Im Fall der Akkermanns scheidet eine solche Anfechtung übrigens ohnehin aus, weil sie nach Paragraf 1600 Absatz 4 BGB bei Embryonenspenden (ebenso wie bei der Nutzung einer offiziellen Samenbank) gesetzlich ausgeschlossen ist.

13 Verena hat dennoch vorgeburtlich die Mit-Mutterschaft anerkannt und das notariell beurkunden lassen. Das wurde aber vor Gericht nicht als rechtlich wirksam akzeptiert.

14 Karola Morietz (Name geändert) beschreibt ihre Erfahrung beispielsweise im *Deutschlandfunk*: Benjamin Dierks, Gegen die Ungleichbehandlung homosexueller Paare, Sendung vom 21. Juli 2019, Transkript abrufbar unter https://www.deutschlandfunk.de/abstammungsrecht-gegen-die-ungleichbehandlung-homosexueller-100.html.

15 Nach Paragraf 1626 BGB umfasst die »elterliche Sorge«, also das Sorgerecht, »die Sorge für die Person des Kindes (Personensorge) und das Vermögen des Kindes (Vermögenssorge)«. Ein Kind kann einen rechtlichen Elternteil haben, der kein Sorgerecht hat; meistens ist das ein Vater, der mit der Mutter nicht verheiratet ist. Nach Paragraf 1626a BGB hat in diesem Fall grundsätzlich allein die Mutter die elterliche Sorge. Ist sie zur gemeinsamen Sorge nicht bereit, kann das auf Antrag des rechtlichen Vaters gerichtlich angeordnet werden, wenn es dem Kindeswohl nicht widerspricht; das ist bei sehr konflikthaften Beziehungen zwischen den Eltern regelmäßig schwierig, weil die sich auch auf das Kind negativ auswirken. Entzogen werden darf das Sorgerecht nach Paragraf 1666 BGB nur dann, wenn andernfalls das Kindeswohl gefährdet ist.

16 Das ist in Paragraf 1687b BGB geregelt und soll den Alltag erleichtern.

17 Den Umgang des Kindes mit den (rechtlichen) Eltern regelt Paragraf 1684 BGB, in Paragraf 1685 geht es um den Umgang mit sonstigen Personen.

18 Bei einem rechtlichen Elternteil gehört der Umgang in der Regel zum Wohl des Kindes; ihn kann ein Familiengericht nur bei Gefährdung des Kindeswohls vom Umgang ausschließen. Das ergibt sich aus Paragraf 1626 Absatz 3 und Paragraf 1684 BGB. Sehr problematisch kann das beispielsweise in Fällen häuslicher Gewalt sein. Meist gehen die Gerichte davon aus, dass die Gewalt des Vaters gegen die Mutter nicht bedeutet, dass der Kontakt zum Vater auch das Kindeswohl gefährdet. Die gewaltbetroffene Mutter muss daher im Alltag ständig Absprachen und Übergaben mit dem gewalttätigen Vater arrangieren. Ein Ausweg wäre die Umgangspflegschaft nach Paragraf 1684 Absatz 3 BGB, also die Bestellung einer Person, die die Umgangstermine organisiert und bei der Übergabe dabei ist. Die Berliner Anwältin Christina Clemm, die seit vielen Jahren gewaltbetroffene Frauen berät, beschreibt die Probleme sehr plastisch in ihrem Buch *Gegen Frauenhass* (Hanser 2023), S. 101–111.

19 Amtsgericht Hannover, Beschluss vom 22. Juli 2020, Aktenzeichen 85 III 21/20; Amtsgericht Hildesheim, Beschluss vom 3. Juli 2020, Aktenzeichen NZS 67 IV 3/20.

20 OLG Celle, Beschluss vom 24. März 2021, Aktenzeichen 21 UF 146/20 und 21 W 8/20. Diese sogenannte Richtervorlage ermöglicht Artikel 100 Grundgesetz.

21 KG Berlin, Beschluss vom 24. März 2021, Aktenzeichen 3 UF 1122/20 (in Berlin heißt das Oberlandesgericht aus historischen Gründen Kammergericht). Zu den beiden Vorlagebeschlüssen gibt es beim überhaupt sehr empfehlenswerten Podcast *Justitias Töchter* eine Folge mit Lucy Chebout vom 31. März 2021 (»Etappensieg für Regenbogenfamilien!«), als Update zur Folge »Abstammungsrecht: (K)ein Kind lesbischer Eltern« vom 24. Juli 2020. Dort werden die rechtlichen Argumente für und gegen die Anerkennung der Mutterschaft ausführlich erörtert. Der Podcast wird von Dana-Sophia Valentiner und Selma Gather gehostet und ist auf den gängigen Podcast-Plattformen zu finden; siehe https://www.djb.de/podcast.

22 Nicole Opitz, Queere Mütter klagen, *taz* vom 29. August 2020, abrufbar unter https://taz.de/Ungleichbehandlung-durch-geltendes-Abstammungsrecht/!5710550/.

23 Siehe https://freiheitsrechte.org/themen/gleichbehandlung/elternschaft.

24 Der Begriff bezieht sich auf die massive rechte Gewalt in den 1990er-Jahren; siehe Christian Bangel, #baseballschlägerjahre: Ein Hashtag und seine Geschichten, in: *Aus Politik und Zeitgeschichte (APuZ)*, 2. Dezember 2022, abrufbar unter https://www.bpb.de/shop/zeitschriften/apuz/rechte-gewalt-in-den-1990er-jahren-2022/515769/baseballschlaegerjahre/.

25 Ein schönes Porträt der Anwältin Lucy Chebout und ihrer Nodoption-Verfahren ist in *Die Zeit* vom 3. Mai 2022 nachzulesen: Johanna Schoener, »Klagen auf hohem Niveau«, abrufbar unter https://www.zeit.de/2022/18/lucy-chebout-eltern-queer-rechte.

26 Diese Statements und weitere Videos sind auf der Website des Netzwerks zu finden: https://www.nodoption.de/statements.

27 Zwei Mamas: Paar kämpft für Rechte von queeren Familien, *Münchner Merkur* vom 13. Januar 2021, abrufbar unter https://www.merkur.de/welt/zwei-mamas-paar-kaempft-fuer-rechte-von-queeren-familien-zr-90167681.html.

28 Helene Klaar, »Im Gesetz steht von Liebe kein Wort«, Interview im *SZ-Magazin* vom 15. Februar 2016, abrufbar unter https://sz-magazin.sueddeutsche.de/liebe-und-partnerschaft/im-gesetz-steht-von-liebe-kein-wort-82190. Die Stadt Wien, die Helene Klaar 2004 den Frauenpreis verliehen hat, hat eine schöne Biographie von ihr, abrufbar unter https://www.wien.gv.at/menschen/frauen/stichwort/politik/frauenpreis/preistraegerinnen/helene-klaar.html.

29 Helene Klaar, »Im Gesetz steht von Liebe kein Wort«, ebenda.

30 Eigene Beobachtung in Berlin aus den späten 1990er-Jahren.

31 Emilia Roig, »Ich will die Ehe abschaffen«, Interview in *Die Zeit* vom 30. März 2023, abrufbar unter https://www.zeit.de/sinn/2023-03/emilia-roig-ehe-abschaffung-ungerechtigkeit-gleichstellung. Ihr Buch trägt den Titel *Das Ende der Ehe. Für eine Revolution der Liebe* (Ullstein 2023).

32 Emilia Roig, »Ich will die Ehe abschaffen«, ebenda.

33 Weitere Steuervorteile, die nicht an der Einkommenshöhe hängen, gibt es zum Beispiel im Erbrecht: Ehepartner können aufgrund des hohen Steuerfreibetrags große Vermögenswerte untereinander übertragen, ohne dass darauf Steuern anfallen; dazu gleich. Für Schenkungen gilt dasselbe.

34 Das Ehegattensplitting funktioniert zwar geschlechtsunabhängig, typisch ist aber die Konstellation von Leon und Lena.

35 Von Anfang an kostenlos ist die Kita nur in Berlin (bis auf einen Verpflegungsanteil), Mecklenburg-Vorpommern und – für Geringverdienende – in Brandenburg; in Hamburg ist sie es bis zu fünf Stunden am Tag. In Rheinland-Pfalz gibt es kostenlose Betreuung ab zwei Jahren, in Bremen, Niedersachsen und Hessen ab drei Jahren (in Hessen aber nur bis zu sechs Stunden am Tag). In Nordrhein-Westfalen und Thüringen ist die Kita in den letzten zwei Jahren vor Schuleintritt kostenfrei; das letzte Jahr vor Schuleintritt ist auch in Brandenburg für alle beitragsfrei. In Sachsen-Anhalt werden Geschwister des ersten Kindes kostenfrei betreut, in Schleswig-Holstein werden geringverdienende Familien bei den Betreuungskosten entlastet. In Bayern, Baden-Württemberg, Sachsen und dem Saarland gibt es keine beitragsfreie Kindertagesbetreuung. Ein Kitaplatz kostet in manchen Großstädten über 600 Euro im Monat. Nur etwa ein Drittel aller unter Dreijährigen wird in einer Kita betreut (Stand: 2022). Überblick vom Mai 2023 bei https://www.leben-und-erziehen.de/kind/kinderbetreuung/kita-gebuehren-tabelle-15287.html.

36 Der Begriff »Teilzeitfalle« bezieht sich darauf, dass es gerade Frauen oft nicht gelingt, von der Teilzeit wieder in die Vollzeit zurückzukehren. 2022 nannten 33,5 Prozent der Frauen Kinder- oder Angehörigenbetreuung oder sonstige familiäre Verpflichtungen als Grund für ihre Teilzeitbeschäftigung, aber gerade einmal 8 Prozent der Männer;

siehe Statistisches Bundesamt, Unfreiwillig Teilzeitbeschäftigte, abrufbar unter https://www.destatis.de/DE/Themen/Arbeit/Arbeitsmarkt/Qualitaet-Arbeit/Dimension-3/unfreiwillig-teilzeitbeschaeftige.html.

37 Maria Wersig, *Der lange Schatten der Hausfrauenehe: Zur Reformresistenz des Ehegattensplittings* (Barbara Budrich 2013). Der Deutsche Juristinnenbund (djb), dessen Präsidentin Maria Wersig von 2017 bis 2023 war, fordert seit Jahrzehnten die Abschaffung des Ehegattensplittings. Die Steuerrechtlerin Ulrike Spangenberg hat dazu u.a. eine Expertise für den zweiten Gleichstellungsbericht der Bundesregierung verfasst: *Das Ehegattensplitting: Steuer- und verfassungsrechtliche Aspekte aus Gleichstellungssicht* (2013). Inzwischen wird am vierten Gleichstellungsbericht gearbeitet, das Ehegattensplitting gibt es immer noch.

38 Das ist – analog zum Gender Pay Gap, also der Einkommenslücke zwischen Männern und Frauen – der Gender Pension Gap. Mehr zum Gender Pay Gap steht im Kapitel zum Arbeitsrecht.

39 33,5 Prozent der Frauen nennen Familienpflichten als Grund für die Teilzeit, berichtet das Statistische Bundesamt: Unfreiwillig Teilzeitbeschäftigte«, abrufbar unter https://www.destatis.de/DE/Themen/Arbeit/Arbeitsmarkt/Qualitaet-Arbeit/Dimension-3/unfreiwillig-teilzeitbeschaeftige.html.

40 Mitte der 1950er-Jahre, als in Westdeutschland noch die Sechs-Tage-Woche üblich war, begann der Deutschen Gewerkschaftsbund die Fünf-Tage-Woche mit zwei Slogans zu fordern: »40 Stunden Arbeit sind genug!« und: »Samstags gehört Vati mir«. Diese Ziele wurden in verschiedenen Branchen nach und nach tarifvertraglich erreicht. Das 1994 erlassene Arbeitszeitgesetz begrenzt die werktägliche Arbeitszeit auf acht Stunden. In der DDR wurde die Fünf-Tage-Woche 1967 eingeführt.

41 Helene Klaar, »Im Gesetz steht von Liebe kein Wort« (Anmerkung 28).

42 Wenn man nichts anderes vereinbart, ist die Ehe eine sogenannte Zugewinngemeinschaft: Beide behalten, was sie zum Zeitpunkt der Ehe haben, und können auch getrennt Eigentum erwerben. Wertmäßig wird aber nach der Scheidung ausgeglichen, was sie ab der Eheschließung jeweils an Vermögen hinzugewonnen haben. Per Ehevertrag kann man das aber auch anders regeln, das bestimmt Paragraf 1363 BGB.

43 Der nacheheliche Unterhalt ist in den Paragrafen 1570–1580 BGB geregelt.

44 Die nicht verheiratete Mutter hat gegen den Vater nur Anspruch auf Betreuungsunterhalt, soweit von ihr wegen der Pflege oder Erziehung des Kindes eine Erwerbstätigkeit nicht erwartet werden kann; das regelt Paragraf 1615 l BGB (das gilt auch umgekehrt, wenn der Vater die Kinder betreut).

45 Die Ehe verschafft auch erhebliche Vorteile im Erbfall: Nehmen wir an, die von Leon über die Jahre abbezahlte Wohnung ist nun 350 000 Euro wert. Wenn Lena diese Wohnung von ihm erbt, zahlt sie keinen Cent Erbschaftssteuer, denn der Steuerfreibetrag für Ehegatten liegt bei 500 000 Euro. Waren die beiden dagegen nicht verheiratet und Leon hat Lena nur per Testament als Erbin eingesetzt, liegt Lenas Freibetrag bloß bei 20 000 Euro. Das heißt, sie schuldet auf den Rest satte 30 Prozent Erbschaftssteuer. Das sind knapp 100 000 Euro, die sie erstmal irgendwo herbekommen muss. Vermutlich wird sie dafür die gemeinsame Wohnung verkaufen müssen.

46 Emilia Roig, »Ich will die Ehe abschaffen« (Anmerkung 31).

Arbeitsrecht

1 Das Recht auf Lohngleichheit kam auf Drängen Frankreichs in den Vertrag zur Gründung der Europäischen Wirtschaftsgemeinschaft (EWG-Vertrag), in den dortigen Artikel 119, das entspricht heute dem Artikel 157 im Vertrag über die Arbeitsweise der Europäischen Union (AEUV). In Frankreich galt das Diskriminierungsverbot bereits, Frankreich fürchtete daher Lohndumping von Deutschland, das eine solche Regelung bis dahin nicht hatte. Interessant dazu ist: Christine Langenfeld, *Die Gleichbehandlung von Mann und Frau im europäischen Gemeinschaftsrecht* (Nomos 1990), S. 31. Oder auch die Passage von Eva Kocher zu Artikel 157 AEUV im *Frankfurter Kommentar zum EU-Recht* von Häde/Nowak/Pechstein (2. Auflage, 2023), Randnummer 4.

2 Birte Meier, Sieg für Equal pay!, *www.stern.de* vom 28. August 2023, abrufbar unter https://www.stern.de/gesellschaft/birte-meier-ueber-ihren-kampf-um-equal-pay---es-geht-langsam-voran--33775492.html.

3 Birte Meier, *Equal Pay Now! Endlich gleiches Gehalt für Frauen und Männer* (Goldmann 2023), S. 124.

4 Das Landesarbeitsgericht (LAG) Berlin-Brandenburg wies Meiers Berufung mit Urteil vom 5. Februar 2019 zurück. Zwar nahm es zugunsten Meiers an, dass ihre männlichen Kollegen eine gleiche oder vergleichbare Tätigkeit ausübten und dass sie sich auch mit Kollegen aus anderen Tarifverträgen vergleichen könne. Darüber hinaus hätte Meier nach Ansicht des Gerichts aber auch nachweisen müssen, dass die Entgeltunterschiede auf ihrem Geschlecht beruhten.

5 Birte Meier, *Equal Pay Now!* (Anmerkung 3), S. 84.

6 Ebenda, S. 8.

7 Man erfährt zum Beispiel nicht, welche Berufserfahrung oder Betriebszugehörigkeit die Person mit dem mittleren Gehalt eigentlich hat – wichtige Faktoren, um einschätzen zu können, ob der Gehaltsunterschied gerechtfertigt ist. Vor allem aber: Selbst wenn eine Frau herausbekommt, dass der Mittelwert der Männer höher ist als das eigene Gehalt, passiert – nichts. Sie muss immer noch den eigenen Arbeitgeber verklagen, im laufenden Arbeitsverhältnis. Im Zweifel durch alle Instanzen. Daher wird seit Jahren gefordert, das Gesetz zu reformieren. Zu unbekannt, zu kompliziert, zu wirkungslos.

8 Zuvor waren Lohngleichheitsklagen meist auf Zufälle angewiesen. Die »Heinze-Frauen« beispielsweise erfuhren von einem Gehaltszuschuss (»übertarifliche Zulage«), den ausschließlich die Männer in ihrem Gelsenkirchener Fotolabor Heinze erhielten, weil einer ihrer Kollegen seinen Gehaltszettel in der – tatsächlich – Dunkelkammer hatte liegen lassen. 29 Frauen klagten daraufhin gemeinsam, mit Unterstützung ihrer Gewerkschaft. Sie zogen bis vors Bundesarbeitsgericht, das damals noch in Kassel saß. Als dort 1981 das Urteil verkündet wurde, kamen 7 000 Menschen zur Kundgebung, mit Transparenten wie »Solidarität mit den Heinze-Frauen« und »Solidarität ist unsere Stärke«. Ein Foto davon gibt es in dem Artikel von Claus Haffert, Der Kampf der »Heinze-Frauen«, *Legal Tribune Online* vom 9. September 2021, abrufbar unter https://www.lto.de/recht/hintergruende/h/bag-40-jahre-urteil-heinze-frauen-5azr118279-lohn-frauenrechte-diskriminierung/. Es gibt auch einen wirklich guten Fernsehfilm darüber, *Keiner schiebt uns weg* (2018), benannt nach dem Song, den die Frauen selbst gedichtet hatten (und der seit damals immer neue Strophen erhalten

hat). Regie: Wolfgang Murnberger, Drehbuch: Sebastian Orlac, Ulla Ziemann. Der Film wurde zuerst von der ARD ausgestrahlt.

9 Bundesarbeitsgericht, Urteil vom 21. Januar 2021, Aktenzeichen 8 AZR 488/19.

10 Verena Töpper, Wie eine Frau seit vier Jahren um faire Bezahlung kämpft, *Der Spiegel* vom 1. Juli 2022, abrufbar unter https://www.spiegel.de/karriere/gabriele-gamroth-guenther-wie-eine-frau-seit-vier-jahren-um-faire-bezahlung-kaempft-a-fe20efe0-19f3-4479-8d71-48c144fbc6cd.

11 Der sogenannte unbereinigte Gender Pay Gap vergleicht alle Frauen und alle Männern im Berufsleben, in ganz unterschiedlichen Berufen und Qualifikationsstufen. Wenn man vergleichen möchte, wie viel Frauen und Männer in der tatsächlich selben Position verdienen, dann braucht man einen um diese Faktoren »bereinigten« Gender Pay Gap, und der beträgt in Deutschland etwa 7 Prozent. Siehe dazu Statistisches Bundesamt, Gender Pay Gap 2020: Frauen verdienten 18 Prozent weniger als Männer, Pressemitteilung vom 9. März 2021, abrufbar unter https://www.destatis.de/DE/Presse/Pressemitteilungen/2021/03/PD21_106_621.html.

12 Birte Meier, *Equal Pay Now!* (Anmerkung 3), S. 83.

13 Eine solche Klausel stellt eine unangemessene Benachteiligung dar, hat das Landesarbeitsgericht Mecklenburg-Vorpommern klargestellt. Denn das Verbot, über ihr Gehalt zu sprechen, hindere Beschäftigte daran, Verstöße gegen Equal Pay festzustellen, und es erschwere gewerkschaftliche Lohnforderungen. Urteil vom 21.10 2009, Aktenzeichen 2 Sa 183/09.

14 Birte Meier, *Equal Pay Now!* (Anmerkung 3), S. 86.

15 Die Diplomkauffrau, Susanne Dumas, wurde von ihrem Chef gefragt, wie sie es für möglich halte, weiterzuarbeiten trotz ihrer Klage. Denn damit hätte sie schließlich das »Vertrauen des Teams missbraucht«. Ebenda, S. 122.

16 Ebenda, S. 85.

17 Bundesarbeitsgericht, Urteil vom 16. Februar 2023, 8 AZR 450/21.

18 Susanne Dumas wurde von der Anwältin Susette Jörk vom Anwältinnenbüro Leipzig vertreten. In der Revisionsinstanz wurde sie zusätzlich von der Gesellschaft für Freiheitsrechte unterstützt.

19 Verwaltungsgericht Freiburg, Urteil vom 3. März 2023, Aktenzeichen 5 K 664/21.

20 Birte Meier, Sieg für Equal Pay! Oder warum es Frauen immer noch so schwergemacht wird, gleich viel zu verdienen, *www.stern.de* vom 28. August 2023.

21 Bundesarbeitsgericht, Urteil vom 25. Juni 2020, 8 AZR 145/19, Randnummer 72. Wenn im Entgelttransparenzgesetz davon die Rede sei, dass »Arbeitnehmerinnen« ein Recht haben, dann sei das weit auszulegen. Es komme nur darauf an, dass »eine Person während einer bestimmten Zeit für eine andere nach deren Weisung Leistungen erbringt, für die sie als Gegenleistung eine Vergütung erhält«. Das förmliche Rechtsverhältnis sei »ohne Bedeutung«.

22 Birte Meier, *Equal Pay Now!* (Anmerkung 3), S. 58.

23 Ebenda, S. 11.

24 Christoph Cadenbach, »Viele Rider fahren auch mit Schmerzen«, *SZ-Magazin* vom 1. April 2022, S. 16 ff., abrufbar unter https://sz-magazin.sueddeutsche.de/leben-und-gesellschaft/lieferdienste-unfaelle-gorillas-91388.

25 Ebenda.

26 Gorillas wurde inzwischen von einem größeren Konkurrenten, Getir, übernommen.

27 Janis Ewen, Heiner Heiland und Martin Seeliger, *Dynamiken autonomer Arbeitskonflikte im digitalen Kapitalismus – Der Fall »Gorillas«*, Schriftenreihe Institut Arbeit und Wirtschaft, Nr. 33 (Januar 2022), S. 12.

28 https://gorillas.io/de/blog/gesichter-von-gorillas-1.

29 Über die Methode »Management per App«, die zum Beispiel bei Wolt so weit reicht, dass Mitarbeitende dort sich überhaupt nur an eine Chat-App wenden können, nicht an einen Menschen, selbst dann nicht, wenn sie gerade einen Unfall hatten, schreiben Joanna Bronowicka und Mirela Ivanova: *Resisting the Algorithmic Boss: Guessing, Gaming, Reframing and Contesting Rules in App-based Management* (20. März 2020), abrufbar unter http://dx.doi.org/10 2139/ssrn 3624087.

30 Diesen Punkt hat das Bundesarbeitsgericht schon 1980 gemacht mit seiner spitzen Formulierung: »Tarifautonomie ohne Streikrecht ist nichts anderes als ›kollektives Betteln‹«, Urteil vom 10. Juni 1980 – 1 AZR 168/79.

31 Theoretisch ist es so: Wer vor Gericht ziehen will, aber kein Geld hat, der kann hierzulande eine finanzielle Unterstützung vom Staat beantragen, eine sogenannte Prozesskostenhilfe. Praktisch aber ist es so: Diese Anträge gibt es nur auf Deutsch.

32 »Das ist eine entmenschlichte Arbeitswelt«, *taz* vom 14. Juli 2022.

33 Unter dem Vornamen Camilo wird er zitiert in Analie Gepulani Neiteler, Gorillas Workers Collective: »The political space we created served as a place of resistance«, *The Left Berlin* vom 27. März 2022, abrufbar unter https://www.theleftberlin.com/gorillas-workers-collective-the-political-space-we-created-served-as-a-place-of-resistance/.

34 Jan Ole Arps, »Schön, dass ihr kämpft – ihr seid gefeuert!«, *Der Freitag* vom 7. Oktober 2021, abrufbar unter https://www.freitag.de/autoren/jan-ole-arps/kagan-du-bist-gefeuert.

35 Landesarbeitsgericht Berlin-Brandenburg, Urteile vom 25. April 2023, Aktenzeichen 16 Sa 868/22, 16 Sa 869/22 und 16 Sa 871/22.

36 Bei den Gorillas war es ein bisschen gemischt, ihre Forderungen richteten sich auch auf Pausen, auf bessere Bezahlung, sichere Fahrräder, unbefristete Verträge. Deswegen war es ein Problem, ob ihre Streiks nach deutschem Recht erlaubt waren. Die Frage, ob man das Recht an dieser Stelle ein bisschen flexibler, weniger hierarchiefixiert ausgestalten sollte, diskutieren derzeit Rechtswissenschaftler:innen, die zum Beispiel bei der Hans-Böckler-Stiftung zusammenkommen. Das ist eine Institution, die den Gewerkschaften nahesteht und auch viele Studierende mit Stipendien fördert, auch Jurastudierende. Einige ihrer Gedanken und Studien veröffentlichen sie zum Beispiel auf der Seite www.arbeit-der-zukunft.de, griffig zusammengefasst und teils auch hübsch mit Grafiken illustriert. Dort findet man auch immer wieder Einladungen zu wissenschaftlichen Konferenzen, zum Beispiel zu jener im Jahr 2022 mit dem passenden Titel »Back to the Dark Ages«, also etwa: zurück ins Mittelalter.

37 Eine Ausnahme bildet das Arbeitsgericht Gelsenkirchen, das 1998 einen »wilden Streik« als rechtmäßig anerkannte, wenn auch mit ein paar besonderen Voraussetzungen, Urteil vom 13. März 1998 – 3 Ca 3173/97.

38 Eva Kocher, Gorillas im Arbeitskampf. Arbeitsaktivismus in Zeiten der Plattformarbeit, *Verfassungsblog* vom 21. Oktober 2021, https://verfassungsblog.de/gorillas-im-arbeitskampf/.

39 Christoph Cadenbach, »Viele Rider fahren auch mit Schmerzen«, *SZ-Magazin* vom 1. April 2022, S. 16 ff.

40 Ebenda.

41 Ebenda.

42 Analie Gepulani Neiteler, Gorillas Workers Collective (Anmerkung 33).

43 Ebenda.

44 Die FAU darf sich Gewerkschaft nennen, gilt aber nicht als tariffähig, d.h. sie kann keine Tarifverträge schließen. Wann ist eine Gewerkschaft eine Gewerkschaft, über diese Frage schreiben Anne Degner und Eva Kocher: Arbeitskämpfe in der »Gig-Economy«? Die Protestbewegungen der Foodora- und Deliveroo-»Riders« und Rechtsfragen ihrer kollektiven Selbstorganisation, in: *Kritische Justiz* 2018, S. 247–265, online frei abrufbar.

45 Landesarbeitsgericht Berlin-Brandenburg, Beschluss vom 23.11 2021, Aktenzeichen 13 TaBVGa 1534/21.

46 Anton Rainer, Gorillas will in Berlin Franchise-Modell einführen, *Der Spiegel* vom 12. November 2021.

47 Als zum Beispiel die Worker im Warehouse Berlin-Schöneberg im Herbst 2022 einen Betriebsrat wählen wollten, gelang es ihren Chef:innen, dies gerichtlich stoppen zu lassen. Die Begründung des Landesarbeitsgerichts Berlin-Brandenburg: Es sei kein ordnungsgemäßer Wahlvorstand zur Einleitung der Wahl gebildet worden. Das Workers Collective sei in so erheblichem Maße von den gesetzlichen Vorschriften zur Bildung des Wahlvorstandes abgewichen, dass die Bestellung des Wahlvorstandes einfach nichtig sei; Beschluss vom 19. Oktober 2022, Aktenzeichen 23 TaBVGa 1094/22.

48 Janis Ewen, Heiner Heiland und Martin Seeliger, Dynamiken autonomer Arbeitskonflikte im digitalen Kapitalismus – Der Fall »Gorillas« (Anmerkung 27), S. 15.

Asylrecht

1 So berichten es Mitglieder der Gruppe: Birgit Gärtner, Lampedusa in Hamburg, *Telepolis* vom 18. Juni 2013, abrufbar unter https://www.telepolis.de/features/Lampedusa-in-Hamburg-3399356.html; Theresa Breuer, Von Italien nach Deutschland: Flüchtlinge aus Libyen in Hamburg, *Der Spiegel* vom 31. Mai 2013, abrufbar unter https://www.spiegel.de/politik/deutschland/von-italien-nach-deutschland-fluechtlinge-aus-libyen-in-hamburg-a-902958.html. Der NATO-Einsatz, der am 19. März 2011 begann, sollte eine Flugverbotszone durchsetzen, die am 17. März 2011 vom UN-Sicherheitsrat beschlossen worden war, weil der libysche Herrscher Muammar al-Gaddafi schwere Verbrechen gegen die Zivilbevölkerung beging.

2 Der Name geht auf das Schengener Abkommen von 1985 zurück. Als Schengen-Raum werden seitdem die europäischen Staaten bezeichnet, die untereinander – also an den Binnengrenzen – keine Grenzkontrollen mehr durchführen. Dafür haben sie gemeinsame Standards für die Kontrolle ihrer Außengrenzen eingeführt und wenden gemeinsame Kriterien für die Vergabe von Visa an. Wer ein sogenanntes Schengen-Visum für einen Kurzaufenthalt bekommt, kann sich damit für die Dauer des Visums im gesamten Schengen-Raum frei bewegen.

3 Das Dubliner Abkommen wurde 1990 in der irischen Stadt geschlossen, als Zuständigkeitsregelung für die Schengen-Staaten in Asylsachen. Später wurde es durch eine EU-Verord-

nung abgelöst, die »Dublin II«-Verordnung, auf die 2013 die aktuelle »Dublin III«-Verordnung folgte (VO (EU) Nr. 604/2013). Sie enthält eine Liste von Zuständigkeitskriterien, von denen das praktisch bedeutsamste die irreguläre Einreise ist (Artikel 13).

4 Die Anfänge dieser Proteste wurden hoffnungsvoll als »Arabischer Frühling« bezeichnet. Sie begannen mit einer Revolution in Tunesien Ende Dezember 2010 und führten dort zum Sturz der Regierung, in Marokko erreichten sie eine demokratisierende Verfassungsänderung. In Libyen und Syrien dagegen brachen brutale Bürgerkriege aus, in Ägypten folgte auf die Massenproteste auf dem Tahrir-Platz in Kairo ein Militärputsch.

5 Siehe die Statements auf http://lampedusa-hamburg.info//page/21/; http://lampedusa-hamburg.info/. Die Bundesregierung hat sich allerdings bei der Abstimmung über die UN-Resolution 1973 im Sicherheitsrat am 17. März 2011 enthalten und sich auch nicht aktiv an dem NATO-Einsatz in Libyen beteiligen wollen.

6 Maria Bethke und Dominik Bender, *Zur Situation von Flüchtlingen in Italien* (Pro Asyl 2011), S. 23 und 26, abrufbar unter https://www.proasyl.de/wp-content/uploads/2014/02/Italienbericht_FINAL_15MAERZ2011.pdf. Auch in Hamburg saßen die Lampedusa-Geflüchteten, als das Winternotprogramm der Stadt im April 2013 endete, zunächst auf der Straße – bis sie spontan von der Kirche St. Pauli aufgenommen wurden. Im November 2013 besorgte Hamburg Wohncontainer: »Alle Flüchtlinge der St. Pauli-Kirche in Winterunterkünften«, *Hamburger Abendblatt* vom 29.11 2013, abrufbar unter https://www.abendblatt.de/hamburg/article122399791/Alle-Fluechtlinge-der-St-Pauli-Kirche-in-Winterunterkuenften.html.

7 2012 beantragten noch gut 64 500 Personen bei deutschen Behörden Asyl, 2013 waren es schon fast 110 000 neue Schutzsuchende, und 2014 kamen 173 000 weitere Menschen dazu – über 39 000 von ihnen stammten aus Syrien. Siehe Bundesamt für Migration und Flüchtlinge (BAMF), *Das Bundesamt in Zahlen 2015* (2016), S. 11, abrufbar unter https://www.bamf.de/SharedDocs/Anlagen/DE/Statistik/BundesamtinZahlen/bundesamt-in-zahlen-2015.pdf?__blob=publicationFile&v=16.

8 Der Dokumentarfilm *Like a Man on Earth – Come un uomo sulla terra* (2008) folgt dem äthiopischen Jurastudenten Dagmawi Yimer auf seiner gefährlichen Reise via Libyen nach Italien. Siehe https://www.zalab.org/en/projects/like-a-man-on-earth/.

9 Helene Heusers Lehr- und Lernkonzept ist inzwischen schriftlich niedergelegt und zum Nachmachen frei zugänglich: Sophie Greilich, Helene Heuser und Nora Markard, *Teaching Manual Refugee Law Clinics* (Uni Hamburg 2020), abrufbar unter https://www.jura.uni-hamburg.de/lehrprojekte/law-clinics/refugee-law-clinic/publikationen/rlc-teaching-manual.pdf.

10 Das gleiche galt für jüdische Richter und Staatsanwälte, die Ende 1935 durch die Erste Verordnung zum Reichsbürgergesetz aus dem Beruf gedrängt wurden. Für sie alle legte die Erste Verordnung zur Ausführung des Rechtsberatungsgesetzes fest: Juden wird die nach dem Gesetz erforderliche Erlaubnis nicht erteilt. Nur diese Ausführungsvorschriften wurden 1945 mit dem Kontrollratsgesetz Nr. 1 aufgehoben, nicht das Gesetz selbst.

11 »Befähigung zum Richteramt« heißt das in dem Gesetz; eine Person, die die dafür nötigen zwei Staatsexamina bestanden hat, wird auch als Volljuristin bezeichnet. »Halbjuristinnen« gibt es allerdings nicht!

12 Einen Vorläufer gab es bereits in Bremen, dort galten die Beschränkungen des Rechtsberatungsgesetzes nur für entgeltliche Rechtsberatung. Und so konnte der Verein für

Rechtshilfe im Justizvollzug des Landes Bremen e. V. dort schon seit 1979 ehrenamtliche studentische Rechtsberatung anbieten.

13 Die Entwicklung schildern Laura Hilb und Lisa vom Felde in ihrem lesenswerten Aufsatz »Refugee Law Clinics in Deutschland – ein studentisches Modell für die Veränderung der juristischen Ausbildung?«, *Kritische Justiz* 2016, S. 220–232, hier S. 222–224. Der Aufsatz ist online frei abrufbar unter doi.org/10 5771/0023-4834-2016-2-220. Im Urteil des Supreme Court vom 26. Juni 2018 zu Präsident Trumps Reiseverbot für Muslime (*Trump v. Hawaii*, Aktenzeichen 17-965) zitiert beispielsweise Richter Breyer die »Rule of Law Clinic« der Yale Law School. Zum Fall *Sale v. Haitian Centers Council*, in dem es u. a. um Rückschiebungen auf See ging, berichten drei Studierende: Victoria Clawson, Elizabeth Detweiler und Laura Ho, Litigating as Law Students: An Inside Look at Haitian Centers Council, in: *The Yale Law Journal*, Band 103 (1994), S. 2337–2389.

14 So die Definition des European Network for Clinical Legal Education (ENCLE).

15 Nicht erlaubt sein soll eine Clinic zum Steuerrecht, obwohl an diesem Rechtsgebiet fast alle verzweifeln und professionelle Steuerberatung teuer ist: Chiara Prestin und Marcel Schneider, BGH zur geplanten Tax Clinic in Hannover: Studierende dürfen nicht im Steuerrecht beraten, *Legal Tribune Online* vom 10. Mai 2023, abrufbar unter https://www.lto.de/karriere/jura-studium/stories/detail/bgh-iizb1122-tax-law-clinic-keine-eintragung-verein.

16 Peggy Fiebig, Wenn Strafverfahren wieder aufgerollt werden, *Deutschlandfunk* vom 16.11 2020, als Artikel und Podcast abrufbar unter https://www.deutschlandfunkkultur.de/auch-justitia-kann-irren-wenn-strafverfahren-wieder-100.html.

17 Ein Interview dazu mit drei beteiligten Studierenden findet sich auf *ZEIT Campus* vom 25. April 2018, abrufbar unter https://www.zeit.de/campus/2018-04/polizeiaufgabengesetz-bayern-studenten-popularklage-verfassungsgerichtshof.

18 Seit einiger Zeit gibt es immerhin Kurse für »Schlüsselkompetenzen«, wie sie z. B. in § 7 Justizausbildungsgesetz NRW vorgesehen sind. Auch Praktika gehören schon lange zum Studium; allerdings fehlt dort meist die Erfahrung der eigenen Arbeit im direkten Kontakt mit Klient:innen.

19 Mailin Loock und Leonard Feil im LTO-Podcast *Allein unter Juristen* von 2018 (gemeinsam mit Nora Markard): »Studentische Rechtsberatung im Team – Refugee Law Clinic Hamburg«, abrufbar unter https://player.fm/series/allein-unter-juristen/lto-podcast-17-studentische-rechtsberatung-im-team-refugee-law-clinic-hamburg.

20 Ebenda.

21 So formuliert es der Europäische Gerichtshof für Menschenrechte: »as a matter of well-established international law and subject to its treaty obligations, a State has the right to control the entry of non-nationals into its territory.« *Abdulaziz, Cabales and Balkandali v. The United Kingdom*, Urteil vom 24. April 1984, Randnummer 67. Geklagt hatten drei Frauen, deren ausländische Ehemänner nicht mit ihnen in Großbritannien leben durften. Der Gerichtshof entschied, dass ihr Recht auf Familienleben dadurch nicht verletzt war. Allerdings befand er die britischen Regeln für geschlechtsdiskriminierend, weil sie es Männern einfacher machten, eine Ehefrau mitzubringen, als umgekehrt.

22 Siehe Artikel 12 Absatz 1 und Absatz 4 des Internationalen Pakts über bürgerliche und politische Rechte.

23 Claudena Skran, Historical Development of International Refugee Law, in: Andreas Zimmermann (Hrsg.), *The 1951 Convention Relating to the Status of Refugees and its 1967 Protocol: A Commentary* (Oxford University Press 2011), S. 6–36, hier S. 6 (eigene Übersetzung).

24 Vladimir Nabokov, *Sprich, Erinnerung, sprich. Wiedersehen mit einer Autobiographie* (Rowohlt 1984), S. 280 f. Nabokov lebte bis 1937 in Berlin und wanderte dann mit seiner jüdischen Frau über Frankreich in die USA aus. Am berühmtesten ist seine Novelle Lolita (1955); in dem im selben Jahr veröffentlichten Roman *Pnin* beschreibt er in oft ironisch-komischem Ton die unglückliche Situation eines kauzigen russischen Exilprofessors an einem US-amerikanischen College. Der Nansen-Pass, den er beschreibt, sollte es Staatenlosen ermöglichen, sich auszuweisen und ein Visum für die Reise in andere Länder zu bekommen.

25 Die Definition findet sich in Artikel 1, die Rechte vor allem in Artikel 3, 4 und 11–33 GFK. Die Rechte erfordern in der Regel nur die Gleichbehandlung mit anderen Gruppen, keine absoluten Standards, und sie nehmen zu, je stärker sich der Aufenthaltsstatus verfestigt.

26 1938 scheiterte die Konferenz von Évian, auf der Delegierte aus 32 Staaten in dem französischen Kurort zusammentrafen. Weder die USA, die eingeladen hatten, noch die anderen Staaten waren bereit, ihre Einwanderungsbeschränkungen zu lockern, aus Sorge vor negativen wirtschaftlichen Folgen. Stattdessen gründeten sie – getreu dem Grundsatz »Wenn du nicht mehr weiter weißt, gründe einen Arbeitskreis« – das Intergovernmental Committee on Refugees (ICR), das aber auch nicht mehr Erfolg hatte.

27 Das französische Verb *refouler* heißt in etwa »zurückdrängen«.

28 Der Europäische Gerichtshof für Menschenrechte hat das zuerst im Fall von Jens Soering festgestellt, einem Deutschen, der in den USA des Mordes angeklagt war und deswegen zu befürchten hatte, in einer Todeszelle zu landen: EGMR, *Soering v. The United Kingdom*, Urteil vom 7. Juli 1989. 2019 wurde er nach 33 Jahren Haft auf Bewährung freigelassen und nach Deutschland abgeschoben.

29 Hannah Arendt, Es gibt nur ein einziges Menschenrecht, in: *Die Wandlung*, 4. Jg. (1949), S. 754–770, hier S. 758 (Hervorhebung im Original). Der Text ist abrufbar auf http://www.hannaharendt.net. Arendt hat diese Gedanken später in ihrem großen Buch *Elemente und Ursprünge totaler Herrschaft* (1955) weiter ausgearbeitet, dessen englischsprachige Fassung bereits 1951 erschien.

30 Über die damalige Lage berichteten beispielsweise Human Rights Watch, *Pushed back, Pushed Around. Italy's Forced return of Boat Migrants and Asylum Seekers, Libya's Mistreatment of Migrants and Asylum Seekers* (2009), Nr. 1-56432-537, abrufbar unter http://www.hrw.org/sites/default/files/reports/italy0909webwcover_0.pdf, und Amnesty International, *The Battle for Libya: Killings, Disappearances and Torture* (2011), S. 79–90, abrufbar unter https://www.amnesty.org/en/documents/mde19/025/2011/en/, aber auch eine UN-Untersuchungskommission: Report of the International Commission of Inquiry to investigate all alleged violations of international human rights law in the Libyan Arab Jamahiriya, 1. Juni 2011, UN Doc. A/HRC/17/44, abrufbar unter https://www.ohchr.org/sites/default/files/english/bodies/hrcouncil/docs/17session/A.HRC.17.44_AUV.pdf.

31 Die Fotoreportage von Enrico Dagnino ist am 14. Mai 2009 unter dem Titel »Immigrants: le rêve brisé« in der französischen Zeitschrift *Paris Match* erschienen; sie ist abrufbar unter https://www.parismatch.com/Actu/International/Exclusif-Immigrants-le-reve-brise-Italie-Berlusconi-Europe-clandestins-139587.

32 Sonja Buckel beschreibt die Einzelheiten des Falles in ihrem Buch *»Welcome to Europe« – Die Grenzen des europäischen Migrationsrechts: Juridische Auseinandersetzungen um das »Staatsprojekt Europa«* (transcript 2013), S. 298–309, das auf der Verlagswebsite frei verfügbar ist: https://www.transcript-verlag.de/978-3-8376-2486-1/welcome-to-europe-die-grenzen-des-europaeischen-migrationsrechts/?number=978-3-8394-2486-5.

33 Ebenda, S. 301.

34 EGMR, *Hirsi Jamaa v. Italy*, Urteil vom 23. Februar 2012.

35 Zu Libyen berichtet beispielsweise Reporter ohne Grenzen, Italy-Libya agreement: Five years of EU-sponsored abuse in Libya and the central Mediterranean, 2. Februar 2022, abrufbar unter https://www.msf.org/italy-libya-agreement-five-years-eu-sponsored-abuse-libya-and-central-mediterranean. Die Vermissten und Ertrunkenen dokumentiert das »Missing Migrants Project« der International Organisation for Migration (IOM), https://missingmigrants.iom.int/. Das Wochenmagazin *Der Spiegel* berichtet immer wieder über Pushbacks, zum Beispiel am 19. Mai 2023: »Video zeigt lückenlos illegalen Pushback«, abrufbar unter https://www.spiegel.de/ausland/griechenland-video-dokumentiert-illegalen-pushback-lueckenlos-a-eab88940-0411-4ca0-890e-e18c38442f9f.

36 Die »Seebrücke« hat in vielen Kommunen Lokalgruppen, die unter https://www.seebruecke.org/mach-mit zu finden sind. Eine faszinierende Dokumentation eines Bootes, das 2011 während des NATO-Einsatzes über Tage nicht gerettet wurde, hat die Gruppe »Forensic Architectures« erstellt: https://forensic-architecture.org/investigation/the-left-to-die-boat; auf ihrer Startseite sind viele weitere Dokumentationen zu entdecken. Das »Watch the Med Alarmphone« ist hier zu finden: https://alarmphone.org/de/ueber-uns/. Ein Interview aus der Anfangszeit von Sea-Watch im April 2015 ist hier nachzulesen: https://www.br.de/puls/themen/welt/seawatch-fluechtlinge-retten-interview-ruben-neugebauer-100.html. Das »Global Legal Action Network« hat einen Fall zur Kooperation Italiens mit Libyen nach Straßburg gebracht, die Einzelheiten finden sich hier: https://www.glanlaw.org/nivincase. Die Londoner Juraprofessorin Violeta Moreno-Lax, die die Kläger:innen vertritt, hat die rechtlichen Argumente in einem Fachaufsatz veröffentlicht, der zu den meistgelesenen Aufsätzen des *German Law Journal* gehört (frei abrufbar unter https://www.cambridge.org/core/journals/german-law-journal/issue/053BC7BB84671FEFEFA74A7B6B3C7A7A). Zu den Fällen des »European Center for Constitutional and Human Rights« (ECCHR) in Berlin siehe https://www.ecchr.eu/border-justice/.

37 Die Geschichte der Organisation ist hier dokumentiert: https://www.equal-rights.org/de/about/our-story.

38 Fabian Scheunemann, EU-Asylpolitik: »Wir haben in Europa ein Rechtsstaatsproblem«, *Frankfurter Rundschau* vom 27. Juli 2023, abrufbar unter https://www.fr.de/politik/asylpolitik-eu-asylverfahren-europa-griechenland-pushbacks-kuestenwache-rechtsstaat-strafverfahren-92332767.html.

Sozialrecht

1 Die umfangreichen Regeln des Sozialstaats sind in Gesetzbüchern zusammengefasst, die der Einfachheit halber durchnummeriert werden. Sozialgesetzbuch I, Sozialgesetzbuch II, Sozialgesetzbuch III … Jedes »Buch« hat ein eigenes Thema, das erste enthält allgemeine Regeln und Grundsätze, das zehnte enthält Regeln zum Verfahren. Die übrigen behandeln einzelne Bereiche, da gibt es zum Beispiel eines zur Rente, eines zur Grundsicherung für Arbeitssuchende, eines zur Krankenversicherung, eines zur Sozialhilfe für nicht Erwerbsfähige – und eben eines zur Rehabilitation und Teilhabe von behinderten Menschen. Zum 1. Januar 2024 ist ein neues, weiteres Sozialgesetzbuch in Kraft getreten, in dem es um die Entschädigung von Opfern von Gewalttaten geht, und eigentlich wäre dies nach der bisherigen Zählung die Nummer XIII. Stattdessen hat die gesetzgebende Gewalt aber entschieden, die Unglückszahl 13 aus Rücksicht auf abergläubische Menschen auszulassen und stattdessen direkt zur 14, also zum Sozialgesetzbuch XIV, zu springen.

2 So ergibt es sich aus dem Beschluss des Bundessozialgerichts vom 18. November 2021 – B 9 SB 34/21 B.

3 Eines der schönsten Porträts von Theresia Degener hat die Journalistin Julia Prosinger geschrieben: Radikal normal, *Badische Zeitung* vom 15. Dezember 2014.

4 Martin Theben, Heute vor 40 Jahren begann das Krüppel-Tribunal in Dortmund, *kobinet-nachrichten: Tagesaktuelle Nachrichten zur Behindertenpolitik*, 12. Dezember 2021, abrufbar unter https://kobinet-nachrichten.org/2021/12/12/heute-vor-40-jahren-begann-das-krueppel-tribunal-in-dortmund/. Susanne von Daniels, Theresia Degener und andere haben die Materialien des Tribunals veröffentlicht: *Krüppel-Tribunal: Menschenrechtsverletzungen im Sozialstaat* (Pahl-Rugenstein 1983), frei abrufbar unter https://archiv-behindertenbewegung.org/media/6_krueppel-tribunal-low.pdf.

5 Oberlandesgericht Köln, Urteil vom 8. Januar 1998, Aktenzeichen 7 U 83/96. Das Zitat geht wie folgt weiter: »Es ist eine Eigenart des menschlichen Gehörs, daß es auf ungewohnte, auffällige Geräusche mit besonderer Aufmerksamkeit und Empfindlichkeit reagiert […]. Daß die erzwungene Wahrnehmung solcher Geräusche als unangenehm und störend empfunden wird, beruht auf einem weitgehend reflexartigen Verhalten, das auch für einen um Toleranz bemühten ›verständigen‹ Menschen nur begrenzt beherrschbar ist.«

6 Einige Jahre später hat es in Deutschland eine Gesetzesänderung gegeben, die zumindest bei Kinderlärm verhindert, dass Nachbarn weiter gegen Kinder und deren Eltern wegen Lärmbelästigung klagen können. Im Jahr 2011 fügte der Bundestag eine Vorschrift in Paragraf 22 Bundesimmissionsschutzgesetz, Absatz 1a ein. Danach sind »Geräuscheinwirkungen«, die von Kitas, Kinderspielplätzen und ähnlichen Einrichtungen »hervorgerufen werden«, im Regelfall keine »schädlichen Umwelteinwirkungen« mehr, was zur Folge hat, dass Beschwerden gegen sie in der Regel zwecklos sind. Aber für Menschen mit Behinderung gibt es das weiterhin nicht. Stattdessen orientieren sich einige Gerichte noch immer an den Maßstäben, die das Oberlandesgericht Köln 1998 aufgestellt hatte, etwa das Amtsgericht Bonn, Urteil vom 26.03 2014, Aktenzeichen 101 C 194/13, abrufbar unter https://openjur.de/u/686056.html.

7 Der Vergleich mit der anderweitigen historischen Segregation an Schulen ist natürlich absichtlich drastisch. Der Oberste Gerichtshof der USA, der Supreme Court, hielt 1896 in seiner Entscheidung *Plessy v Ferguson* getrennte Schulen für weiße und schwarze Kinder

für unbedenklich, weil sie zwar trennten, aber qualitativ vergleichbar seien – die berüchtigte Formel von »separate, but equal« war geboren. Doch 1954 erkannte der Supreme Court diese Schulen als das, was sie waren: verbotene rassistische Diskriminierung.

8 Bundesverfassungsgericht, Beschluss vom 8. Oktober 1997, Aktenzeichen 1 BvR 9/97, BVerfGE 96, 288.

9 Ebenda, S. 303: »Vielmehr kann eine Benachteiligung auch bei einem Ausschluß von Entfaltungs- und Betätigungsmöglichkeiten durch die öffentliche Gewalt gegeben sein, wenn dieser nicht durch eine auf die Behinderung bezogene Förderungsmaßnahme hinlänglich kompensiert wird. Wann ein solcher Ausschluß durch Förderungsmaßnahmen so weit kompensiert ist, daß er nicht benachteiligend wirkt, läßt sich nicht generell und abstrakt festlegen. Ob die Ablehnung einer vom Behinderten erstrebten Ausgleichsleistung und der Verweis auf eine andere Entfaltungsalternative als Benachteiligung anzusehen sind, wird regelmäßig von Wertungen, wissenschaftlichen Erkenntnissen und prognostischen Einschätzungen abhängen.«

10 Theresia Degener, Verfassungsrechtliche Probleme der Behindertendiskriminierung in Deutschland, in: *Kritische Justiz* 2000, S. 425 (428), online frei abrufbar unter https://doi.org/10 5771/0023-4834-2000-3-425. »Mit seiner Entscheidung hat das Bundesverfassungsgericht maßgeblich dazu beigetragen, das Sonderschulwesen in der Bundesrepublik in seinem Bestand zu festigen«, kritisieren auch die beiden Rechtswissenschaftler:innen Angelika Siehr und Michael Wrase, Das Recht auf inklusive Schulbildung, in: *Recht der Jugend und des Bildungswesens, RdJB* 2/2014, S. 161 ff., hier S. 174.

Inzwischen ist das Bundesverfassungsgericht schon deutlich zugewandter geworden. So zieht es nun regelmäßig die UN-Behindertenrechtskonvention heran, wenn es das Diskriminierungsverbot in Artikel 3 Absatz 3 Satz 2 Grundgesetz auslegt. Und hat zum Beispiel dafür gesorgt, dass Menschen, die wegen psychischer Einschränkungen eine rechtliche »Betreuung« brauchen, also auf Unterstützung bei Behördengängen oder Rechtsgeschäften angewiesen sind, nicht mehr automatisch vom Wahlrecht ausgeschlossen sind. So steht es im Beschluss vom 29. Januar 2019, BVerfGE 151, 1 – *Wahlrechtsausschluss.*

11 Die Wahrscheinlichkeit, schwerbehindert zu sein, steigt mit zunehmendem Alter stark an: Von den 65-Jährigen und Älteren ist nach deutschen Berechnungen etwa ein Viertel schwerbehindert, bei den unter 35-Jährigen sind es weniger als zwei Prozent. Ende 2021 hielt das Statistische Bundesamt fest: 90 Prozent der schweren Behinderungen wurden durch eine Krankheit verursacht, nur etwa 3 Prozent der Behinderungen waren angeboren oder traten im ersten Lebensjahr auf. Auf die gesamte Bevölkerung gerechnet lag die Schwerbehindertenquote bei 9,4 Prozent. Statistisches Bundesamt, Pressemitteilung Nr. 259 vom 22. Juni 2022, abrufbar unter https://www.destatis.de/DE/Presse/Pressemitteilungen/2022/06/PD22_259_227.html.

12 Theresia Degener, Unterstützte gleiche Freiheit: Zum Innovationspotenzial der Behindertenrechtskonvention der Vereinten Nationen, in: Susanne Baer und Ute Sacksofsky (Hrsg.), *Autonomie im Recht – Geschlechtertheoretisch vermessen* (Nomos 2018), S. 61–70, hier S. 62–63.

13 Deutsches Institut für Menschenrechte, Monitoring-Stelle UN-Behindertenrechtskonvention, Parallelbericht an den UN-Ausschuss für die Rechte von Menschen mit Behinderungen zum 2./3. Staatenprüfverfahren Deutschlands Juli 2023, S. 38, abruf-

bar unter https://www.institut-fuer-menschenrechte.de/fileadmin/Redaktion/Publikationen/Parallelbericht/DIMR_Parallelbericht_an_UN-Ausschuss_fuer_die_Rechte_von_Menschen_mit_Behinderungen_2023.pdf. Der UN-Ausschuss hat sich in seinen »Abschließenden Bemerkungen« dieser Kritik angeschlossen: Concluding observations on the combined second and third periodic reports of Germany, 3. Oktober 2023, abrufbar unter https://www.institut-fuer-menschenrechte.de/aktuelles/detail/mehr-inklusion-von-menschen-mit-behinderungen-menschenrechtsinstitut-sieht-bund-laender-und-kommunen-nach-un-pruefung-in-der-pflicht.

14 Julia Prosinger, Radikal normal, *Badische Zeitung* vom 15. Dezember 2014.

15 Die Dinge, die ein Mensch zum Existieren braucht, sollte er oder sie niemals erbetteln müssen, sondern selbstbewusst einfordern dürfen. Das macht den Unterschied zwischen Almosen – und einem modernen Sozialrecht. Diesen Gedanken hat das Bundesverwaltungsgericht schon 1954 herausgearbeitet. Während man in der Tradition der preußischen »Armenpflege« (und später weiterhin) davon ausgegangen sei, dass »Fürsorge dem Bedürftigen lediglich aus Gründen der öffentlichen Ordnung, nicht aber um seiner selbst willen zu gewähren sei […] und daß er daher nicht Subjekt der behördlichen Verpflichtung, sondern nur Objekt des behördlichen Handelns« sei, sei seit Inkrafttreten des Grundgesetzes »das Fürsorgerecht dahin auszulegen, daß die Rechtspflicht zur Fürsorge deren Träger gegenüber dem Bedürftigen obliegt und dieser einen entsprechenden Rechtsanspruch hat.« Denn: »Der Einzelne ist zwar der öffentlichen Gewalt unterworfen, aber nicht Untertan, sondern Bürger. Darum darf er in der Regel nicht lediglich Gegenstand staatlichen Handelns sein. Er wird vielmehr als selbständige sittlich verantwortliche Persönlichkeit und deshalb als Träger von Rechten und Pflichten anerkannt. Dies muß besonders dann gelten, wenn es um seine Daseinsmöglichkeit geht.« Nachlesbar unter der Abkürzung BVerwGE 1, 159 – *Fürsorge*, abrufbar unter http://www.hartzkampagne.de/urteile/24.htm.

16 »Das Sozialstaatsprinzip stellt […] dem Staat eine Aufgabe, sagt aber nichts darüber, wie diese Aufgabe im einzelnen zu verwirklichen ist«, so hat es das Bundesverfassungsgericht einmal in einem Urteil von 1982 formuliert. BVerfGE 59, 231 (262) – *freier Rundfunkmitarbeiter*. Der Katalog der Leistungen, die Krankenversicherungen übernehmen, wird vom Gemeinsamen Bundesausschuss festgelegt. Er besteht aus drei unparteiischen Mitgliedern sowie aus Vertreter:innen der gesetzlichen Krankenkassen, der Krankenhäuser und der Vertragsärzteschaft. Vertreter:innen von Patientenorganisationen nehmen an den Sitzungen teil und haben dort Mitberatungs- und Antragsrecht. Das Bundesverfassungsgericht hat allerdings immer wieder Zweifel an der demokratischen Legitimation dieses Gremiums deutlich werden lassen.

17 Bei den privaten Krankenkassen hingegen richten sich die Beiträge (Prämien) nicht nach dem Einkommen, sondern nach dem Risiko, krank zu werden.

18 Bundesverfassungsgericht, Beschluss vom 6. Dezember 2005, BVerfGE 115, 25, Rn. 64–65. In Anspielung auf das Datum wird die Entscheidung auch *Nikolaus-Beschluss* genannt.

19 In der Rechtswissenschaft haben viele mit Erstaunen zur Kenntnis genommen, dass die Karlsruher Richter:innen erklärten, die »Eignung« einer umstrittenen Therapiemethode könne sich »auch aus der wissenschaftlichen Diskussion ergeben«, die noch nicht abgeschlossen sei, und dass die Richter:innen dabei sogar »den unteren Gerichten eine Homepage zur medizinischen Fortbildung« empfahlen. »Die Sozialge-

richte werden dies mit Unglauben zur Kenntnis genommen haben«, kommentierte der Verfassungsrechtler Christoph Möllers damals: Recht kann Leben retten. Ein Fall von höchstrichterlicher Selbstüberschätzung, *Frankfurter Allgemeine Zeitung* vom 29. März 2006. Entsetzt waren natürlich auch die Krankenkassen.

20 Ja, das sei zu viel verlangt, fand das Bundesverfassungsgericht und lehnte die Finanzierung der nötigen intravenösen Immunglobulin-Therapie ab; Beschluss vom 11. April 2017, Aktenzeichen 1 BvR 452/17. Recht so, kommentierte der Bochumer Sozialrechtler Stefan Huster auf dem *Verfassungsblog:* »Dass wir nun aus verfassungsrechtlichen Gründen verpflichtet sind, selbst bei nicht lebensbedrohlichen Erkrankungen medizinische Leistungen im Wert von gediegenen Einfamilienhäusern zur Verfügung zu stellen, obwohl sich bisher niemand in einem halbwegs koordinierten Verfahren deren Wirksamkeit und Nutzen angeschaut hat – das war dann wohl selbst dem Verfassungsgericht zu viel.« Ein Gericht rudert zurück: »Nikolaus« ohne Haus, *Verfassungsblog* vom 14. Mai 2017, abrufbar unter https://verfassungsblog.de/ein-gericht-rudert-zurueck-nikolaus-ohne-haus/.

21 Nein, die Schwangere, die sich mit dem für den Fötus so gefährlichen Zytomegalie-Virus infiziert hat, müsse dieses Risiko selbst tragen, entschied das Bundessozialgericht mit Urteil vom 24. Januar 2023, Aktenzeichen B 1 KR 7/22 R. Es gibt zwar ein Medikament, das in dieser Situation oft angewendet wird und wohl auch funktioniert, aber da es keine Zulassung für diesen Zweck hat, verwies das Gericht die Klägerin darauf, sie müsse das eben selbst zahlen. Als zu hart kritisieren das Stefan Huster und Lara Wiese auf dem *Gesundheitsrecht-Blog:* Auf dem Nikolaus-Schlitten in die Verfassungswidrigkeit? Verfassungsrechtliche Einwände gegen ein neues Urteil des BSG, abrufbar unter https://gesundheitsrecht.blog/auf-dem-nikolaus-schlitten/.

22 Ja, dagegen spricht etwas, hat das Sozialgericht Dortmund entschieden, mit Urteil vom 16. April 2019, Aktenzeichen S 8 KR 1740/18. Denn als Therapiemittel anerkannt seien nur Blindenhunde, alle anderen Haustiere müsse jede Privatperson bitte als ihre Privatsache betrachten, quasi ihr Hobby, und selbst finanzieren. Auch im Falle einer Suizidalität müsse die Klägerin sich deshalb bitte um herkömmliche, medizinische anerkannte Therapien bemühen – und sich damit abfinden, dass die Solidargemeinschaft eben nicht für Sonderwünsche aufkomme.

Völkerrecht

1 IGH, *Allegations of Genocide under the Convention on the Prevention and Punishment of the Crime of Genocide (Ukraine v. Russian Federation)*, CR 2022/5, Protokoll der mündlichen Verhandlung vom 7. März 2022, S. 67, Rn. 36 (dieses und alle weiteren Zitate aus dem Protokoll sind eigene Übersetzung aus dem Englischen).

2 Protokoll der mündlichen Verhandlung, ebenda, S. 14–15, Rn. 12–13.

3 Protokoll der mündlichen Verhandlung, ebenda, S. 68, Rn. 39.

4 Umstritten war das in den 1990er-Jahren unter dem Label »humanitäre Intervention«; dazu später mehr.

5 Diese allgemeinen Unterwerfungserklärungen (und Details über zurückgezogene Erklärungen) sind abrufbar unter https://treaties.un.org/pages/ViewDetails.aspx?src=IND&mtdsg_no=I-4&chapter=1&clang=_en#top.

6 Dieser Schritt folgte auf die Übernahme des UN-Sitzes durch die Kommunistische Partei Chinas; bis 1971 hatte ihn die ins Exil geflüchtete Kuomintang-Regierung ausgeübt.

7 UN-Sicherheitsrat, Protokoll der Sitzung vom 25. Februar 2022, UN Doc. S/PV 8979, S. 6.

8 Im Februar 2022 waren die folgenden zehn Staaten nichtständige Mitglieder im UN-Sicherheitsrat: Albanien, Brasilien, Gabun, Ghana, Indien, Irland, Kenia, Mexiko, Norwegen und die Vereinigten Arabischen Emirate.

9 Die »normale« Mehrheit von neun Stimmen reicht nur bei Verfahrensfragen; das regelt Artikel 27 der UN-Charta.

10 Die Formulierung stammt aus einem Streit um die Erstürmung eines Dampfers, der *Caroline*, auf dem US-Grenzfluss Niagara durch britische Truppen im Jahr 1841. Diese kämpften in Kanada gegen Aufständische, die die USA als Rückzugsgebiet benutzten. Die Briten beriefen sich auf Selbstverteidigung. Der damalige US-Außenminister Daniel Webster entgegnete: »It will be for that Government to show a necessity of self-defence, instant, overwhelming, leaving no choice of means, and no moment for deliberation.« Seine »Webster-Formel« zu den Voraussetzungen des Selbstverteidigungsrechts gilt heute als Völkergewohnheitsrecht.

11 UN-Sicherheitsrat, Protokoll der 4714. Sitzung, 7. März 2002, UN Doc. S/PV 4714.

12 Die *BBC* schätzt, dass am 15. Februar 2003 zwischen sechs und zehn Millionen Menschen auf die Straße gingen. In Berlin demonstrierten 300 000 bis 500 000 Menschen, in London – die britische Regierung beteiligte sich an dem Einsatz – waren es zwischen 750 000 und einer Million. Millions join global anti-war protests, *BBC News* vom 17. Februar 2003.

13 Hintergrund der sogenannten »Politik des leeren Stuhls« ist die chinesische Revolution: Die Kommunistische Partei Chinas eroberte das Festland, die nationalistische Kuomintang-Regierung zog sich auf die Insel Taiwan zurück, vertrat China aber weiterhin bei der UNO. Der sowjetische Vertreter Jakob Malik beantragte daraufhin den Ausschluss des chinesischen Vertreters im Sicherheitsrat. Als sein Antrag scheiterte, verließ er aus Protest die Sitzung; sein Walk-out ist dokumentiert im Protokoll der 461. Sitzung des Sicherheitsrats, UN Doc. S/PV 461. Erst 1971 übernahm die Volksrepublik China den chinesischen Sitz im Sicherheitsrat.

14 UN-Sicherheitsrat, Resolution 82 vom 25. Juni 1950, UN Doc. S/RES/82/1950: Feststellung eines Bruchs des Friedens; Resolution 84 vom 27. Juni 1950, UN Doc. S/RES/84/1950: Aufstellung einer UN-Truppe unter US-Führung; Resolution 85 vom 31. Juli 1950, UN Doc. S/RES/85/1950: Aufforderung an die UN-Truppe, der koreanischen Zivilbevölkerung Hilfe zu leisten.

15 UN-Sicherheitsrat, Resolution 827 vom 25. Mai 1993, UN Doc. S/RES/827 (1993).

16 Das UN-Kriegsverbrechertribunal bestätigte ihn erstmals in der Verurteilung des serbischen Generals Radislav Krstić zu 35 Jahren Gefängnis: ICTY, *Prosecutor v. Radislav Krstić*, Berufungs-Urteil vom 19. April 2004, Aktenzeichen IT-98-33-A.

17 2019 erreichten die »Mütter von Srebrenica« ein Urteil des niederländischen Obersten Gerichts, dass die niederländischen Blauhelme zu 10 Prozent Mitschuld trügen, da die Wahrscheinlichkeit, dass sie den Völkermord hätten verhindern können, bei 10 Prozent gelegen habe. Hoge Raad, Urteil vom 19. Juli 2019, Aktenzeichen 17/04567, auf Englisch abrufbar unter https://uitspraken.rechtspraak.nl/#!/details?id=ECLI:NL:

HR:2019:1284. Zuvor waren sie mit einer Klage gegen die UNO gescheitert, da diese – so wie auch ausländische Staaten – als immun gilt; Urteil vom 13. April 2012, Aktenzeichen 10/04437.

18 Wolfgang Kaleck, *Die konkrete Utopie der Menschenrechte. Ein Blick zurück in die Zukunft* (S. Fischer 2021), S. 93.

19 Mehr zu diesem Fall gibt es im Kapitel »Grundrechte« nachzulesen.

20 So haben deutsche Gerichte Täter aus den Reihen des syrischen Regimes angeklagt und verurteilt – in Prozessen, die weltweit wahrgenommen und von syrischen Exilant:innen mit großer Genugtuung verfolgt wurden. Ein anderes Beispiel: Kaleck hatte schon 2006 versucht, den damaligen US-Verteidigungsminister Donald Rumsfeld wegen Folterverbrechen im Irakkrieg vor Gericht zu bringen. Seine Strafanzeige wurde von der deutschen Bundesanwaltschaft zwar rasch zu den Akten gelegt und nicht weiter verfolgt – trotzdem sagte Rumsfeld kurzfristig seine Teilnahme an einer internationalen Tagung, der Münchner Sicherheitskonferenz, ab. Das ECCHR widmet sich auch weiteren Menschenrechtsthemen; mehr dazu unter www.ecchr.eu.

21 Einer der Ankläger in Nürnberg, der US-Amerikaner Benjamin Ferencz, ist später einmal gefragt worden, weshalb man denn dort nach dem Zweiten Weltkrieg nur 24 Nazi-Hauptkriegsverbrecher angeklagt habe. Warum nicht 124 zum Beispiel oder 240? Seine Antwort war: Weil die hölzerne Anklagebank in Nürnberg leider nicht länger war. Das war sicher halb scherzhaft, aber auch halb ernst gemeint. Denn egal, wie viele der vielen Tausend NS-Verbrecher die Alliierten herausgegriffen hätten für einen solchen Prozess – die Zahl wäre immer zu niedrig gewesen. Sie wäre letztlich immer willkürlich geblieben. Immer nur symbolisch.

22 Ausführlich zu diesem Problem: Ronen Steinke, *The Politics of International Criminal Justice* (Hart 2011), S. 15–39.

23 In *Die konkrete Utopie der Menschenrechte* (Anmerkung 18) schreibt Kaleck auf S. 93: »Bereits seit den Nürnberger Prozessen wird diskutiert, ob das Strafrecht die richtige Antwort auf Systemunrecht, also von Staatsapparaten begangene und gesteuerte Menschenrechtsverletzungen, sein kann. Denn im Strafprozess sind die Gerichte auf die prozessuale Wahrheit und die Schuldfeststellung gegen einzelne Täter*innen beschränkt. Dies wird als die Individualisierung von Systemunrecht kritisiert.«

24 Ebenda, S. 103.

25 Gary J. Bass, *Stay the Hand of Vengeance* (Princeton University Press 2000), S. 200.

26 Frédéric Mégret, The Politics of International Criminal Justice, in: *European Journal of International Law*, Band 13, Heft 5 (2002), S. 1275–1284.

27 Am 23. April 1999 hatten NATO-Kampfjets das Gebäude von Radio Television of Serbia (RTS) beschossen und dabei 16 Angestellte getötet. Das Völkerrecht erlaubt Angriffe aber nur gegen militärische Ziele. Die NATO argumentierte, der Sender unterstütze die serbische Propaganda und gehöre zum Kommunikationsnetzwerk der Armee.

28 Ausführlich hierzu Ronen Steinke, *The Politics of International Criminal Justice* (Anmerkung 22).

29 Victor Peskin, *International Justice in Rwanda and the Balkans* (Cambridge University Press 2008), S. 162, 192, 210.

30 Das Tauziehen zwischen feministischen NGOs und konservativen Staaten – etwa dem Vatikan – beschreibt Valerie Oosterveld, Constructive Ambiguity and the Meaning of »Gender« for the International Criminal Court, in: *International Feminist Journal of Politics* Band 16, Nr. 4 (2014), S. 563–580.

31 Das gilt allerdings nicht für das Delikt des Angriffskriegs; hier muss auch der Täterstaat Mitglied sein.

32 Siehe z. B. David Hoile, *Justice Denied: The Reality of the International Criminal Court* (Africa Research Center 2014). Allerdings wurden die ersten afrikanischen Fälle von den jeweiligen Regierungen selbst an den Strafgerichtshof übergeben – weil sie sich dadurch wirksam als Wahrerinnen des Völkerrechts inszenieren konnten. Ausgetreten sind bisher nur Burundi und die Philippinen, denen jeweils selbst Ermittlungen drohten.

33 Der Sicherheitsrat kann die Ermittlungen des Internationalen Strafgerichtshofs auch stoppen, wenn er den Eindruck hat, dass sie den Frieden gefährden. Nach Artikel 16 des Rom-Statuts kann er den Gerichtshof zwingen, seine Ermittlungen für ein Jahr auszusetzen, theoretisch beliebig oft. Das ist bislang aber noch nie geschehen. Auch nicht im Fall Sudan, wo die Afrikanische Union befürchtete, der Haftbefehl gegen Staatschef Omar Al-Bashir gefährde die Befriedung; auch hierfür hagelte es Kritik aus dem Globalen Süden.

34 UN-Generalversammlung, Pressemitteilung vom 12. Juli 2022: Following Debate over Text-Based Process, General Assembly Adopts Oral Decision to Continue Intergovernmental Negotiations on Security Council Reforms, UN Doc. GA/12435.

35 Eine sehr gute Darstellung des Diskussionsstands mit Beiträgen aus aller Welt findet sich hier: Stewart Patrick (Hrsg.), *UN Security Council Reform: What the World Thinks* (Carnegie Endowment for International Peace 2023), S. 4–5.

36 UN-Generalversammlung, Resolution 377(V) vom 3. November 1950, deutsche Übersetzung abrufbar unter https://www.un.org/depts/german/gv-early/ar377.pdf.

37 Angerufen wurde sie durch den Sicherheitsrat (Resolution S/RES/2623 (2022)), wiederum mit 11:1 Stimmen – allerdings gilt eine solche Anrufung als Verfahrensfrage, sodass das Veto Russlands keine Auswirkungen hatte.

38 Resolution A/RES/ES-11/1. Mit Nein stimmten nur fünf der anwesenden 181 Staaten: Belarus, Eritrea, Nordkorea, Russland und Syrien. China und 34 andere Staaten enthielten sich.

39 Louis Henkin, *How Nations Behave* (Columbia University Press, 1979), S. 47 (eigene Übersetzung).

40 BVerfG, Urteil vom 12. Juli 1994, BVerfGE 90, 286 – *Out-of-Area*-Einsätze. Auch hier ging es um einen NATO-Einsatz, nicht nur außerhalb einer kollektiven Verteidigung (für die die NATO eigentlich da ist), sondern auch außerhalb des Gebiets ihrer Mitglieder (»out of area«). Das Bundesverfassungsgericht hielt das Grundgesetz nicht für verletzt, verlangte aber eine Einbindung des Parlaments.

41 Joschka Fischer, Rede auf dem Außerordentlichen Parteitag der Grünen am 13. Mai 1999, Auszüge abrufbar auf https://www.spiegel.de/politik/deutschland/wortlaut-auszuege-aus-der-fischer-rede-a-22143.html.

42 Auch für seine entsetzliche Behauptung, »Schwangeren Frauen wurden nach ihrer Ermordung die Bäuche aufgeschlitzt und die Föten gegrillt«, gibt es bis heute keine Belege. Vgl. Mathis Feldhoff und Volker Steinhoff, Enthüllungen eines Insiders – Schar-

pings Propaganda im Kosovo-Krieg, *Panorama* vom 18. Mai 2000, Transkript der Sendung abrufbar auf https://daserste.ndr.de/panorama/archiv/2000/Enthuellungen-eines-Insiders-Scharpings-Propaganda-im-Kosovo-Krieg,erste7422.html; Franziska Augstein, Als die Menschenrechte schießen lernten, *Süddeutsche Zeitung* vom 11. Mai 2010, abrufbar unter https://www.sueddeutsche.de/politik/kosovo-krieg-1999-als-die-menschenrechte-schiessen-lernten-1 457678. Minutiös aufbereitet in Hans-Peter Kriemann, *Hineingerutscht? Deutschland und der Kosovo-Krieg* (Vandenhoeck & Ruprecht 2021).

43 Auf die Gefahren des Schweigens haben Mehrdad Payandeh und Helmut Aust hingewiesen: Praxis und Protest im Völkerrecht – Erosionserscheinungen des Gewaltverbots im Syrien-Konflikt und die Verantwortung der Bundesregierung, in: *Juristen-Zeitung* 2018, S. 633–643.

44 UN-Sicherheitsrat, Protokoll der Sitzung vom 25. Februar 2022, S/PV 8970, S. 8–9. Ein Video der Rede ist abrufbar auf https://media.un.org/en/asset/k1e/k1epflppn0 (ab Minute 40:50).

45 Klar umrissen wurde in Berlin erst einmal nur der einer privaten Gesellschaft unterstellte »Kongo-Freistaat«, in dem Handelsfreiheit herrschen sollte (der belgische König Leopold II. verwandelte ihn allerdings rasch in eine Kolonie). Die Kongo-Konferenz legte aber auch die völkerrechtlichen Grundprinzipien fest, nach denen sich der weitere »Wettlauf um Afrika« richtete. Eine differenzierte Einordnung der Konferenz findet sich z. B. bei Helmut Bley, Künstliche Grenze, natürliches Afrika? Um die Berliner Kongokonferenz von 1884–1885 ranken sich allerhand Mythen, in: *iz3w* Nr. 282 (Januar/Februar 2005), S. 14ff., abrufbar unter https://www.freiburg-postkolonial.de/Seiten/Bley-Kongokonferenz.htm.

46 Gut lesbare, frei abrufbare Artikel zum kolonialen Recht finden sich im Heft »Import/Export – Koloniale und postkoloniale Verhältnisse« der studentischen Zeitschrift *Forum Recht* (z. B. Judith Schacherreiter, Herrschaft über Heiden, wilde Horden und Ungläubige: Juristisch-theologische Rechtfertigungsversuche des spanischen Kolonialismus, abrufbar unter https://forum-recht-online.de/wp/?heft=2011-3), und im Schwerpunkt der Zeitschrift *Kritische Justiz* zu »Postkolonialismus und Recht« (z. B. Maximilian Pichl, Die Verrechtlichung der Welt: Ansätze einer postkolonialen Rechtstheorie, abrufbar unter https://doi.org/10 5771/0023-4834-2012-2).

47 Antony Anghie, Die Evolution des Völkerrechts: Koloniale und postkoloniale Realitäten, in: *Kritische Justiz* 2009, S. 49–63, Zitat auf S. 59 (online frei abrufbar unter https://doi.org/10 5771/0023-4834-2009-1-49).

48 Artikel 38 IGH-Statut zählt die Rechtsquellen auf, die das Völkerrecht kennt und die der Gerichtshof dementsprechend anwendet.

49 Der Gerichtshof lässt offen, ob die Konvention aus anderen Gründen auf das Handeln der britischen Regierung anwendbar sein könnte, da die Klageberechtigung der Opfer jedenfalls mit einem im Rahmen einer früheren Klage 1982 geschlossenen Vergleich erloschen sei; EGMR, *Chagos Islanders v. The United Kingdom*, Beschwerde Nr. 35622/04, Entscheidung vom 11. Dezember 2012.

50 Philippe Sands, *Die letzte Kolonie – Verbrechen gegen die Menschlichkeit im Indischen Ozean* (S. Fischer, 2023).

51 IGH, *Legal Consequences of the Separation of the Chagos Archipelago from Mauritius in 1965*, Gutachten vom 25. Februar 2019 (eigene Übersetzung).

52 Internationaler Seegerichtshof, *Dispute concerning delimitation of the maritime boundary between Mauritius and Maldives in the Indian Ocean (Mauritius/Maldives), Preliminary Objections*, Urteil vom 28. Januar 2021. Die abschließende Entscheidung im Grenzstreit zwischen Mauritius und den Malediven folgte am 28. April 2023.

53 Daniel Boffey, Negotiations on Chagos Islands' sovereignty face legal challenge, *The Guardian* vom 9. Januar 2023, abrufbar unter https://www.theguardian.com/world/2023/jan/09/negotiations-chagos-islands-sovereignty-legal-challenge-talks-uk-mauritius.

54 Dazu das Kapitel »Kolonialpolitik als Genozid. Der ›Herero-Aufstand‹ in Deutsch-Südwestafrika«, in: Wolfgang Benz, *Ausgrenzung – Vertreibung – Völkermord: Genozid im 20. Jahrhundert* (dtv 2006), S. 27–53.

55 Siehe z. B. Bundestags-Drucksache 17/10481 vom 14.08 2012. Der Grundsatz der Intertemporalität besagt, dass Ereignisse immer nach dem zum damaligen Zeitpunkt geltenden Recht – also innerhalb (*inter*) der Epoche, nicht über sie hinweg (*trans*) – bewertet werden. Siehe https://www.ecchr.eu/glossar/prinzip-der-intertemporalitaet/.

56 Siehe AfricAvenir, Urteil des historischen Tribunals anlässlich des 125 Gedenkens an die Berliner Afrika Konferenz, 27. Februar 2010, abrufbar unter https://www.africavenir.org/fr/newsdetails/archive/2010/march/article/urteil-des-historischen-tribunals-anlaesslich-des-125-gedenkens-an-die-berliner-afrika-konferenz.html.

57 An diesem Kriterium scheiterten nigerianische Kläger und Klägerinnen gegen den Ölkonzern Shell wegen Menschenrechtsverletzungen im Ogoni-Delta. Hierzu Miriam Saage-Maaß und Leander Beinlich, Das Ende der Menschenrechtsklagen nach dem Alien Tort Statute?: Ein Kommentar zum Kiobel-Urteil und seinen Auswirkungen, *Kritische Justiz* 2015, 146–158, online frei abrufbar unter https://www.nomos-elibrary.de/10.5771/0023-4834-2015-2-146/das-ende-der-menschenrechtsklagen-nach-dem-alien-tort-statute-jahrgang-48-2015-heft-2?page=1.

58 Daniel Pelz, Genozid-Klage gegen Deutschland, *Deutsche Welle* vom 16. März 2017, abrufbar unter https://www.dw.com/de/genozid-klage-richter-trifft-herero-anw%C3%A4lte-in-new-york/a-37938809.

59 Howard Rechavia Taylor, US court hears case against Germany over Namibia genocide, *Aljazeera* vom 31. Juli 2018, abrufbar unter https://www.aljazeera.com/news/2018/7/31/us-court-hears-case-against-germany-over-namibia-genocide.

60 US Court of Appeals for the Second Circuit, *Rukoro et al. v. Federal Republic of Germany*, No. 19-609, Urteil vom 24.02 2020, abrufbar unter https://law.justia.com/cases/federal/appellate-courts/ca2/19-609/19-609-2020-09-24.html. Dazu Felicia Jaspert, Setback for the descendants of the Nama and Ovaherero indigenous peoples: A New York Court declines jurisdiction in Rukoro et al. v. Germany, *Völkerrechtsblog* vom 8. Mai 2019, abrufbar unter www.voelkerrechtsblog.de.

61 Deutschland erkennt Kolonialverbrechen als Genozid an, *Deutschlandfunk* vom 21. September 2021, abrufbar unter https://www.deutschlandfunk.de/versoehnungs-abkommen-mit-namibia-deutschland-erkennt-100.html.

62 Ebenda.

63 Sieben UN-Sonderberichterstatter und -berichterstatterinnen haben deshalb im Februar 2023 eine Liste von Fragen an die Bundesregierung geschickt, abrufbar unter

https://spcommreports.ohchr.org/TMResultsBase/DownLoadPublicCommunicationFile?gId=27875. Die Antwort der Bundesregierung vom Juni 2023 findet sich hier: https://spcommreports.ohchr.org/TMResultsBase/DownLoadFile?gId=37551.

Menschenrechte

1 Später behaupteten die US-amerikanischen Behörden, Selçuk Bilgin habe 2003 in der Türkei einen Selbstmordanschlag verübt. Bilgin gab daraufhin eine eidesstattliche Versicherung ab, dass er noch am Leben ist; The Office Transcripts and Certain Documents from Administrative Review Board (ARB) Round One, Set 5, 20000-254, S. 20080.

2 Nach Artikel 9 der Erklärung soll »jede Härte, die nicht notwendig ist, um sich seiner Person zu versichern, durch Gesetz streng vermieden sein«.

3 So berichtet Amnesty-International-Generalsekretär Markus Beeko am 25. April 2022 von der Erzählung eines Mithäftlings von Murat Kurnaz 2005 bei einer Tagung der Organisation in London: https://www.amnesty.de/informieren/aktuell/guantanamo-film-screening-murat-kurnaz-grusswort-markus-beeko.

4 Court of Appeal, Urteil vom 6. November 2002, *Abbasi & Another, R (on the application of) v Secretary of State for Foreign & Commonwealth Affairs & Secretary of State for the Home Department* [2002] EWCA Civ 1598, Rn. 22 und 64.

5 Zuerst veröffentlicht als: Hannah Arendt, The Rights of Man: What are They?, in: *Modern Review* 1949, S. 24–37. Auf Deutsch: Hannah Arendt, Es gibt nur ein einziges Menschenrecht, in: *Die Wandlung* 1949, S. 754–770, abrufbar unter https://doi.org/10 57773/hanet.v5i1 154. Arendt arbeitete den Essay später in das 9. Kapitel ihres Buchs *Elemente und Ursprünge totaler Herrschaft* (1955) ein.

6 Hannah Arendt, *Elemente und Ursprünge totaler Herrschaft*, 1955, S. 468. Edmund Burke hat die Idee der Menschenrechte deswegen in seinem Pamphlet »Anarchical Fallacies« (1791–95, veröffentlicht 1816) als »Nonsens auf Stelzen« bezeichnet. Von Hannah Arendts Analyse war schon im Kapitel »Asylrecht« die Rede.

7 Beim letzten Bericht der USA an den Ausschuss, der im Mai 2006 geprüft wurde, saß Murat Kurnaz noch in Guantánamo. Erst am 24. August 2006 wurde er ausgeflogen.

8 Die tragische Geschichte des »Hôtel National« wird hier erzählt: https://www.geneve-int.ch/node/4152. Es wurde 1920 vom Völkerbund, dem Vorläufer der UNO, gekauft und 1924 nach dem damals gerade verstorbenen US-Präsidenten Woodrow Wilson benannt, einem der Gründer des Völkerbunds. Es gehört inzwischen der UNO.

9 Alle Dokumente zur 53. Sitzung des Ausschusses sind hier abrufbar unter https://tbinternet.ohchr.org/_layouts/15/treatybodyexternal/SessionDetails1.aspx?SessionID=930&Lang=en.

10 Murat Kurnaz Statement to the Committee Against Torture (CAT), 53rd Session, Geneva, 3 November – 28 November 2014, Presseerklärung des Center for Constitutional Rights, 11. November 2014, abrufbar unter https://ccrjustice.org/home/press-center/press-releases/former-guantanamo-detainee-addresses-un-committee-against-torture (eigene Übersetzung).

11 Opening Statement, Ambassador Keith Harper, U. S. Representative to the Human Rights Council, U. S. Mission to Geneva, Committee Against Torture, November 12–14, 2014, Geneva, abrufbar unter https://geneva.usmission.gov/2014/11/12/ambassador-harper-opposition-to-torture-is-a-fundamental-american-value/.

12 Ebenda.

13 Die Geschichte der Erarbeitung erzählt Dominic McGoldrick, *The Human Rights Committee: Its Role in the Development of the International Covenant on Civil and Political Rights* (Clarendon Press 1991).

14 Commission on Human Rights, Second Session, 42nd Meeting, Consideration of the Report of the Working Group on the Convention, UN Doc. E/CN.4/SR/42 (16. Dezember 1947), S. 15–16 (eigene Übersetzung).

15 Viel zu lang haben seitdem die sozialen Menschenrechte im Schatten der klassischen Freiheitsrechte gestanden – doch die sind nur die halben Menschenrechte. Der australische Rechtsprofessor Philip Alston, Gründungsmitglied und ehemaliger Vorsitzender des UN-Ausschusses für soziale, wirtschaftliche und kulturelle Rechte, kritisiert dafür auch die NGOs, die die soziale Dimension der Menschenrechte zu lange vernachlässigt hätten. Alston war außerdem UN-Sonderberichterstatter für außergerichtliche Hinrichtungen und, später, für extreme Armut, Mitglied verschiedener UN-Untersuchungskommissionen und Berater des UN-Hochkommissars für Menschenrechte zu den Millennium Development Goals. Die Kritik äußerte er auf der Veranstaltung »Next 30: Envisioning the Future of Economic, Social, and Cultural Rights« an der New York University am 14. September 2023, auf der das von ihm gegründete Center for Social and Economic Rights seine Strategie vorstellte: *Transforming the Global Economic System: our 2023–2027 Strategy* (2023), abrufbar unter https://www.cesr.org/transforming-the-global-economic-system-our-20232027-strategy/.

16 Für die Vervielfältigung dieser Verträge nennt Samuel Moyn in seinem Buch *The Last Utopia: Human Rights in History* (Harvard University Press 2012) das Jahr 1977 als Kulminationspunkt; hier wurde die Schlussakte von Helsinki verabschiedet, die Nichtregierungsorganisation Amnesty International bekam für ihren Einsatz zur Abschaffung der Todesstrafe den Friedensnobelpreis, und mit US-Präsident Jimmy Carter begann eine Neuausrichtung der US-amerikanischen Außenpolitik.

17 Inter-American Convention on Forced Disappearance of Persons (1994), in Kraft seit 1996, ratifiziert von 15 der 25 Mitglieder der Organisation der Amerikanischen Staaten (Stand Mai 2023).

18 Übereinkommen des Europarats zur Verhütung und Bekämpfung von Gewalt gegen Frauen und häuslicher Gewalt (2011), in Kraft seit 2014, ratifiziert von 37 der 46 Mitglieder des Europarats (Stand Mai 2023). Die Bundesrepublik hat die Konvention 2018 ratifiziert und zum Februar 2023 ihre Vorbehalte zu den Vorschriften über die aufenthaltsrechtliche Situation von ausländischen Gewaltopfern auslaufen lassen.

19 African Charter on the Rights and Welfare of the Child (1990), in Kraft seit 1999, ratifiziert von 50 der 55 Mitgliedstaaten der Afrikanischen Union (Stand Mai 2023), siehe https://www.acerwc.africa/en/page/about-the-charter.

20 Europäische Charta der Regional- oder Minderheitensprachen von 1992 (SEV Nr. 148); Zusatzprotokoll von 2005 zum Übereinkommen über Menschenrechte und Biomedizin von 1997 (SEV Nr. 195); Übereinkommen des Europarats gegen den Handel mit menschlichen Organen von 2015 (SEV Nr. 216).

21 Declaration on the Rights of Indigenous Peoples (UNDRIP oder DOTROIP), angenommen von der UN-Generalversammlung mit Resolution 61/295 vom 2. Oktober 2007.

22 Die kommunistische Regierung Kubas verlangt die Rückgabe der Basis, da die USA den Pachtvertrag damals mit militärischer Macht durchsetzten. Zuvor hatten sie Kuba im Kampf gegen die Kolonialmacht Spanien unterstützt; ihr Militär zogen sie aber erst nach Vereinbarung dieser Pacht ab.

23 Der Vertrag, der übrigens keine Haftanstalten vorsieht, ist hier abrufbar: https://avalon.law.yale.edu/20th_century/dip_cuba003.asp.

24 *Habeas corpus* heißt dieses Recht, »mögest du (Richter) den Körper (des Gefangenen) bekommen«, um dessen Fall zu prüfen. Diese Garantie geht auf das englische Recht des 12. Jahrhunderts zurück und findet sich bereits in der Magna Carta von 1215.

25 Bestätigt durch US Supreme Court, *Ahrens v. Clark*, 335 U. S. 188 (1948). Das Urteil wurde später in einem anderen Fall teilweise verworfen, *Braden v. 30th Judicial Circuit Court of Kentucky*, 410 U. S. 484 (1973).

26 US Supreme Court, *Johnson v. Eisentrager*, 339 U. S. 763 (1950). Lothar Eisenträger war 1941 von der deutschen Wehrmacht in das vom Verbündeten Japan besetzte China geschickt worden, wo er den deutschen Nachrichtendienst leitete und den Decknamen »Ludwig Erhardt« benutzte. Nach der japanischen Kapitulation wurden er und seine Mitarbeiter verhaftet und von einem US-amerikanischen Kriegsgericht wegen Verstößen gegen den Waffenstillstand und das Kriegsrecht verurteilt; sie landeten im US-Kriegsverbrechergefängnis im bayerischen Landsberg. Über ihre Klage in den USA wurde ausführlich berichtet: »Eine militärische Operation«, *Der Spiegel* 17/1949, abrufbar unter https://www.spiegel.de/politik/eine-militaerische-operation-a-553f3497-0002-0001-0000-000044436109?context=issue.

27 Die Iguana-Geschichte geht auf ein Interview des Klägeranwalts Thomas B. Wilner zurück, das er nach der zweiten Instanz bei der bekannten Fernsehsendung *60 Minutes II* gab. Einer der Produzenten der Sendung war selbst in Guantánamo gewesen und bemerkte, dass die Iguanas auf Kuba nur auf der US-Militärbasis sicher seien; überall sonst würden sie gegessen. Wilner ließ die Sache recherchieren und fand heraus, dass die Iguanas unter den Endangered Species Act, das Artenschutzgesetz, fielen. Jeder, der in Guantánamo einen Iguana verletze, könne vor Gericht gestellt werden. Er nahm das in seinen Schriftsatz an den Supreme Court auf. Und als der Vertreter der US-Regierung, Theodore Olson, gegen Ende der Verhandlung versuchte, Richterin Ruth Bader Ginsburg zu erklären, warum Guantánamo genauso zu behandeln sei wie Kriegsgebiete in Afghanistan, führte Richter David Souter tatsächlich die Iguanas an: »Afghanistan«, so Souter, »ist kein Ort, wo amerikanisches Recht seit einem Jahrhundert gewohnheitsmäßig auf alle Bereiche des Lebens angewendet wird. Wir schützen sogar den kubanischen Iguana.« Das Transkript der mündlichen Verhandlung ist hier zu finden: https://www.supremecourt.gov/pdfs/transcripts/2003/03-334.pdf (die Iguanas sind auf Seite 52), das Audio dazu gibt es hier: https://www.oyez.org/cases/2003/03-334 (Minute 58:34). Die Erinnerungen von Wilner sind 2009 vom Oral History Project der Columbia University aufgezeichnet worden und hier abrufbar: http://www.columbia.edu/cu/libraries/inside/ccoh_assets/ccoh_8626509_transcript.pdf (S. 47–48).

28 US Supreme Court, *Rasul v. Bush*, 542 U. S. 466 (2004).

29 US Supreme Court, *Boumediene v. Bush*, 553 U. S. 723 (2008).

30 Das Verbot, Menschen durch Überstellung der Folter oder der unmenschlichen Behandlung auszusetzen, hat der Gerichtshof schon 1985 im Fall *Soering* aus Artikel 3 der Europäischen Menschenrechtskonvention (EMRK) abgeleitet. Die zentralen Irak-Fälle sind *Al-Jedda v. The United Kingdom* und *Al-Skeini v. The United Kingdom*, beide von der Großen Kammer des Gerichtshofs am 7. Juli 2011 entschieden.

31 Das ist der Fall *Hirsi Jamaa v. Italy*, Urteil der Großen Kammer vom 23. Februar 2012. Die Geschichte dieses Falls wird im Kapitel »Asylrecht« erzählt.

32 Bundesverfassungsgericht, Urteil vom 19. Mai 2020, BVerfGE 154, 152 – *Ausland-Ausland-Fernmeldeaufklärung,* Randnummer 94. Genaueres zu diesem Fall gibt es im Kapitel »Grundrechte« nachzulesen.

33 David Cole, »With All Deliberate Speed«: Rasul V. Bush, Ten Year Later, *New Yorker* vom 1. Juli 2014, abrufbar unter https://www.newyorker.com/news/news-desk/with-all-deliberate-speed-rasul-v-bush-ten-year-later.

34 *Rabiye Kurnaz gegen George W. Bush*, Regie: Andreas Dresen (2022). Der Film wurde auf der 72. Berlinale zweimal mit dem Silbernen Bären ausgezeichnet, für das beste Drehbuch (Laila Stieler) und die beste Hauptdarstellerin (Meltem Kaplan).

35 Murat Kurnaz, Notes From a Guantánamo Survivor, *New York Times* vom 7. Januar 2012, frei abrufbar unter https://ccrjustice.org/files/12.01.07_IHR_GTMO_KurnazOpEd_NYT.pdf.

36 Es handelte sich um die Civil Rights and Constitutional Litigation Clinic an der Seton Hall University School of Law in Orange, New Jersey, in der Nähe von New York.

37 UN-Antifolterausschuss, Abschließende Bemerkungen zu den USA, UN Doc. CAT/C/USA/CO/3-5, para. 4.

38 Center for Constitutional Rights, The United States' Compliance with the United Nations Convention Against Torture with Respect to Arbitrary Detention at Guantánamo, 53rd Session, Geneva, 3 November – 28 November 2014, abrufbar unter https://ccrjustice.org/files/CCR_GuantanamoCATShadowReportUS_2014.pdf.

39 Im September 2023 waren es immer noch 30 Männer; siehe https://www.nytimes.com/interactive/2021/us/guantanamo-bay-detainees.html (letztes Update 12. September 2023).

40 Abschließende Bemerkungen zu den USA (Anmerkung 37), para. 14.

41 Ausführlich dokumentiert in ECCHR, *Folter und die Verwertung von Informationen bei der Terrorismusbekämpfung: Die Fälle Kurnaz, Zammar und El Masri vor dem BND-Untersuchungsausschuss* (2011), abrufbar unter https://www.ecchr.eu/publikation/folter-und-die-verwertung-von-informationen-bei-der-terrorismusbekaempfung/. Mehr zum Untersuchungsausschuss und zur Zusammenarbeit zwischen dem BND und der US-amerikanischen NSA gibt es im Kapitel »Grundrechte«.

42 3. Staatenbericht der Bundesrepublik Deutschland vom 2. September 2002, UN Doc. CAT/C/49/Add.4 vom 8. Juli 2003.

43 UN-Antifolterausschuss, Abschließende Bemerkungen zu Deutschland, UN Doc. CAT/C/DEU/CO/5 vom 12. Dezember 2011, para. 26 und 31.

44 Siehe ECCHR, *Folter und die Verwertung von Informationen bei der Terrorismusbekämpfung* (oben Anmerkung 41), S. 12–13 und 38.

45 Siehe Bericht des BND-Untersuchungsausschusses vom 18. Juni 2009, Bundestagsdrucksache 16/13400, S. 166–168.

46 Siehe ebenda, S. 189–191.

47 Das Verwaltungsgericht Bremen stellte später fest, dass die Aufenthaltsgenehmigung in solchen Fällen nicht erlischt: Urteil vom 30. November 2005, Aktenzeichen 4 K 1013/05, abrufbar auf asyl.net.

48 Siehe Amnesty International, *Amnesty International Report 2003 – Germany* (28. Mai 2003), abrufbar unter https://www.refworld.org/docid/3edb47d42.html. Mehr dazu im Kapitel »Polizeirecht«.

49 UN-Antifolterausschuss, Abschließende Bemerkungen zu Deutschland (Anmerkung 43), para. 19.

50 UN-Antirassismusausschuss, Abschließende Bemerkungen zum 19.–22. Staatenbericht Deutschlands, 15. Mai 2015, UN Doc. CERD/C/DEU/CO/19-22. Auch hierzu mehr im Kapitel »Polizeirecht«.

51 Der Bericht ist hier unter »Germany« und »Info from Civil Society Organizations« zu finden: https://tbinternet.ohchr.org/_layouts/15/treatybodyexternal/SessionDetails1.aspx?SessionID=330&Lang=en.

52 UN-Sozialpaktausschuss, Abschließende Bemerkungen zu Deutschland, 12. Juli 2011, UN Doc. E/C.12/DEU/CO/5, para. 26.

53 Der Parallelbericht und die Abschließenden Bemerkungen des Ausschusses sind auf der Seite des BUG e. V. verlinkt: https://www.bug-ev.org/aktivitaeten/politikberatung/internationales-monitoring/un-antirassismuskonvention.

DANK

Die ganzen guten Ideen in diesem Buch haben wir Menschen zu verdanken, die uns teils schon sehr lange, teils hier zum ersten Mal als Gesprächspartner:innen bereichert haben; die schlechten haben wir ganz allein gehabt.

Das Kapitel zum Klimaschutz hat Maxim Bönnemann in einer früheren Fassung gegengelesen und durch seine Einblicke in die jüngsten juristischen Kämpfe viel präziser gemacht. Markus Sehl hat mit seiner Expertise zum Sicherheitsrecht den Entwurf des Grundrechtekapitels strategisch aufgeklärt. Das Kapitel zur Demokratie hat Tim Wihl ungeheuer rasch und präzise kommentiert. Isabel Lischewski hat eine frühere Fassung unseres Kapitels zum Polizeirecht einer gestrengen Vorermittlung unterzogen, so wie auch Christian Walburg, der es mit seinem breiten internationalen Horizont in Kriminologie und Polizeiforschung bereichert hat. Boris Burghardt hat unser Kapitel zum Strafrecht mit seinem unkorrumpierbaren Blick auf Schwächen gescannt, Leonie Steinl mit ihrer genauen Kenntnis jüngerer feministischer rechtspolitischer Debatten unschätzbar wichtige Impulse hinzugegeben. Das Kapitel zum Eigentum hat Barbara Dauner-Lieb in einer früheren Fassung auf Herz, Nieren und Wackelzähne geprüft, Benjamin Lahusen hat hier unseren Blick für Historisches sehr geschärft. Die Musikanwälte Jan Simon und Sebastian Sudrow haben mit uns über ihre Perspektive auf das Urheberrecht diskutiert, ebenso Linda Kuschel aus ihrer wissenschaftlichen Perspektive. Christiane Schmaltz hat bei unseren komplizierteren Fragen zum geistigen Eigentum Licht ins Dunkel gebracht. Theresa Richarz hat große Mühe in eine frühe

Fassung unseres Familienrechtskapitels gesteckt, Bettina Heiderhoff eine spätere Fassung gegengelesen. Eva Kocher hat einen Entwurf des Kapitels zum Arbeitsrecht geprüft, uns in Diskussionen verwickelt und unsere Gedanken erheblich geschärft. Das Kapitel zum Asylrecht hat durch Maximilian Pichls Durchsicht erheblich an Anschaulichkeit gewonnen. Dagmar Felix hat unser Kapitel zum Sozialrecht mit ihrer Kritik an einer früheren Fassung vorangebracht, John Philipp Thurn hat es mit dem No-nonsense-Blick des Richters und Oliver Tolmein mit der Spezialistenperspektive des Disability-rights-Anwalts viel stärker gemacht. Die messerscharfe Manuskriptkritik von Anuscheh Farahat zum Völkerrecht war für uns enorm hilfreich. Und das Kapitel zu den Menschenrechten hat Miriam Saage-Maaß mit dem Blick der erfahrenen Praktikerin gelesen.

Bei all dem waren Eva Maria Bredler und Valentina Chiofalo die ungemütlichsten, kritischsten und großzügigsten intellektuellen Sparringspartnerinnen, die man sich nur wünschen kann. Sie haben mit uns das Konzept diskutiert, immer wieder Textfassungen gegengelesen, ihre Zweifel geäußert, Ideen für Bilder und Geschichten beigetragen und damit jeden der Texte in diesem Buch besser gemacht.

Barbara Wenner hat klugen, hilfreichen Rat gehabt, Judith Wilke-Primavesi unser Manuskript als Lektorin klarer, flüssiger und kurzweiliger gemacht. Und Margit Knauer und Nina Schellhase haben sehr dabei geholfen, dass unsere Gedanken jetzt nicht bloß zwischen zwei Buchdeckeln liegen, sondern auf den verschiedensten Kanälen Menschen zum Mitdiskutieren einladen.

Stephan Klawitter betreibt »JuraNotAlone – Die Twitch-Uni«, einen Streaming-Dienst, in dem sich Jurastudierende gegenseitig beim Lernen unterstützen. Selber Name, aber ganz anderes Projekt. Wir grüßen herzlich – und raten zu.

TRANSPARENZ-HINWEISE

Nora Markard war als Mitglied im Vorstand der Organisation »Gesellschaft für Freiheitsrechte« beteiligt an der Unterstützung der Klagen und Verfassungsbeschwerden, die hier im Buch in den Kapiteln »Grundrechte«, »Familienrecht«, »Arbeitsrecht« und »Eigentum« geschildert werden. Bei der im Kapitel »Klimaschutz« zitierten Verfassungsrichterin Susanne Baer hat sie promoviert und einige Jahre lang an deren Lehrstuhl gearbeitet. Dort war sie auch an der Gründung der Humboldt Law Clinic Grund- und Menschenrechte beteiligt, deren im Kapitel »Menschenrechte« erwähnten Parallelbericht zum UN-Antifolterausschuss sie mit verfasst hat. Die Refugee Law Clinic an der Universität Hamburg, die im Kapitel »Asylrecht« beschrieben wird, hat Nora Markard als damalige Juniorprofessorin in der Gründungsphase unterstützt und dann geleitet; sie bleibt ihr weiterhin als Beiratsmitglied verbunden. Auch bei der Organisation »Equal Rights Beyond Borders«, die im selben Kapitel auftaucht, zählt sie zum sogenannten Advisory Board, engagiert sich also ehrenamtlich. Beim Deutschen Juristinnenbund (djb), der zum Beispiel im Kapitel »Strafrecht« genannt wird, ist sie seit vielen Jahren Mitglied.

Ronen Steinke ist mit dem im Kapitel »Demokratie« erwähnten Professor Andreas Fischer-Lescano verbunden durch eine gemeinsame Tätigkeit im Herausgeber:innengremium des Jahrbuchs *Recht gegen rechts*, das hier im Buch ein paar Mal zitiert wird. Seit 2023 ist Ronen Steinke ehrenamtlicher Lehrbeauftragter am selben Institut der Goethe-Universität Frankfurt am Main, dem auch der im Kapitel »Polizeirecht« zitierte Kriminologe Tobias Singelnstein angehört. Er hat außerdem am selben Lehrstuhl in Hamburg promoviert wie der im Kapitel »Sozialrecht« zitierte Rechtsanwalt Oliver Tolmein, allerdings mit einigen Jahren Abstand.